JN233382

# 自由化時代の交通政策
## 現代交通政策 II

藤井彌太郎［監修］ 中条潮・太田和博［編］

東京大学出版会

増井健一先生の学恩に感謝して

Japanese Transport Policies during the Regulatory Reform Era
Yataro FUJII, Ushio CHUJO and Kazuhiro OHTA, Editors
University of Tokyo Press, 2001
ISBN4-13-072008-2

# はしがき

**本書の目的**

　わが国の経済が停滞するなか，公共政策への信頼は揺らいでおり，交通政策も例外ではない．しかしながら，公共政策の見直しは，単に1990年代の失われた十年への対応としてなされるべきものではない．戦後半世紀にわたって営々と維持されてきた，わが国の20世紀型公共意思決定システムの行きづまりを根本から打開するためのものである．

　この20世紀型公共意思決定システムとは，強力な中央官庁を頂点とする集権的システムであり，官僚の温情的干渉主義(パターナリズム)とそれに対する一般国民の信頼に依拠するものであった．しかし，交通政策もまた，世紀の分かれ目を機会に，新しいパラダイムに基づいた考え方への大転換を図る時期にきている．

　このような要請に応えて，交通分野においても，20世紀型の集権的な政策運用から市場重視への政策運用へと脱皮すべく，規制緩和政策が実行中である．しかしながら，現行の規制改革は，競争促進という点で不十分であるばかりでなく，有効な競争を実現する基盤整備もまた不十分である．

　本書は，このような交通政策の根本的転換期において，公共政策における2大目標である効率性の達成と公平性の確保を念頭に置きつつ，規制改革後のわが国の交通政策はどうあるべきかを論じたものである．

　ここでいう交通政策の転換とは，「公から私へ」の，および「官から民へ」の意思決定権限の移譲であり，そのキーワードは，「規制改革」，「自由化」および「地方分権」である．民主主義と自由主義経済体制を前提とすると，この3つの制度改革は不可避である．この流れは，中央集権型，官僚依存型および調整型の意思決定システムを民主主義と自由主義に合致するように変更するこ

とを意味する．このような改革は，単に自由化のみによって達成されるわけではなく，競争を促進するための新しい制度設計も必要とする．すなわち，本書は，自由化後の対応を含めて，包括的な規制改革のあり方を論じる書である．

## 本書における政策論上の主張の位置づけ

　本書は，「自由化後の」交通政策のあり方を論じるものである．換言すれば，交通市場に対する公的介入のあるべき範囲を探ろうとするものであり，「公」と「私」の領域の切り分け，および「官」と「民」の役割分担のあるべき姿を論じている．究極まで「公」および「官」の範囲が削られるならば，残った部分はまさに交通政策のコアを形成することになる．それゆえ，本書は，コアとして残る交通政策とは何か，あるいは必要不可欠な「公共」の範囲はどこまでか，を論じていることになる．しかしながら，このコアの範囲およびそれに到達する方法については意見が相違するのが常なることである．

　本書を編集するにあたり，各執筆者の見解は最大限に尊重した．その一方で，共同執筆部分について，共著者間で意見の相違が生じた部分も多々あった．特に，第 13 章においてはやや大きな政策論上の意見対立があり，その結果として比較的ラディカルな政策提言がなされている．

　本書は，今後の交通政策のありようを探るための論点を提供するものであり，唯一無比の解答を提示するものではない．そもそも単一の「正しい」解答を導出することは，アローの一般不可能性定理が教えるように，不可能である．その意味で，本書における政策論上の主張は，方向性は同じであるものの，章によって若干の濃淡がある．しかしながら，この濃淡こそが，今後の交通政策論に対する視座を提供することになるのである．

## 本書の構成

　本書は序章と 17 章からなる 4 部構成となっている．
　序章では，交通政策の転換の必要性(不可避性)と意義を整理する．
　第 I 部では，交通市場への介入の根拠を整理したうえで，自由化時代における交通市場の規制政策と社会資本整備のあるべき方向と，自由化に対応してなされるべき競争基盤の整備(情報開示のための費用便益手法のあり方やエッセ

ンシャル・ファシリティの供給のあり方)について検討する．

　第II部では，道路政策の新しい方向を論じる．道路は空港や港湾と同様の交通社会資本であるが，その予算規模および重要性の大きさを鑑みて，1つの部として独立して扱い，道路整備の基本的あり方，情報化への対応，環境問題等が議論される．

　第III部では，都市間交通における競争政策の課題を中心に扱う．諸外国において，都市間交通はもっとも規制緩和・自由化が進んだ交通市場であり，自由化された「市場」と市場の不備を補う「公共政策」がもっとも対峙する分野である．鉄道では，上下分離による「公」と「私」の役割分担の可能性を論じる．航空については，国際航空市場および国内航空市場の自由化の行く末と，有効な競争を実現するための基盤整備のあり方を論じるとともに，自由化時代の航空輸送に対応した空港整備制度について議論する．

　第IV部では，地域交通を扱う．地域交通は，市場競争の導入の視点だけでなく，地方分権の流れのなかで論じられる必要がある．地域住民の「足」を規制によって確保してきた従来の地域交通政策と，効率性の達成を目指す市場メカニズムを活用するそれとの間に存在する問題点を，地方分権化の議論を交えて論じる．

## 本書と『現代交通政策』の関係

　本書は，『現代交通政策』(東京大学出版会，1992年)とほぼ同じ編著者によって記されている．本書は上述のとおり，交通政策の転換期における課題を整理したものであるが，『現代交通政策』もまた，同様の主旨で編集された書である．両書の違いは，『現代交通政策』が入門教科書として編集されているが，本書は交通政策にかかわる政策担当者や研究学徒を対象としている点，および前書が自由化の必要性の議論までに内容を限定しているのに対し，本書は自由化に関わる課題や自由化後の対応策および近年の政策の変遷も論じている点にある．本書の執筆にあたっては，一般の読者にもわかりやすいよう，なるべく平易な表現を心がけたつもりではあるが，上記のように，本書は『現代交通政策』よりもアドバンスドな内容になっているため，基本的な議論については，『現代交通政策』を併せて読んでいただくことをお薦めする．

本書が交通政策の担当者と研究学徒に活用され，利用者の厚生の向上と交通分野の活性化に資することを期待したい．

## 謝辞

本書の刊行に関して，多くの方にお世話になった．特に，東京大学出版会の岸純青氏および宮本健太郎氏には，煩雑な編集作業に加え，遅れ気味の原稿執筆および校正に対して忍耐強く励ましながらご協力いただいた．ここに記して感謝申し上げる．

校正作業中の 2001 年 8 月 24 日に，私共が尊敬する増井健一慶應義塾大学名誉教授が逝去された．先生は，大学において，また日本交通学会会長として，後進の交通研究者を暖かく指導してこられた．本書の執筆者はみな，直接あるいは間接に，先生の学恩に深く浴している．本書の扉に感謝の文言を掲げ，ご冥福を祈念するものである．

2001 年 10 月

監修者　藤　井　彌太郎
編著者　中　条　　　潮
　　　　太　田　和　博

(付記 1)　中央省庁は 2001 年 1 月より大幅に再編されており，交通関係省庁である運輸省，建設省，国土庁および北海道開発庁は，国土交通省に統合された．本書では，歴史的経緯にかかわる部分については，旧省庁名を「旧」を付けずに表記している．したがって，運輸省および建設省と国土交通省が並列して用いられているが，前 2 者については 2000 年末までを，後者については 2001 年以降を示している．なお，監修者である藤井は従来より諸外国の交通関係省庁については，統合後のわが国の国土交通省と類似する機能を有しているため「交通省」と表記するべきことを主張しているが，本書では従来の慣習に従い，英国については英国運輸省(Ministry of Transport)，米国については米国運輸省(Department of Transportation)と表記している．また，本書では，なるべく「運輸」という用語を避け，「交通」と表記するよう心がけた．

(付記 2)　本書は，藤井彌太郎教授が慶應義塾大学を定年退職する際に，藤井教授の門下生と外部の交通研究者によって執筆された論文集(慶應義塾大学商学部紀要『三田商学研究』第 43 巻第 3 号，2000 年 8 月)を基礎としている．ただし，本書としての出版に際しては，本書の主旨に合わない論文を外し，必要不可欠な論文を追加執筆するとともに，論文集に掲載された論文はすべて編者ないしは著者が修正改訂した．

## 執筆者および分担一覧

青木　亮（東京経済大学経営学部）　　　　　　第 15 章
伊藤 規子（慶應義塾大学商学部）　　　　　　　第 13 章補論
今橋　隆（法政大学経営学部）　　　　　　　　第 9 章 9.1〜9.3
遠藤 伸明（東京海洋大学海洋工学部）　　　　　第 11 章 11.1(1)・11.2(1)
太田 和博（専修大学商学部）　　　　　　　　　編集，第 6 章 6.4，第 13 章 13.1・
　　　　　　　　　　　　　　　　　　　　　　13.2・13.3*・13.4*，第 16 章
木谷 直俊（広島修道大学商学部）　　　　　　　第 17 章
斎藤 峻彦（近畿大学商経学部）　　　　　　　　第 10 章 10.1*・10.2〜10.5
塩見 英治（中央大学経済学部）　　　　　　　　第 12 章
杉山 雅洋（早稲田大学商学学術院）　　　　　　第 7 章
醍醐 昌英（関西外国語大学外国語学部）　　　　第 3 章
竹内 健蔵（東京女子大学文理学部）　　　　　　第 8 章 8.5〜8.7・8.8*
中条　潮（慶應義塾大学商学部）　　　　　　　編集，序章，第 4 章 4.1・4.2・4.4,
　　　　　　　　　　　　　　　　　　　　　　第 5 章 5.1・5.2，第 9 章 9.4・9.5,
　　　　　　　　　　　　　　　　　　　　　　第 11 章 11.1(2)・11.2(2)・(3),
　　　　　　　　　　　　　　　　　　　　　　第 13 章 13.3*・13.4*
手塚 広一郎（福井大学教育地域科学部）　　　　第 5 章 5.3*
寺田 一薫（東京海洋大学海洋工学部）　　　　　第 14 章
中村 彰宏（帝塚山大学経済学部）　　　　　　　第 4 章 4.3
藤井 彌太郎（帝京大学経済学部）　　　　　　　監修，第 1 章
二村 真理子（愛知大学経営学部）　　　　　　　第 8 章 8.1〜8.4・8.8*
堀　雅通（作新学院大学総合政策学部）　　　　第 10 章 10.1*
山内 弘隆（一橋大学大学院商学研究科）　　　　第 2 章，第 5 章 5.3*
湧口 清隆（相模女子大学学芸学部）　　　　　　第 6 章 6.1〜6.3

　　　　　　　　　　　　　　　　　　　　　　（50 音順，＊の箇所は共同執筆）

# 目　次

はしがき　i

執筆者および分担一覧　v

## 序章　「自由化」後の交通政策の課題 …………………………1
- 0.1　オープン・システムへの転換と規制改革　1
- 0.2　市場介入の基本的視座　2
- 0.3　競争を促進・機能させるための課題　2
- 0.4　市場メカニズムの一層の活用――民営化・社会資本の重点的整備・情報開示　5
- 0.5　地方分権の強化　6
- 0.6　その他の課題　7

## 第Ⅰ部　自由化時代の交通政策総論

### 第1章　交通事業の公共性 …………………………11
- 1.1　交通事業と公共性　12
- 1.2　効率の論理と社会の厚生　12
- 1.3　市場の失敗　15
- 1.4　政府の失敗　18
- 1.5　公の側面――社会的契約　19
- 1.6　共の側面――2つの共　22
- 1.7　政府の役割　24
- 1.8　公共用交通　25

## 第2章　交通産業の規制改革と政府の役割 ………29
- 2.1　交通産業における規制改革の背景　30
- 2.2　ミクロ経済学と制度設計　31
- 2.3　わが国の交通産業における規制改革　34
- 2.4　交通産業における規制改革の論点　37
- 2.5　規制改革の方向　43

## 第3章　エッセンシャル・ファシリティ理論と有効競争 ………45
- 3.1　エッセンシャル・ファシリティ理論の概要　46
- 3.2　欧州における EF 概念の概要　50
- 3.3　交通政策への EF 概念の適用における課題　51
- 3.4　EF に対する接続料金の設定方法　55
- 3.5　残された課題　57

## 第4章　社会資本整備の分権化と地域間配分の見直し ………61
- 4.1　市場メカニズムの一層の活用　62
- 4.2　プール制の見直しと地方分権の強化　63
- 4.3　大都市部への重点配分による効率化　64
- 4.4　財源調達システム　68

## 第5章　民営化時代の社会資本整備と PFI ………71
- 5.1　民営化に関する基本的視点　72
- 5.2　民営化・会社化の成果と条件　74
- 5.3　PFI　75

## 第6章　交通社会資本投資の効率化——費用便益分析マニュアル ……85
- 6.1　費用便益分析導入の背景　86
- 6.2　費用便益分析マニュアルの特徴　89
- 6.3　費用便益分析マニュアルの問題点　94
- 6.4　費用便益分析マニュアルの政治経済学　96

## 第 II 部　成熟経済下の道路政策

### 第 7 章　道路投資のマクロ効率性
　　　　　——道路整備五箇年計画を対象として　105
- 7.1　交通投資の経済効果計測の方法　106
- 7.2　道路整備五箇年計画の効果測定方法の変遷　109
- 7.3　FORMATION——新道路整備五箇年計画の効果測定モデル　111
- 7.4　FORMATION による政策シミュレーション　114
- 7.5　交通投資の効率性をめぐって　116

### 第 8 章　環境制約と道路政策　121
- 8.1　環境税とは何か　122
- 8.2　道路交通と環境税　123
- 8.3　炭素税とその効果　125
- 8.4　道路政策に関連した二酸化炭素排出抑制策　126
- 8.5　環境ロード・プライシングとは何か　127
- 8.6　環境ロード・プライシングの特徴　128
- 8.7　需要誘導型環境ロード・プライシング　131
- 8.8　環境制約下の道路政策における課題　133

### 第 9 章　情報化と道路交通政策——ITS の役割　137
- 9.1　情報提供によるサービスの高度化　138
- 9.2　都市における道路混雑の緩和　141
- 9.3　環境および安全面の効果　143
- 9.4　経済効果　144
- 9.5　ITS と制度改革　147

# 第 III 部　競争下の都市間交通政策

## 第 10 章　競争時代の鉄道政策——鉄道改革と上下分離 …………155
- 10.1　競争時代における鉄道改革と上下分離　156
- 10.2　鉄道の上下分離政策と国鉄民営化　160
- 10.3　上下分離政策の類型と交通市場条件　163
- 10.4　インフラ使用料の類型化と交通市場条件　165
- 10.5　鉄道の上下分離に関わる負担問題　169

## 第 11 章　「自由化」後の国内航空市場の課題 …………173
- 11.1　航空市場の新規参入と競争政策のあり方　174
- 11.2　空港発着枠の配分方式のあり方　183

## 第 12 章　国際航空の自由化と戦略的提携 …………197
- 12.1　国際航空システムの変容と戦略的提携　198
- 12.2　多国籍企業の理論と戦略的提携の位相　199
- 12.3　国際航空の戦略的提携の特質　200
- 12.4　戦略的提携の制約と促進の要因　203
- 12.5　米国のオープンスカイ政策と反トラスト法　207
- 12.6　今後の方向性と課題　209

## 第 13 章　空港整備政策の新展開 …………213
- 13.1　わが国の空港整備制度の概要　214
- 13.2　空港整備制度の現状と課題　216
- 13.3　今後の空港整備制度のあり方　217
- 13.4　空港と管制の民営化——その意義と留意点　225
- 補論　英国における空港の規制改革と経済的規制　227

# 第 IV 部　地域交通の課題——規制緩和と交通調整

## 第 14 章　バス市場における規制・競争・補助 …………………………235
- 14.1　はじめに——規制緩和に至るまで　236
- 14.2　規制緩和と内部補助　236
- 14.3　労務問題と分社化　238
- 14.4　運賃をめぐる工夫　240
- 14.5　自治体によるさまざまな「足の確保」策　243
- 14.6　地域協議会と広域対応　246
- 14.7　規制緩和後に残された課題　248

## 第 15 章　地方中核都市における公共交通対策 …………………………251
- 15.1　地方中核都市における交通の現状　252
- 15.2　公共交通対策の必要性　256
- 15.3　公共交通の活性化方策　259
- 15.4　今後の課題　264

## 第 16 章　地域交通政策の意思決定システム ……………………………267
- 16.1　地域交通政策の意思決定システム確立の必要性　268
- 16.2　地域交通政策の意思決定システムの要件　269
- 16.3　ひとつの地域交通政策意思決定システムの理念型　273
- 16.4　適切な地域交通政策の意思決定システムの確立に向けて　279

## 第 17 章　公共交通におけるバリアフリー政策 …………………………283
- 17.1　バリアフリーと公共交通　284
- 17.2　モビリティ・ハンディキャップ者に対する欧米の交通政策　285
- 17.3　英国のバス自由化とバリアフリーサービスの供給　286
- 17.4　わが国のバリアフリー政策　292

索　引　299

**序章**
# 「自由化」後の交通政策の課題

## 0.1 オープン・システムへの転換と規制改革

　20世紀から21世紀にかけての経済社会を一言で示せば，オープン化の進む社会と表現できよう．オープン化とは，その名のとおり，従来の閉鎖的固定的な癒着関係がときほぐされ，国，産業分野，属性などグループ間の垣根が低くなり，相互の参入が活発化してボーダレスの社会になっていく状況を指す．

　このオープン化は，経済の成熟化・低成長を背景に，技術革新の加速度的進展と世界的な自由化の流れによってもたらされてきたと考えられ，今後も，市場を一層競争的な方向に導きながら進展していくと予測される．したがって，これに対処するには，オープン化を阻害する人為的な制度を撤廃していくことが望まれる．

　オープン・システムへの転換には，分権的な意思決定システムへの転換が伴う．閉鎖的固定的関係のもとで集権的に意思決定されていた事項を，社会の各構成員が分権的に意思決定していく方式への転換である．分権的意思決定システムとして有効なシステムは，経済については市場メカニズムであり，政治・行政については地方分権を含めた権力の分散である．オープン化への対処において市場メカニズムの重視と地方分権が重視されるのはそれゆえである．

　しかしながら，日本の経済・社会は，閉鎖的で固定化したシステムのもとで制度疲労をおこし，新陳代謝が困難な状態に陥っている．したがって，この閉鎖的固定的関係をときほぐし，いったんアンバンドルして，既得権にとらわれない選択肢の豊富な社会，すなわちオープン・システムへと転換していくことが求められる．戦後半世紀にわたって営々と維持されてきた，わが国の20世紀型公共意思決定システムの行きづまりを，市場メカニズムを重視した市場規

制方式への転換と，地方分権化の強化によって，基本から打開することが求められているのである．

このうち，市場メカニズムを重視した市場規制方式への制度転換は，市場規制改革と呼ばれる．日本の交通分野においても，1996年度末に運輸省による自由化宣言(需給調整規制の撤廃)がなされるなど，市場規制改革が始まった．世界の動きに遅れること20年にして，自由化時代にようやく足を踏み入れたといってよい．

しかしながら，交通分野にとどまる話ではないが，日本の規制改革は第一歩を踏み出したにすぎない．今後の交通政策の課題は山積しているといってよい．以下では，これらの課題と改革の方向性の概略を記しながら，それらの課題と本書各章の関係を説明する．

なお，オープン化の進展については，紙数の都合から詳しい議論を割愛した．興味のある方は，中条(2001)を参照されたい．

## 0.2 市場介入の基本的視座

序章に続いて第1章では，市場介入の基本的な背景の議論として，「公」，「共」，「官」，「民」，「私」の概念説明がなされ，改革の基本的方向が「官」から「民」へ，「公」から「私」あるいは「共」へと向かうべきことが示される．

本書では，市場競争の自由化を基本姿勢とする改革の是非や市場規制の是非については，背景となる議論を第1章で触れるにとどめ，基本的な議論は省略した．それらについての基本的な方向性についての議論はすでに終了しているとの考えから，市場介入の具体的方法に議論の焦点を置いたからである．なお，「市場の失敗」など市場介入の妥当性についての基本的な議論は『現代交通政策』を参照されたい．

## 0.3 競争を促進・機能させるための課題

### (1) 競争抑制規制の不十分な撤廃

規制改革の核たるべき市場規制改革の要点は，競争の促進である．1970年代半ばから1990年代初めにかけて世界的な政策の流れとなった「自由化」の核の部分も，しばしば誤解されているようにすべての規制の撤廃を指すのでは

なく，競争抑制的な規制(公益事業型経済規制)を撤廃するという意味での自由化であった．

この競争抑制的な規制の撤廃の中心となるのが，需給調整規制の撤廃であることはいうまでもない．しかしながら，世界の流れに20年遅れてようやく2000年を過ぎて法制度の変更がなされた日本の交通分野における「自由化」は，単に世界に遅れをとったというだけでなく，需給調整規制の撤廃の徹底性という点でも非常に不十分な状況にある．

運輸省は，すべての運輸分野における需給調整規制を「基本的には」撤廃することを，1996年末の行政改革委員会規制緩和小委員会の勧告を受けて，同年末に宣言した．長い間，需給調整規制と価格規制によって競争が厳しく抑制されてきた交通分野でのこの宣言は，交通行政の基本方針の大転換ということになる．しかしながら，その後に法制度として整備されるまでの間に，「需給調整規制の撤廃」は姿を消してしまった．

まず第1に，タクシーや航空などの分野では，上限規制が残されたり，部分的に需給調整条項が明示的に残されてしまったり，あるいは激変緩和のセーフガードが課されてしまった．

第2に，緩和されたのは「需給調整条項」であって，「需給調整規制」ではない．需給調整条項とは，エコノミストの視点からすれば需給調整を目的としているとみなされる規制すべてを指すのではなく，規制当局の専門用語としての狭い意味での競争抑制制度のみを指すのである．したがって，「需給調整条項」を緩和したとしても，規制当局は，残された別の規制で権限維持と競争抑制を図ることが可能である．たとえば，陸上輸送における営業地域規制や最低保有台数の規制，営業資格要件についての規制(多くが免許制から許可制に変更)がこれにあたる．

また，本来は需給調整を目的としていなかった規制の目的外使用もしばしばなされる．実質的に競争を抑制する規制を安全，文化，環境，労働者保護等の世間にアピールしやすい名目で残し，これらを通じて規制権限を温存しようというのは規制当局の常套手段であるが，交通の分野も例外ではない．このような質の担保に関する規制は，ある程度競争の促進で対応可能であるし，また，規制するとしても直接的・包括的な規制に委ねるべきであって，競争制限的効

果をもつ規制に依存するのは効果的ではない．

### (2) 競争を促進するための制度整備

しかし，単に現行規制を撤廃・緩和するだけでは市場メカニズムを有効に機能させることはできない．市場規制改革の重要な目的の1つは，競争が有効に機能する枠組みをつくることにある．単純に事業規制を撤廃すればよい場合もあるが，それとあわせて，有効かつ公正な競争を促進するために，競争政策上のルールを強化したり，新たに設定しなければならないケースもある．そのなかでも重要なのは，反競争的な企業行動の防止策の強化，競争にとって基幹的な施設であるエッセンシャル・ファシリティの配分ルールの設定，競争中立的な補助制度の構築である．

ここで注意を要するのは，これらの新たな枠組み・制度は，それらを通じて競争を促進するために設定されるべきであるにもかかわらず，需給調整条項に変わる市場介入の手段として機能することも可能だということである．

たとえば，規制当局の恣意的判断で基幹施設の配分や補助対象が決まる方式が残る限り，規制当局はそれらを通じて事業者をコントロールすることができ，需給調整は実質的に残ることとなるからである．新たな枠組み・制度は，規制当局の裁量をなるべく小さくするように設計されなければならない．基幹施設や補助金の配分は，競争入札制度のような，規制当局に裁量の余地を残さない方式に改めるべきであると同時に，伝統的な規制当局の権限を独立の委員会や他省庁に移管して，既存事業者との間の積年のしがらみを絶つことも必要である．

次に，公的規制の強かった交通の分野では，競争の抑制はあたりまえといった意識が事業者に残っていることもあって，民民規制も健在である．こういった民民規制についての一般的な対処としては，競争当局の機能強化が求められると同時に，既存の事業者による基幹施設の占有が過去の免許制度に基づいている場合には，エッセンシャル・ファシリティとみなして，その再配分についての検討が必要である．また，国民の意識改革を長期的視点で行うことも求められる．

以上のような競争政策にかかわる規制改革の課題について，本書では，第2

章で序論的な検討を行った後に，エッセンシャル・ファシリティの配分問題についての総論を第3章で行う．エッセンシャル・ファシリティに関係する議論は，第10章において鉄道の上下分離の可能性について，第11章で空港の発着枠配分のケースに則して，各論的に議論される．競争中立的な補助制度については，第11章と第14章で航空とバスについて内部補助の否定と競争入札制度の導入が論じられる．もちろん，有効な競争を実現するための諸方策については，第10章以降の各章でそれぞれ市場別にその都度議論されることはいうまでもない．

## 0.4 市場メカニズムの一層の活用
―――民営化・社会資本の重点的選択的整備・情報開示

競争の促進は市場規制改革の主要な部分であるとはいえ，市場メカニズムを有効に機能させるための改革は，それだけにとどまるものではない．公営制度・公的部門の民営化・市場化といった事項がすべて含まれなければならない．また，交通分野において重要な位置を占める社会資本整備のシステムを，オープン化社会に対応した，需要即応型のシステムに改革することも重要な政策課題である．社会資本整備においても，経済の成熟化を背景に，市場メカニズムをなるべく活用して重点的選択的な整備を進めていく必要がある．

しかし，現行の改革の進捗状況をみるに，市場規制改革の重要な柱たるべき民営化については，PFI（Private Finance Initiative）という中途半端な制度が検討されているにすぎず，JR誕生以降一歩も進んでいないといっても過言ではない．バスや鉄道などの地方公営企業，空港や高速道路，港湾など，民営化の対象は交通分野ではまだ多く残っている．また，社会資本整備における内部補助をベースとした現行整備制度についても，政策対応はほとんどなされていない．

そこで，本書では，交通社会資本整備における重点的選択的整備と市場メカニズムの活用の必要性を，第4章で総論として議論した後，道路投資および空港整備における各論を第7章および第13章において展開する．また，社会資本を中心に公営制度の民営化を促進するべきことを，PFIについての検討を含めて第5章で扱う．また，民営化の各論としては，空港のケースが第13章で

触れられる．

　次に，市場メカニズムを有効に機能させるうえで，情報の提供・開示も重要な改革の課題である．オープン化社会を支える分権化とは，自己責任を基盤とする考え方であるが，自己責任を要求するためには，分権的意思決定の資料として情報の提供・開示が必要である．本書では，第6章において，社会資本整備における意思決定資料として重要な費用便益分析のあり方を議論する．また，オープン化を促進する要因として重要な情報技術革新との関連では，第9章で道路交通における情報化（ITS）を取り上げて議論する．

　補助制度については，それが競争の促進と矛盾しないように設計されるべきことを上述したが，交通分野の補助制度の大部分の目的が所得分配にあることを考えれば，補助制度は，上記の条件を満たしながらも，かつ，効率的な所得分配を実行可能な制度に改革されなければならない．改革の基本的方向は，内部補助の否定，競争入札制など補助金の効率改善をもたらす施策の導入，ユーザーサイド補助への変更である．本書では，社会資本整備のあり方を示した第4章と空港整備について述べた第13章において，社会資本整備における地域間所得分配のあり方が議論されるほか，第11章で航空，第14章でバスに対する補助制度のあり方が，また，第17章では，身障者対策が議論される．

　なお，現行の市場規制改革において忘れられている大きな課題に国際交通の自由化の問題がある．これまでの政府の対応は，国際交通についてはまったくの受け身であって，積極的に世界をリードしていこうする姿勢がみられない．国際交通の利用者・荷主の利益の向上と日本企業の競争力向上のためには，保護主義的姿勢を改め，日本企業に自由度を与え，競争にさらすことこそ必要である．本書では，国際交通については国際航空に限定して第12章で航空会社間のアライアンスを中心に，世界的な自由化の動きとその対応策が論じられる．

## 0.5　地方分権の強化

　地方分権制度は市場メカニズムと並んで重要な分権的意思決定手段であり，オープン化社会における重要な政策課題である．しかし，現行の地方分権改革は，いまだに国の縦割り制度が道路，鉄道，航空などあらゆる分野に及んでいるうえ，自治体には財源獲得手段も補助金の一括運用も部分的にしか認められ

ておらず，財源の点でも権限と責任の点でも不十分である．

本書では地方分権のあり方を正面からは論じてはいないが，地域の交通政策への関わり方という点に限定して，第16章を中心に，第15章など地域交通を扱う章で主として論じている．地域交通は，市場競争の重視の視点だけでなく，地方分権の流れのなかでも論じられる必要性をもつ分野であるからである．しかし，都市間交通についても，それが相対的にローカルな交通である場合には，地域の権限と責任を大きくするべきである．したがって，地域の役割は空港や航空についての章においても言及される．

## 0.6 その他の課題

上記以外にも，今後の交通政策に重要な課題は多くある．

その1つは外部性の問題である．外部性の大きい交通分野では，その内部化は重要な政策課題であるが，ここにおいても，市場メカニズムや価格メカニズムを活用することによって，選択の幅の付与と効率性改善を期待する工夫の余地が十分に存在する．ただし，この点については，本書では，道路交通における環境プライシングの議論を第8章で扱うことと，情報技術革新との関係を第9章で述べるにとどめた．

重要な課題であるにもかかわらず，紙面の都合上割愛した課題に，安全に関する議論があげられる．安全への対処も，オープン化社会の進展に対応して，自己責任と分権的意思決定をベースとした市場メカニズムの機能するシステムに改革していく必要がある．外部性や安全など交通分野におけるいわゆる「社会的規制」の改革に興味のある方は，中条(2000a)を参照されたい．

次に，本書で提言した改革を現実に実行するためには，既得権者や規制当局からのさまざまな政治的・市場外的抵抗を排していかなければならず，その方策の提示も求められるところである．これらについては，情報開示，行政訴訟の簡便化，競争部局の権限強化など，抵抗の比較的小さい総論部分での改革に集中する一方，産業分野ごとの改革は，制度の障害に直面した企業や自治体が制度に挑戦して制度の形骸化を図ることが必要であるが，これらの点も詳しくは中条(2000b)に譲る．

最後に，オープン化に向けての規制改革は，以上で述べた課題に関する改革

のみからなるわけではない．閉鎖的固定的関係を支えている規制制度は経済関係の制度のみにとどまらないからである．人間の自由な行動を制約するのが規制であり，規制制度は経済システムのみならず，社会制度，行政制度，政治制度のすべてを包含するものであるから，これらすべてについて，新規参入による新陳代謝が促進され，新しい政治家，新しい官僚，新しい教育者，新しい法曹家が多様に登場しやすいようなシステムへの転換が求められる．

　官僚制度と官僚意識の改革のためには，官僚の一括採用，省庁の機能別細分化，中途採用の拡大と民間との交流の拡大が必要である．また，教育制度を自由化するとともに，年少時より競争の重要性と選択の自由を教えること，自己責任を基盤とした社会の形成に重要な司法制度の拡大と改革，政治の新陳代謝を高め，首長がリーダーシップを発揮できるような政治制度への改革なども求められる．オープン化への対処という点では，NPO(Non-Profit Organizations)に活躍の場を与える制度改革も，国民の選択の幅と規制への挑戦者の幅を大きくするという点で有効である．

　すなわち，本書で扱う改革は，必要な改革のごく一部にすぎない．それにもかかわらず，上述のとおり，市場規制改革だけでも多くの問題点が積み残されている．交通市場の健全な発展のためには，まだまだ多くの改革が必要であることを読者が理解され，本書から改善のヒントを得てくださることを編者の一人として願う次第である．

**参考文献**

中条潮(2000a)「運輸交通の規制」八代尚宏編『社会的規制の経済分析』日本経済新聞社，第6章，169-203ページ．
中条潮(2000b)『景気復活最後の切り札：規制改革なくして日本再生なし』小学館文庫．
中条潮(2001)「経済社会のオープン化とIT」『エコノミックス』第4号，1-5ページ．

# 第Ⅰ部
## 自由化時代の交通政策総論

# 第1章
# 交通事業の公共性

### 要約

　交通事業，とくに公共用交通(public transport)については，公共性が問われることが多い．市場経済社会で公共性ということがいわれるのは，市場に重要な失敗や限界があることを意味しており，そのために補正が必要な状況を指して「公共性がある」とされる．

　完全競争の条件が満たされないときや，市場が欠落するときには，市場の失敗として政府介入の根拠が生じる．しかし，その論理の基礎は，依然として私的な選好にある．

　他方，市場が効率的であるといっても，それは初期条件を所与とした支払意思額をもって価値とするからであり，そのことが市場の限界となる．そこから，公正としてのミニマム確保，機会の均等，世代間の配分などの要因が，私的な選好とは別の公の領域を形成する．

　次に，本章では「共」の部分に注目する．「公」と「私」の間で「共」には，ローカルな「公」としての「共」と，「私」の集合としての「共」がある．ローカルな「公」としての地方自治体などの共同組織は，構成員が相対的に同質であるために政治的外部費用が小さく，それが地方分権の1つの論拠になる．また，「私」の集合としての「共」については，クラブ理論が展開されてきた．とくに，所得が増すほど共の組織は私に移行するとの指摘は重要だが，情報の共有化のような社会の変化からしても，私的な「共」を認識し活用する機会は大きい．

　最後に，公共用交通について，「公共」ということの意味を確かめる．

　つまり，本章では，市場の失敗や限界，言い換えて公共性には，社会的価値判断を要する「公」の部分と，私的な選好に立つ「共」の部分があること，「公」に過剰依存することはかえって「公」を崩壊させるものであること，そして私的な「共」の領域を活用するべきことを論じる．

## 1.1　交通事業と公共性

　交通事業については，しばしば「公共性」ということがいわれる．また，それを理由として政府が市場や企業経営に介入することも，他の産業に比べて多い．この公共性とは何を意味するのであろうか．

　公共性という言葉は，多用されるわりには意味が明白でない．英語にするときも訳しにくい．publicness とすれば公衆に公開されているとの意味になるが，今日ではあまり使われない言葉である．一般に「公共性」はもっとさまざまな内容で用いられており，public interest とでも表すしかない[1]．

　わが国の場合，公共という言葉には「公」の部分が強く，「私」よりも社会的に卓越したものとする意図が感じられる（ときにはお上，役所の意味で使われる）．しかし，英語の public はそういう意味だけでなく，むしろ公衆または「共」の内容であることが多い[2]．

　われわれの社会は，自由主義経済を体制としている．この分権的な社会において公共性ということがいわれるのは，市場システムに委ねるだけでは社会として望ましい結果が必ずしも得られないからである．そこで，市場経済における公共性とは，「市場の失敗や限界の諸要因が重要で補正が求められる状況の総称」と考えることができる．

　総称であるために，公共性があるというだけでは曖昧で，論点がすり替わるおそれがある．当のケースにおいて，市場の失敗や限界のどの要因が問題であるのかを，特定して示す必要がある．

## 1.2　効率の論理と社会の厚生

　個人は，所持する資源，たとえば所得や時間を，各用途に配分してもっとも

---

1)　公共性と訳される外国語も多様である．たとえば，Habermas（1962）『公共性の構造転換 *Strukturwandel der Öffentlichkeit*』は，この章の文脈での公共性よりも広く，公共圏（public sphere）を主題としている．
2)　わが国で早い時期に public を「共」とした例として，福澤諭吉（1868）は，イギリスの public school を共立学校と訳した．いうまでもなくイギリスで public school は私立であり，public は共立，共用，共有，あるいは専用の家庭教師ではない，公開された教育の意味であろう．

大きな利益や満足，すなわち厚生を得ようとする．社会としても，効率的な資源配分により，全体として最大の厚生の増加を達成したい．これについてアダム・スミスは，個人や企業が自己の利益を目指して行動することが，市場メカニズム（見えざる手）を通じて社会全体としても最大の厚生を達することを示した．

個人の厚生と社会の厚生の関係を少し整理しよう．民主的な社会では，社会全体の厚生は，その社会を構成する各個人の厚生から成る．つまり，社会の厚生 $W$ は，社会を形成する $s$ 人の個人 $i$ の厚生 $u_i$ の関数で，次のように社会的厚生関数として表される．

$$W = W(u_1, u_2, \ldots, u_s)$$

市場において人々は自身の厚生を最大にするように行動するから，市場における人々の選択の結果が社会の厚生を示すとすれば，社会的厚生関数を次のように規定することになる．

$$W = \sum u_i \qquad i = 1, 2, \ldots, s$$

この場合には，社会の厚生は人々の厚生の単純和として集計され，ベンサムの最大多数の最大幸福（the greatest happiness of the greatest number）という（古典的）功利主義の言葉でよく表される．

しかし，社会には貧富があって，同じ 1 単位の厚生の追加でも，富める人より貧しい人の厚生の追加の方が，社会にとって価値が高いともいえる．このように厚生変化の社会的価値について個人間の差異を考慮すれば，次のような社会的厚生関数が考えられる．

$$W = \sum w_i u_i$$

ここで $w_i$ は，社会が個人 $i$ の厚生の 1 単位増加に対して認める社会的ウエイトである．貧しい人の厚生の増加には，富める人の同単位のそれに比べてより大きなウエイトが与えられるだろう．現行の累進所得税は，富裕になるほど所得の限界効用は逓減するとの理解の下に，貧富を通じて同等の負担を図るものである．累進課税率が長期間安定しているなら，（その逆数が）所得の社会的ウエイトとして社会において合意されているとみなすことができる．

しかし，$w_i$ は本質的に社会的価値判断によるものであり，科学としての経済学の領域を越える．社会的価値判断を行うことができるのは，社会の合意，

あるいは社会の構成員のエージェントとして選挙で選ばれた議会の議決という，「公」の政治的過程によるほかはない．

そこで，経済学で用いうる価値中立的な評価基準として提示されたのが，パレート最適（Pareto optimum）である．この基準では，「社会のある1人の厚生をより大きくすることが，他のどの人の厚生も悪化させることなく達せられるのであれば，それは社会として改善である」とされ，そのような改善が行われ尽くして，「もはや他のだれかの厚生を悪化させることなしにはどの個人の厚生の増加も達せられない」状況を，最適状態と規定する．

完全競争市場がこのパレート最適を達するものであることは，厚生経済学の基本定理として証明されている．直観的にも，市場における取引は当事者のどちらにも利益になるから行われるのだから，どの取引も改善であり，取引が行われ尽くせばパレート最適の状況になるであろうことは理解しやすい．

しかし，政策の基準としては，だれの状況もよくなる（少なくとも悪化しない）場合しか当否を判定できないとなれば，経済学が政策評価のうえで果たせる役割は限られたものになる．そこで，補償原理が提示されてきた．補償原理では，ある政策によって損失を被る者があっても，利得者が補償をして損失者の厚生を政策前と同等な水準に戻し，しかもなお利得者の利益があるなら，社会としてその政策は効率を改善すると評価する．これは，再び各個人の厚生変化の単純集計をもって基準とするものである．したがって，仮説的な補償で十分とされ，実際に補償が行われるかどうかは問われない．資源配分機構としての市場は，この意味で社会全体として効率的である．その反面，市場で取引が行われる前の個人間の分配の状態は所与とされ，また取引による分配変化もその当否は問われないという，資源配分と所得分配の二分法が依然として残る．

これに留意しながら，ここではこの集計的効率の概念を使用する．効率は，なんらかの尺度による産出物と投入物の差あるいは比であり，①技術的効率，②企業的効率，③経済的効率，④社会的効率が考えられる．

技術的効率は，従業員1人当たり生産性など，物量尺度で表され，生産物の価値の評価を含まない．企業的効率は，価値による評価として，利潤率などで表されるが，生産者にとっての効率だけを考えており，消費者が製品に認める価値を含まない．これに対し，社会全体としての経済的効率は，消費者と生産

者の双方の利得を合わせたものである．補償原理により効用の個人間比較の問題をバイパスすれば，社会の厚生を，消費者余剰（消費者の利得）と生産者余剰（生産者の利得）の合計である総余剰として規定することができる．

　　総余剰＝消費者余剰＋生産者余剰
　　　　　＝（消費者が製品に認める価値－価格）
　　　　　　＋（価格－コスト＜つまり費やされた資源の価値＞）

　ここで，消費者が認める価値あるいは効用は，その財サービスを入手するための消費者の支払意思額（willingness-to-pay）で表される．また，第三者が受ける外部効果があれば，社会全体の厚生は，総余剰＋純外部効果として示される．

　この経済的効率に，当事者ごとに帰着する便益や費用について先述の社会的ウエイトを与えれば，それは社会的効率を表すといえる[3]．

　一般に経済分析では，資源配分と所得分配の二分法の問題点に留意しながらも，価値判断を避けて，経済的効率が判断の基準として使用される．

## 1.3　市場の失敗

　厚生経済学の基本定理が成立するためには，いくつかの条件が必要であり，実際の市場は望ましい状況を自動的に達成するものではない．自由放任を主張したスミス自身が，国防，司法，一部の公共事業を，市場には委ねられない政府の役割とした．それ以来，市場が望ましい資源配分を自動的に達しえない要因が指摘されてきた．それらは総称して，市場の失敗といわれる．

　市場の失敗には，大別して，(1)完全競争条件の不成立，(2)市場の欠落，および(3)市場の限界，の3要因がある．

### (1)　完全競争条件の不成立

　理論モデルが仮定する完全競争市場の前提条件の一部は，現実には満たされない．第1に，完全競争市場モデルはだれにも価格支配力がない原子的状況を想定するが，現実の生産や流通には規模の経済や範囲の経済が存在し，競争の

---

3)　社会的重要性で加重した社会的効率でさえ，加算であることの問題は残る．

結果は独占や寡占の形成を導く．完全競争市場モデルは，そのような独占の存在を考慮していない．

第2に，情報の不完全性がある．完全競争市場は生産者・消費者ともに完全情報を持つことを前提としているが，現実にはどちらも，とくに消費者は，不完全な情報の下で選択をしなければならない．

### (2) 市場の欠落

財・サービスのなかには，それについての市場が存在しない場合がある．

第1に，第三者に与える正負の(技術的)外部効果である．たとえば，地域開発効果やネットワーク効果(外部経済効果)，あるいは公害(外部不経済効果)は，大規模な外部効果のケースである．取引の当事者は，選択にあたって外部効果を考慮しないから，社会としてはその補正が必要となる．

もっとも，コースの定理として，外部効果を受ける者が発生者と直接に取引をすることで市場的に解決することが可能である．それゆえ，政府の介入が必要となるのは，当事者が多数で取引コストが高くつく場合や，交渉力に大きな格差がある場合などになる．

第2に，極端な外部効果のケースとして，公共財がある．消費に競合性がなく(限界費用ゼロ)，また排除原則が適用できないサービスでは，フリーライダーが生じ，需要の顕示を期待できない．そこで，放置すれば公共財の供給は過少になるおそれがある．

ただし，実際には技術的に排除不能というケースはあまりない．むしろ，だれにも当のサービスを利用可能にすることが社会的に望ましいもの(価値財)とされて，制度的にあるいは暗黙に排除原則を適用しない場合が重要である．

第3に，不確実性の問題が挙げられる．将来の不確実な事象に対しては保険や先物市場があるが，市場の組織化が困難なために，将来財に対する市場は大部分の場合に欠落している．

以上は市場の失敗の網羅的なメニューではない．市場の失敗のこれら要因のために公的供給，助成，規制などの政府介入が行われるが，留意すべきことは，介入の論拠が依然として私的な効用に基づいていることである．たとえば公共財の場合に，公共(public)は「集合的」という意味にすぎず，その最適条件が

かかわるのは依然として私的な効用のみである．価値財の場合を除き，これらの市場の失敗は，「私」の範囲，すなわち私的選好の範囲を越えるものではない．

### (3) 市場の限界

それに対して，市場の限界をなす要因がある．市場は資源配分についてはよく機能するが，その効率は私的な価値を単純集計した効率にとどまる．さらに，市場において価値は支払意思額で表されるが，社会には，支払意思額で示されず市場が機能しえない多くの価値がある．

市場の限界として認識される問題の1つは，基本権にかかわる分配の公正あるいは結果の平等としての，社会生活のミニマム水準の確保である．市場はミニマムの確保を保証しないし，取引の初期状態で社会的に好ましくない格差があっても，それは所与とされる．

この系として，機会の均等の要請がある．機会の均等は，そうでなければ活用されない資源の有効利用を導いて効率と整合する場合もあるが，一般に市場では考慮されない．

ただし，効率と公正・平等は択一的に論じるべきものではなく，むしろ相互補完的なものである．実際に，市場経済社会の基盤として社会保障制度が採られている．わが国の経済体制は，平等な基本権と自由経済との重層的なハイブリッドの社会である．これは，本質的には正義と自由が部分的に整合しないことへの対応の結果である．

そのため，政策評価は多基準とならざるをえない．つまり，単なる効率の最大化ではなくて，これらの基本権の制約下での効率が求められるのである．

いま1つに，世代間の資源配分の問題がある．現在と将来の間の資源配分においては，短期的には利子率や先物市場が機能するが，世代的には市場には現在世代しか存在しないから，市場による解決は困難である．言い換えれば，私的時間選好と社会的時間選好は乖離する．地球環境問題など，現在世代の消費が将来世代に与える効果から持続可能な消費を考えなければならないが，市場での自発的な交換には期待しえない．そこで，将来世代への責任という正義として，現在世代の消費の自由をどこまで拘束できるかという問題になる．

したがって，世代間の配分は一般的に「公」に属する課題である．しかし，政治過程にも将来世代の代表者は存在しないから，市場に代わり政治過程による公共的な選択の方が適切かどうかは，次項のように政府の失敗もあって一義的には決まらない．たとえば，高齢化社会では，高齢有権者の比率の増加から近視眼的な政策が採られがちになるおそれがある．

## 1.4 政府の失敗

市場に代わる資源配分のシステムは，政治・政府による配分である．政府は，市場の失敗に対処し，市場に代わりうるかもしれない．しかし，政府にも失敗があるだろう．それゆえ，市場に失敗があってもただちに政府による介入が正当化されるわけではない．政府の失敗の要因が大きければ，市場による供給が依然として次善であることがありうる．

政府の失敗の第1の要因は，多様な価値観をもつ人々の意見を，民主的な手続きにより，社会として1つの合理的で整合性のある評価体系（社会的厚生関数）にまとめることができるかという問題である．

これについては，民主性と合理性を兼ね備えるとの要件は常に成立しうるものではないことが，アローの一般可能性定理として論証されている．つまり，多数決による公共選択は民主的だが，それが常に人々の真の選好を整合的に表すとは一般的に証明されない．これは，民主主義的な決定に重要な問題点があることを指摘するものであるが，そのような事態が回避される条件についても分析が進んでいる．

第2に，票の平等の問題がある．決定権の平等は民主主義の根幹である．しかし，選ばれた個々の政策が各個人に及ぼす効果は平等でない．たとえば，100人の社会で新空港が計画されているとして，この空港から99人が各1単位の便益を，残りの1人が100単位の損失を受けるとする．社会全体で集計された純便益はマイナス1で，この空港は建設されるべきでない．しかし，公共選択の過程によれば99対1の圧倒的多数で，公共的利益の名のもとに空港は建設されるだろう．市場の自発的交換であれば，被害者は利得者に補償を申し出て，利得者の状況を以前と同じ水準に保ちながら計画を阻止し，なお1単位の被害を避けられるから，市場の方が効率的で公平である．このような極端な

ケースでなくても，全会一致でない以上，少数者の選好は無視される．票の平等はかけがえがないが，問題点も民主制度のコストとして理解し，少数者の尊重が民主主義を持続可能にさせる要件であることを認識しておく必要がある．

　第3に，代議制の問題がある．代議制では一定期間ごとに改選が行われ，代議士は在任中を含めて新たな参入者からの競争を受ける．この条件の下で代議士は，当選・再選の確率を最大化するように行動する．このことの効果の一例は，選挙民のうちで生産者は労使ともに消費者よりも圧力団体を形成しやすいから，消費者側に比べて生産者側に有利な政策が採られる傾向があることである．また，代議士も，エージェントとして選挙民の利益を図るよりも，名誉や富など，個人的な利益を優先する可能性がある．

　第4に，官僚組織の存在である．政府の組織は，私企業と違って社会的利益を目的とする．しかし，組織にはそれ自身の維持拡大への誘因がある．また，公務員だけに一般人以上の利他心を求めることにも無理があり，公務員にも個人的な利益を図る動機がある．

## 1.5　公の側面——社会的契約

　市場が達するパレートの意味での最適な資源配分の組み合わせは，初期条件に応じて多数存在する．それゆえ，効率の基準はそれだけでは最適配分を決めることができない．(効用可能性曲線の端点のように)1人あるいは1グループに資源がすべて配分されたとしても，他の配分と等しく社会としてもっとも効率的な配分であるとされうる．そのような性格をもつ選択のシステムは，それのみでは公正あるいは正義に適うものとはなしがたい．

　そこで，効率を満たす組合せのなかのどれが社会として望ましいものかを選択するためには，社会的評価の基準(社会的厚生関数)が与えられなければならない．

　市場において表される支払意思額を社会的評価の基準とするなら，それは人々の満足計算の集計をもって社会的厚生関数とし，その意味での最大幸福を求める先述の功利主義の立場になる．それに対して，ロールズ(Rawls[1957])は，社会的契約の観点から，正義によって保障される権利は損益計算には従わ

ないと主張し，公正としての正義の論理を提示した[4]．

社会的ルールがまだ存在しない原初状態において，人々が望ましい社会のあり方を考えるとする．人々の判断から自然的・社会的な運や偶然の影響を除くために，各個人は自分の立場についてまったく情報をもたない無知のヴェール (veil of ignorance) のもとにあると想定する (自分や家族の社会的身分，階級，資産，能力，体力などすべてについて情報がない)．ロールズは，その状況で合意が得られるであろう社会のあり方の基準として，2つの原理を示した．

「第1原理　各人は，他の人々の同様な自由の図式と両立する平等な基本的自由の最も広汎な図式に対する平等な権利をもつべきである．

　第2原理　社会的，経済的不平等は，それらが(a)あらゆる人に有利になると合理的に期待できて，(b)すべての人に開かれている地位や職務に付随する，といったように取り決められているべきである．」(Rawls [1971]訳書47頁)

無知のヴェールのもとにおいて，人々は，まったく未知の将来を前にして，もっとも不利な状況が生じたときにもっとも救われるような社会であることを選ぶ (マキシミン原理) と想定できるであろう．そこで第2原理(a)は，不平等はそれが社会において「最も不利な立場にある人の期待便益を最大化」するものであるときに是認されること (格差原理) を意味する (同訳書64頁)．

このロールズの所説には多くの議論があるが，効用の総和という功利計算に対置して，基本権と機会の均等を強調する視点に立ち，ミニマムの確保，セーフティ・ネットの整備の示唆を与えるものである．

実際にわれわれの社会は，ミニマムと効率のいずれかではなく，双方を基礎とした重層的な体制を採っている．それゆえ，ミニマムの領域と市場に委ねる領域との区分が，社会的契約としての「公」の肝要な政策課題である[5]．

これに関連して，ユニバーサル・サービスという概念も用いられる．それは，サービスをだれでもどこでも使えるようにすること，すなわちサービスの利用

---

[4]　「例えば，そこ (古典的功利主義：引用者) では，奴隷所有者にとっての奴隷所有者としての利益が，奴隷にとっての不利益並びに相対的に非効率な労働制度によって負担を負う社会全体にとっての不利益を埋め合わせないという理由に基づいて，奴隷制が不正義であると論じることが許されている．」(Rawls[1957]訳書58ページ，傍点原著)

可能性(availability)と負担可能性(affordability：合理的な安価)を無差別に提供することを意図する．典型的には過疎地域や低所得層のように支援を必要とする人々への措置で，ミニマムの確保と同じ内容である．

しかし，ミニマムやユニバーサルという用語は，たとえば全国同一料金の主張のように，多数者へのサービスにも使われることがある．過疎地域などの場合には社会のなかのマイノリティの問題だが，どこでも同じ料金はマジョリティの問題であり，区別する必要がある．マジョリティの場合にも，格差が過度に拡大することは好ましくないという見方はありうることである．旧国鉄，高速自動車国道，郵便の全国画一料率・料金はその例である．しかし，一方で，より必需の財である水道については，自治体の決定に委ねられている水道料金は，地域により全国で数倍の格差がある．基本的に「公」が関連するのは，社会として支援を要するマイノリティにかかわる領域である．

先の空港建設のように，公共性が単に多数者の利益をいうのであれば，それは「多数」と「少数」の問題であり，「公」としてよりも「私」あるいは「共」の問題として対応するべきである．

経済社会の発展段階に応じて，公の内容や，私との境界は変化する．所得が向上するにつれて，公の役割の一部は共や私で対処できるようになる．その一方で，新たな公の要求も生じる．たとえば，少子高齢化，国土保全，環境問題，都市改造，エネルギー資源などは，政府の介入が大きくならざるをえない課題

---

5) わが国の交通の分野で，ナショナル・ミニマムの境界が示された事例が次のようにいくつかある．
　鉄道：特定地方交通線　旧国鉄で旅客輸送密度1日4000人未満の路線を，鉄道としては社会的に意義を失ったものとして廃止し，バスに転換(一部は自治体の選択により第3セクターなどの鉄道)．
　バス：第3種生活路線　平均乗車密度5人未満の路線を，バス事業としては成立しないものとして自治体サービスに転換．
　道路：幹線2級市町村道　戸数25戸以上の集落への道路について，その整備を国費補助の対象とする(地方分権化法の施行以前)．
　高速自動車国道(高規格幹線道路)：全国のどの都市・農村地区からも，1時間以内でアクセスできるようにネットワークを配置．
　計画の目的がこのような社会生活や社会環境における一定水準の確保にある場合には，その計画を構成する個々のプロジェクトについては通常の費用便益比較のような評価は不適切であり，計画を最小コストで達成するプロジェクトを選択する観点から評価することが適切である．

であるし，電気通信におけるユニバーサル・サービスの問題は，ITという技術発展から生じた．それゆえ「公」の役割は重要であり続けるが，「公」に過剰依存することは，かえって「公」を崩壊させるものである．

## 1.6 共の側面——2つの共

「共」は，「公」と「私」の間にあって2つのタイプを生じる．1つは，ローカルな(局所的な)公としての共，もう1つは私の契約としての共である[6]．

公の場合も共の場合も，施策は多数決により決定され，メンバーは決定に従わなければならない．この拒否不能性のために少数派が受ける被害は，(政治的)外部費用といわれる[7]．

### (1) ローカルの公

地方自治体の重要な役割は，地域社会における公の組織としての機能である．自治体の適正規模は，基本的には，合意を得るためのコスト，つまり(政治的)外部費用の大きさと，自治体サービスの供給コストにおける規模の効果との，トレードオフで決まるであろう．ナショナルな公と相違して，共の場合にはメンバーに加入・脱退の自由がある．そこで，(政治的)外部費用は，価値観がより同質的な小集団である共の組織の方が小さくなるだろう．これは，地方分権を支持する1つの根拠となる．

他面で，共の自治組織は，非メンバーに対しては閉鎖的になる可能性がある．共はもともとその組織化においてなんらかの排除原則を用いているから，排他性を内包している．共の組織の目的はメンバーの厚生を最大化することであり，局所的な公といっても，それはメンバー間でそのときどきの多数決にのみ依存できない要因をいうのであって，組織の範囲を越える外部効果は無視される．対外的にはむしろ自己を主張して私として行動するし，そうすることをメンバーから要求される．広域的な問題について，各地方自治体の私的な行動により

---

6) 増井(1971)では，ドイツ交通論における共同経済性(Gemeinwirtschaftlichkeit)の諸論が紹介されている．

7) Buchanan and Tullock(1962)の用語による．

調整が困難になることはしばしばみかけるところである．

これは国のレベルにおいてさえあてはまり，たとえば地球環境のような課題に直面したときに，国民国家を乗り越えられるかどうかの問題になる．

地方自治体に加えて，公に近い部分を担当する共のシステムとして，近年，非政府組織 NGO が注目されるようになった．

なぜ NGO が生じるかについては多くの議論があるが，ここでの文脈との関連では，価値観の多様性への対応があげられる．サービスを公的機関を通じて提供しようとすると，多数決による決定がメンバー全員に強制されなければならない．Weisbrod によると，価値観が多様化しているときに，多数決原理では対応しえない社会的価値を主張し実現するために，政府と私の間を埋める役割をもつ主体として NGO が生じる可能性がある(Weisbrod[1988]ch.3)．

### (2) 私的契約——クラブ

一方，私的な利益を目的とする私的契約としての共がある．政府・自治体サービスの一部には私的契約の性格のものがあり，また身近なマンション管理組合などもそうで，多様な形態の私的契約の組織をまとめてクラブと考える．

ブキャナンのクラブ理論(Buchanan[1965])では，クラブは，消費する財・サービスのコストをシェアする組織である．会員数が増えるほど分担額は小さくなるから，人々はクラブを結成し拡大する誘因をもつ．他方で，容量以上に会員数が増えれば混雑現象が発生し，消費の競合性が生じる．コスト分担の軽減と混雑によるサービスの低下とのトレードオフで，クラブの最適な規模と供給量が決まるとされる．このモデルはコスト面からクラブ・サイズを論じているが，クラブが形成される動機は多様である．直接のコスト分担よりも利益配分を目的とするクラブもあり，協同組合はその側面をもっている．

いずれにせよ，クラブを形成する私的な動機は，メンバー間でさまざまな内容の外部効果の内部化を図ることにあり，そのためにシェアリングが行われる．

たとえば，Wiseman [1957]は，公益事業の料金形成における固定費の配分について，消費者によるコスト・シェアリングのクラブを想定することを提示した．費用逓減の事象を，既存利用者の消費により追加利用者に生じる外部効果とみれば，利用者クラブはこの外部効果を内部化するものである．

しかし，こうした共の組織について，ブキャナンは，クラブの最適規模は所得の向上につれて小となることを指摘している．言い換えれば，高所得社会になるほど，公や共は私的なサービスに転化しうる．

加えて，経済的成長だけでなく，社会的条件の変化や，技術発達による新製品によって財の構成が変わる場合には，公・共・私の役割も変わるであろう．つまり，公共性の内容は経済の発展段階に応じて変化する．現在ならば，環境問題のような社会的要請があり，あるいはITの発達で情報の共有化が急速に行われていて，共を認識し活用する領域はむしろ拡大している．

よくいわれる共有地の悲劇は，実態は私的な共であるにもかかわらず，そのことが明確にされず，メンバー間の責任や他の利用者に及ぼすコストの負担など，契約関係が曖昧にされていることに原因がある[8]．「共」には，それを自覚した規範が必要なのである．

## 1.7　政府の役割

上述の考察に基づいて，ハイブリッドな社会体制における政府の役割をまとめてみよう．

第1に，社会的価値判断を要する公の要請を満たすことである．すなわち，基本権としての自由，社会的ミニマムや機会均等の確保，社会の秩序・安全の保持，伝統の継承，あるいは世代間の配分などを行うことである．

第2に，市場の基礎となる社会制度の整備である．これには，取引の信頼性を担保する契約の制度や，公平な競争の機会の整備，たとえば公正競争の法制から，平等な空間的競争のための交通の整備までにわたる役割が含まれる．

第3に，市場の欠落などの失敗への対応がある．それらは私的利益に基づく領域である点で，公の問題のように政府の固有な役割ではない．外部効果の場合であれば，コースの定理が示すように自発的取引で対処するのが本筋である．しかし，当事者が多数で取引費用がかかるとき，交渉力に著しい格差があるとき，排除が技術的・経済的に困難でフリーライダーが発生しやすいとき，私的

---

[8]　道路の混雑現象は，外部効果の被害者が同時に加害者でもあるという，共用空間あるいは共有地の悲劇のケースである．

には事業のリスクが大きすぎるときなどの状況では，政府の経営資源や信用力を活用することが効率的であり，公平であることがあろう．

第4に，マクロ経済政策が挙げられる．ミクロな個々の経済単位の行動の集計合成がマクロ経済になるのではない．この点から，財政，雇用，物価などのマクロ政策が政府の役割である．

上記はすべての役割をリストアップしたものでなく，交通事業の公共性との係わりから挙げたものにすぎない．市場の失敗の一方で政府の失敗があり，市場の方がなお次善であるかもしれない．また，政府と市場の役割は，おかれた条件によって各国間で相違があり，1つの国でも発展段階により変化する．

さらに，政府の役割は，サービス供給の現業を政府が行うべきことを意味しない．公の領域に属することでも，サービスの運営は民間に委託することができる．必要なのは，決定の権限と負担の責任が社会にあることである．

## 1.8 公共用交通

不特定多数の顧客を対象としてサービスを提供する交通事業者は，公共用交通(public transport, common carrier)といわれる．一般的用法は公共交通だが，ここでは，それが自家用交通と対等以上の意義をもつものではないこと，また共用であることを意味して，公共用交通とする．公共用交通という言葉は，その属性の一部をとらえてさまざまな意図をもって使われるので，問題がすり替わることのないように注意しなければならない．以下では，公共用交通の性質としてしばしば指摘される属性について整理する．

(1) 公有：公共用交通のpublicは公有を意味しない．私営の乗合バスもpublic transportであり，他方で東京都交通局の都立学校生徒専用輸送バスはprivate transportである．つまり，privateは特定の個人やグループの専用を意味し，public, commonはだれでも利用できるものの意味である．

(2) 公開性：このように公共用交通あるいは一般的に公共用サービスの本来の意味は，不特定多数の公衆の利用に開かれていることである．しかし，不特定多数の利用というだけでは八百屋やレストランでも同じであり，とくに公共性をいわねばならない理由にはならない．公開性が必需性や地域独占性と結び付いたときに問題となる．

(3) 必需性：サービスは，消費と供給が同時に行われねばならない(即時財)．交通サービスは社会の諸活動に付随して必需的に需要されるから，交通サービスがいつでも利用可能であることが重要になる．公共用サービスは，実際の利用者に対するサービスに加えて，同時に潜在的需要者にも利用可能性というサービスを供給する．ここから，交通サービスの必需性を反映して，公開性をもつ公共用交通には，公共用サービス義務(public service obligation：供給義務・運送引受義務)が課せられている．公共用交通事業者は，運賃支払いなどの条件を満たして運送を申し込まれたなら，それを拒否することができない．この公共用サービス義務は，潜在的需要者に対し利用可能性について排除をしないことを社会として保証するものであり，公共用交通の利用可能性サービスを制度的に公共財化している(藤井[2000])．

(4) 多数の利用：公共的利益といわれるとき，実は多数の私的利益の合計でしかないことが少なくない．多数の利益は重要だが，マジョリティは市場でも政治の場でも要求を実現しやすい．その意味では，マイノリティの保護の方が公の問題である．

(5) 共同空間：人々の交流空間としての公共用交通の機能は重視したいが，交通サービスの本来の役割というものではない．

(6) 大量交通：都市交通において，鉄道やバスなどの公共用交通の利用促進が説かれることがある．しかし，都市交通で問われるのは，公共用交通かどうかではなくて，限られた都市空間を有効に利用するための大量交通かどうかである．たとえば，タクシーは公共用交通機関だが，大量交通機関ではない．他方，自家用車でも多人数乗車車両 HOV は，稀少な道路空間の利用について優先権を与えることのできる大量交通である．

**参考文献**

Buchanan, J. M. (1965), "An economic theory of club", *Economica*, Vol. 32, No. 125, pp. 1-14. 田中清玄訳「クラブの経済理論」『公と私の経済学―ブキャナン経済学のエッセンス―』多賀出版，1991 年，143-158 ページ．

Buchanan, J. M. and G. Tullock (1962), *The Calculus of Consent: Logical Foundations of Constitutional Democracy*, University of Michigan Press. 宇田川璋仁監訳，米原淳七郎・田中清和・黒川和美訳『公共選択の理論―合意の経済論理―』東洋経済新

報社，1979 年．

藤井彌太郎(2000)「交通事業の公共性―公・共・私―」『三田商学研究』第 43 巻第 3 号，1-21 ページ．

福澤諭吉(1868)「慶應義塾之記」『福澤諭吉全集』第 19 巻，岩波書店，1960 年，367-369 ページ．

Habermas, J.(1962), *Strukturwandel der Öffentlichkeit*, Suhrkamp, 2nd ed. 1990. 細谷貞雄訳『公共性の構造転換』未来社，初版，1973 年；第 2 版，1994 年．

増井健一(1971)「交通における『共同経済性』―ドイツ交通論に見る―」大塚久雄・小宮隆太郎・岡野行秀編『地域経済と交通』東京大学出版会，205-222 ページ．

Rawls, J.(1957), " Justice as fairness", *Philosophical Review*, Vol. 67, Issue 2, pp. 164-194. 田中成明訳「公正としての正義」田中成明編訳『公正としての正義』木鐸社，1979 年，31-77 ページ．

Rawls, J.(1971), *A Theory of Justice*, Harvard University Press. 矢島鈞次監訳『正義論』紀伊国屋書店，1979 年．

Weisbrod, B. A.(1988), *The Nonprofit Economy*, Harvard University. Press.

Wiseman, J.(1957), "The theory of public utility price ―an empty box―", *Oxford Economic Papers*, Vol. 9, No. 1, pp.56-74.

# 第2章
# 交通産業の規制改革と政府の役割

要約

　交通産業に対する経済的規制は，わが国においても，1980年代以降，その理論的根拠への疑念と政策目的に対する非効率性をめぐって批判の対象となってきた．「需給調整規制の廃止」などの規制緩和を中心とした交通産業の規制改革の流れは，着実にわが国の交通市場の構造を変えつつある．

　規制改革のミクロ経済学的根拠は，市場機構の優位性にあるが，それは従来から主張されてきた厚生経済学の第1基本定理に基づく静態的基準に加えて，市場が持つ動態的活力(ダイナミズム)にも見出される．市場機構の動態的活力は新規参入とイノベーションによってもたらされるが，従来の経済的規制はこの利点を阻害していた．

　しかしながら，交通分野における規制改革の行き着く先が完全な自由競争システムとはなりえない．なぜなら，交通分野におけるいくつかの特殊性が，たとえ規制を緩和するとしても，その程度や範囲を限定するからである．規制緩和時代における交通分野の公的介入の根拠(交通の特殊性)は，1)競争条件の整備，2)インフラストラクチャーの提供，3)安全規制などの技術的規制，4)生活必需不採算サービスの維持などに見出せる．しかしながら，これらの根拠は無条件に規制を擁護するものではない．受益と負担の関係を念頭におきながら，政策目標に対して効率的な規制システムを，より一般的には公的意思決定システムを目指す必要がある．

## 2.1 交通産業における規制改革の背景

わが国の交通産業は,厳しい公的規制のもとに置かれてきた.対価を伴う輸送サービスの提供という事業の性格上,安全性などの技術的な規制はある程度必要であるが,事業遂行上の基本的な意思決定要素である参入,退出および価格の決定が事業免許,休廃止許可および運賃認可という経済的規制によって統制されてきた.また,サービスの詳細についてもさまざまな形態での介入が行われてきた.これに対し,過剰な行政の介入は企業の事業意欲を削ぎ,サービス水準を停滞させ,運賃の上昇傾向をもたらすことによって利用者の利益を損なうと批判されてきた.

為政者側もこの点を無視してきたわけではない.1980年代から本格化した行政改革論議において交通における規制緩和はしばしば取り上げられ,1980年代半ばの航空政策の転換(増井・山内[1990]参照),1987年の日本国有鉄道の分割民営化,1990年の物流関連分野における制度変更[1]などの施策が実施された.これらの改革のうち,国鉄の分割民営化は国有企業という長く続いた体制を打破し,国民的にも大きなインパクトを与えたが,「国内航空の競争導入」などの航空政策の転換は航空法という事業法の堅持を前提としたために実効を伴わず,物流改革についても「実態の後追い」と指摘された.つまり,1990年代に入っても許認可中心の交通行政への批判は続き,抜本的な規制緩和の必要性が強調されたのである.

1996年末に政府が打ち出した各交通事業における「需給調整規制の廃止」[2]は事業法という視点からすれば,交通行政の根本的な政策転換を意味するものであった.交通関連の事業法において規定されている事業免許は,法解釈上,その要件である需給調整条項と結びついて行政主体に大きな裁量の余地を与えるため,需給調整規制の廃止は行政裁量の解釈に影響をもたらすからである.

---

1) 「貨物自動車運送事業法」および「貨物運送取扱事業法」(いわゆる物流2法)の施行.なお,この2法は後に述べる「需給調整規制」を撤廃したという点でその他の分野に先駆けるものであった.
2) 1996年12月5日「今後の運輸行政における需給調整の取り扱いについて」.ただし,同決定においては,港湾運送事業が除かれている.なお,トラック事業については,上述のように1990年の物流2法によって需給調整規制は廃止された.

運輸省は，その後，需給調整規制廃止の具体的内容と廃止以降の市場環境の整備について運輸政策審議会に諮問し，その答申をもとに法改正を行った．その際の基本的な論点は，新しい体制の下で行政が交通市場にいかにかかわっていくかという根本的な問題であり，その意味で1990年代後半の規制改革は交通行政の本質的改革に位置づけられるべきものである．

このような交通産業の規制改革に際し，経済学はどのようにかかわるのであろうか．ミクロ経済学は，各経済主体の行動分析によって市場レベルでの経済の動きを解明し，政策指針を提供する理論と理解される．したがって，公的規制の改革についてもこの理論から一定の方向が示されることになる．とくに，1990年代後半における交通部門の規制改革にあたっては，社会経済状況の変化や先行する諸外国における規制緩和の経験から，これまで以上にミクロ経済学の思考方法が重視され，運輸政策審議会の議論においても理論との整合性が意識された．

ただし，規制改革，なかでも法制度の改革を伴う政策変更にあたっては，これまでのミクロ経済学の積み上げだけでは解明が不十分な点もあり，また経済学が示す改革内容と経済学が前提とする価値観（資源配分上の効率）以外の政策目的とを，どのように融合するかなどの問題点が残されている．

本章では，このような問題意識から，ミクロ経済学と制度改革について考察し，交通事業の制度改革および規制改革後の政府の役割について検討する．

## 2.2 ミクロ経済学と制度設計

ミクロ経済学から導出される基本的政策指針は，各経済主体の利己的行動の結果が経済全体の善に結びつくという意味でのインセンティブ・コンパティビリティ(Incentive Compatibility)に基づいている．これを自律的システムと呼べば，自律的システムの理論から得られる基本的な政策指針は，市場の機能に対する外的圧力の排除であり，個別産業政策における政府の役割に関していえば，規制緩和ないし規制の撤廃である．

### (1) 市場機構の優位性

ミクロ経済学が市場システムの自律性の根拠としているのは，完全競争市場

によるパレート最適ないし資源配分上の効率という静態的基準である（厚生経済学の第1基本定理）．市場はそれが完全な状態ならば，単純集計された社会的余剰を最大化する．完全競争市場によって経済構成員の満足度は，ベンサム的な意味で最大化されるのである．

　もちろん，このような資源配分効率を政策および制度設計の原則として用いることは1つの価値観を前提とするものであり，このこと自体が問題点として指摘できる．また，この問題を別としても，近年，静態的基準のみによって政策および制度設計の指針を得るのでは不十分であるとの認識が広がっている．

　資源配分効率という静態的基準を超える，ないし補完する視点として注目されるのは，競争プロセスがもたらす動態的活力（ダイナミズム）であり，具体的には技術革新を核とする経済変動のプロセスそのものである．動態的活力を重視する立場として古くからオーストリア学派があり，その貢献は大きい．Stiglitz(1994)は，オーストリア学派の理論体系が新古典派のそれに比べて理論において劣っていると批判しつつも，同じ方向の発想に基づく動学的プロセスによって新古典派の理論体系を補完することを提案している．表現の違いはあるが，村上(1994)も同様の趣旨の提案を行っている．

　Stiglitzと村上はともに社会主義経済体制の崩壊に触発されて，資本主義経済体制ないし市場経済体制のシステムとしての優位性の根源を探ることを試みた．Stiglitz(1994)が高度に洗練された理論体系に取り組むべく市場機構の優位性を探ろうとしているのに対し，村上(1994)は，資本主義経済体制において究極的には技術革新（イノベーション）により規模の経済が実現されてきたことを指摘し，その優位性を「歴史的事実」から論証している．

　いずれにしても，静態的基準から出発した規範としての市場メカニズムは，動態的活力という視点からの優位性を加え，今日の政策規範を形づくっているとみるべきである．したがって，具体的な制度設計を検討する際には，まず第1に，市場の動態的側面を重視することが要請される．その具体的内容は，新規参入とイノベーションを促進する施策の採用である．

　具体的制度設計においてミクロ経済学が想定している自律的システムを構築することのもう1つのメリットは，その自律性自体に求められる．つまり，市場メカニズムは自律的であるがゆえに政治的行政的ノイズを遮蔽できる．言い

換えれば，市場機構は社会的権力構造から独立でありうるのである．

いうまでもなく，社会における公的意思決定は，民主主義プロセスによるべきである．経済についてみれば，公的意思決定は，それが最適に機能すれば市場機構がカバーしえない領域について適切な補完となることが期待される．しかし，民主主義プロセスは，少なくとも現状では，種々の要因によって完全ではない．現行の民主主義プロセスでは，代議制と執行部門としての官僚機構の存在によって，完全な形での分権的意思決定が保証されていないからである．

このような状況下での公的意思決定は，事業者団体，労働組合，消費者団体などあらゆる利益団体の利害得失を反映して歪められる．公的規制の文脈では，構成員が相対的に少数で政治活動への支払い能力が高い業界団体の影響力が大きい．また，Downs(1967)が指摘したように，官僚の行動原理が「保身」と「組織維持」にあるならば，官僚機構は硬直性を内在し，それは動態的活力の発露とは相矛盾するものである．現行のシステムでは，公的意思決定が「失敗する」可能性をもつことも十分に考慮されなければならないのである．

### (2) 市場理論の限界

具体的な制度設計という面からみた場合，市場メカニズムの弱点は，以下に述べる2つの要因に集約することができる．

第1に，経済学の理論構築が多大な，かつ非現実的と思われる仮定に依存していることである．経済理論は，論理体系の一貫性を築き上げるために，非本質的部分を捨象し，現実社会を抽象化する．このこと自体は必ずしも理論体系そのものの欠陥とはいえないが，現実の制度設計に理論を応用しようとすれば，設定される仮定の内容と抽象化のプロセスの妥当性が問われることになる．

もちろん，経済理論が仮定の設定と抽象化という問題点を無視してきたわけではない．理論の前提が満たされない場合を「市場の失敗」と呼び，特別な扱いをしてきた．また，個々のモデルで要求される諸仮定についても，それを緩めた場合の影響が探索されており，これは抽象化についても同様である．これらの業績を無視し，仮定と抽象化から理論的限界を指摘することは適切でない．

具体的な制度設計面で経済学が抱えるもう1つの問題は，自律的メカニズムの帰結が明示されないことである．上述の静態的基準としての市場メカニズム

は，市場均衡が存在しそれが経済上の善であることを証明している．しかし，演繹モデルによって示される均衡が概念的なものであるのに対し，制度設計の論議ではその具体的な内容が問われる．さらに，動態的活力という側面では，定性的な議論と過去の「傍証」をあげることができても，理論からの具体的予測は，実証に耐えていないように思われる[3]．

このような帰結に関する不透明性は，政策論議が錯綜するなかで大きな問題を投げかける．とくに，それが効率性以外の政策目的，たとえば所得再分配の問題と関係する場合には深刻である．経済効率のみに的をしぼって議論する場合でも，規制緩和の効果についてさまざまな結果が予想され，結論は得られない．さらに，政策がもたらす所得再分配の影響が論じられれば，事実認識に関する「水掛け論」に終始するケースが多くなる．

この分配問題を解決するために必要なのは，経済メカニズム全体の数量的把握と，新しい制度を実施した場合の影響の計測である．経済メカニズムの計測を担うのは計量経済学であるが，少なくともミクロ計量経済学のモデルの多くは仮説の検証を主たる目的としており，制度設計という視点からの目的を十分に果たしうるとは言いがたい．一方，マクロ計量モデルは，経済全体の構造的把握を行うが，ミクロの制度設計を反映するためには多くの仮定を必要とする．

交通分野では，現在のところ，システムの計測は土木計画学や社会工学の研究がその役割を担っている．これらのいわゆる工学的アプローチによって構築されるモデルでは，経済学で想定されるパラダイムと相反するシステムが描かれているケースがある．工学的アプローチから得られる知見を経済学のそれに組み込み，制度設計の議論に反映させるためには，論点の的確な抽出と問題意識の共有が必要であり，その意味での学際的な研究の蓄積が急務である．

## 2.3　わが国の交通産業における規制改革

交通産業においては，1970年代後半以来世界的な規模で規制緩和，競争導入策が打ち出されてきた．周知のように，その先鞭を付けたのは1978年の航空規制緩和法によってほぼ完全な自由市場が実現したアメリカの国内航空であ

---

[3]　逆にいえば，イノベーションの展開が予測できること自体が自己矛盾ではある．

り，この改革は交通のみならず電気通信，金融，エネルギー部門の競争導入につながった．同様の動きは1980年代にサッチャー政権下のイギリスにみられた．イギリスの場合，国営企業というある意味ではきわめて強い公的規制が存在しており，規制改革のプロセスは公企業の民営化を伴って行われた．

2.1で述べたように，わが国においても，交通部門における規制緩和の必要性は識者の間では早くから主張されていたが[4]，1981年発足の第二次臨時行政調査会の議論以来明示的に論じられるようなった．周知のように第二臨調は，国鉄，専売，電電3公社の民営化を実現したが，とくに国鉄と電電公社の改革は規制緩和策と競争導入を含むものであった（国鉄の規制緩和については山内[1990]を参照されたい）．

交通分野における規制改革は，国鉄に次いで道路貨物運送において実施された．トラック輸送は，施設に関する投下資本が小さいことから自然独占に至るような規模の経済の存在は認められず，その他の市場失敗要因も存在しないことから，免許制と運賃規制の組み合わせによる直接規制の必要性に疑問が提示されていた．わが国においては，荷主側の物流効率化の要請に沿う形で1989年に「貨物自動車運送事業法」と「貨物運送取扱事業法」のいわゆる「物流2法」が成立し（施行は翌1990年），規制緩和の方向に踏み出した．

貨物自動車運送事業法は交通関連事業法に特有の免許制を許可制に改め，旧道路運送法で規定されていた貨物自動車運送事業免許の要件である需給調整規制を撤廃した．需給調整規制の廃止を伴う免許制から許可制への移行は，行政行為として実施しうる範囲が狭められると解釈できるが，1989年の貨物自動車運送事業法では，「緊急措置」として供給輸送力が輸送需要に対して著しく過剰になった場合，一定の条件の下で一般貨物自動車運送事業を許可しないという条項が設けられており，許可制の意味の曖昧性が問題とされた．この事業許可プラス緊急措置条項という構造は，2000年6月に成立した改正道路運送法にも引き継がれている．

---

[4] 交通分野については，たとえば，岡野(1977)を参照．また，運輸政策審議会の1970年の答申では，バス・タクシー分野についての（現在の言葉でいえば）競争導入政策が提言されていた．

交通分野において道路貨物運送とともに規制改革が進行したのは航空輸送である．わが国の航空輸送においては，参入と価格設定に関する直接規制のみならず公的出資や行政の主導による企業統合にみられるように事業者の意思決定の自由範囲はきわめて限定されていた5)．1970年代までの航空政策において行政が行ってきたことは，事業者の経営基盤の確立が利用者の利益になるという，ある意味で父権的な立場からの介入であり，具体的には国内幹線の営業で得られる利益を3社という少数で分配することによって非収益路線(国際線やローカル線)あるいはネットワーク全体の維持拡大を図ることであった．

ただ，この種の「規制による課税」は負担者の側の不公平感を助長し，また市場の競争圧力を欠いた事業運営は内部非効率を発生させるのが常である．結局，利用者には「高い航空運賃」を押しつけられているとの印象が残り，アメリカの象徴的な航空規制緩和の情報がわが国に及んだこともあり，競争導入の要求は一段と高まることになった．結果的に政府は，1999年に航空法を改正し，運賃についても事後変更命令付きではあるが，原則として届出制とした．つまり，業法の条文から判断する限りわが国の国内航空もアメリカ同様，事業参入と価格設定についてほぼ自由化されたということになる．

以上，トラック輸送と国内航空輸送について述べたが，交通部門の規制政策における大きな変更は，1996年12月に運輸省が明らかにした「需給調整規制の廃止」の方針から始まり，この方針は1997年3月に閣議決定された規制緩和計画に盛り込まれた．1999年の航空法改正はこの方針に沿うものであり，その他，鉄道事業法，道路運送法，海上運送法においても需給調整規制の廃止を意味する事業免許制から許可制への移行と運賃規制の緩和が実施されている．

交通分野における一連の業法改正は，事業免許制に関してのこれまでの考え方に課題を投げかけるものである．行政の分野において，行政行為の一形態としての事業規制は，通常「警察許可」と「公企業の特許」に分けられるとされる(原田[1998]157-158ページ，兼子[1997]142-146ページ)．需給調整を伴う

---

5) それらの最終的到達点は，主要事業者の数と各社の事業分野を事実上決定した1970(昭和45)年の閣議決定と1972(同47)年の大臣示達であった(いわゆる45・47体制)．これらの点については，増井・山内(1990)，山内(2000a)等を参照されたい．

交通事業の免許はかつて公企業の特許として解釈され，比較的広範な行政裁量の余地が存在すると指摘された(山口［1985］53-58ページ，および124-134ページ)．近年では，許可と特許の絶対化自体に意味はないとされるが，需給調整規制の廃止によって事業免許制が事業許可制に改められれば，制度改革の趣旨を踏まえて，法律全体も，また行政の運営もそれに整合するものにならなくてはならない．これらの点について交通関連事業法に問題がないかどうかを検討する必要がある．

## 2.4　交通産業における規制改革の論点

経済理論において，自律的な市場機構への外的介入の根拠は「市場の失敗」としてまとめられてきた．特定の産業において市場が失敗するかどうかは，その市場の実態が完全競争の仮定とどの程度乖離しているかにかかっており，市場の補完を政策として実施しようとすれば，計測と事実認識の問題が第一義的である．この点に関して指摘すべき事項は 2.2 で述べたが，交通部門に関連が深い各種の問題が，具体的制度設計において，またいわゆる官と民の役割分担に関する議論のなかで論じられている．

### (1)　競争条件の整備

市場の成立には所有権の確定や契約行為の保全など，基礎的な条件が必要である．これらは基本法の制定などの形で社会に提供されている(このような制度自体公共財である)．競争条件という観点からは，競争上不適切であると思われる行為を規制する必要が生じる場合があり，それらは一般に公正取引の確保や競争促進政策としてとらえられている．

ほとんどの国において競争政策を担当する主体は独立して存在しているが，特定の産業においていわゆる監督官庁が競争促進的な施策を担当するのか，一般競争部局に任せられるべきなのかについては多くの国で論争があった[6]．特

---

6)　たとえば，アメリカにおいては，1960 年代まで第一次管轄権(primary jurisdiction)の問題として論じられた．この論議では，結果的に米規制委員会の有する第一次管轄権の範囲が縮小することになり，規制産業においても反トラスト法の適用が拡大されるという経過をたどったとされている．実方 (1983, 213 ページ)，根岸(1984, 127-154 ページ)を参照．

定の監督官庁にこの種の権限を付与するべきとする立場は事業の特殊性とそれに関する詳細な情報の必要性を根拠とするが，事業の特殊性は程度の差こそあれすべての産業に指摘できるものであるため，本来的には一般的な競争部局の権限の範囲内と解釈するべきである．交通部門の競争政策においても，しばしば「過当競争」の発生を理由に，不当廉売の問題が取り上げられ価格の下限規制の必要性が説かれることがあるが，この種の問題の解決はいわゆる業行政の側面よりも公正競争の視点から取り組まれるべきものである．

ただし，各分野に特有の技術状態に深くかかわる条件については，競争促進部局と同様に特定産業を担当する部局が条件を設定する必要が生じる可能性がある．また，過去に行われてきた規制との継続性や激変緩和のための過渡的な措置として，交通担当部局が事業者の市場行動に制限を加えることが正当化されるケースがある[7]．その場合，これまでのわが国の行政慣行では，論点について競争促進部局と担当部局との間で調整的な作業が進められることが一般的であった．しかしながら，競争政策に重点を置くならば，調整よりもむしろ論点を明確にしたうえでオープンな議論を招来することが必要である．たとえばアメリカの電気通信分野では，主たる規制組織である連邦通信委員会（Federal Communication Commission）と司法省（Department of Justice）との間で激しい議論が繰り返された．この種の手法は，一方で行政の一体性を欠くとの批判があるものの，透明性および公開性の面で大きな成果を上げるものである[8]．

特定の事業分野を担当する部局がいわゆる競争条件の整備を名目に介入する場合には，その内容が事業機会の平等を保障することよりも，事業成果（結果）の平等や非効率な事業者の保護を指向する傾向が強いことが問題となる．このような施策は，そもそも市場競争を前提とする政策理念とは相容れないものであり，限定的かつ経過措置的なケースを除けば正当化されるものではない．市場競争を前提として行政を進めるためには，事業機会の平等が基本的原則とされるべきである．

---

7) たとえば，航空法における届け出された運賃に対する変更命令がこれにあたると考えられる．この点についての詳細は，山内（2000b, 164-166 ページ）を参照．
8) FCC は行政府から独立した規制機関であり，必ずしも行政府組織間の関係ではない．ただし，わが国の場合も公正取引委員会は国家行政組織法第 3 条に基づく独立委員会である．

ただし，事業機会の平等が基本原則であるとしても，それを具体的な政策とするためにいくつかの問題が生じることがある．たとえば，混雑空港におけるスロット（発着枠）配分は，事業機会を決定的に左右するが，同時に過去の行政施策の経緯を反映したものであるとの指摘があるなど，システムの設計にあたって配慮するべき項目が多いことも事実である．この場合，事業機会の平等を確保する施策について不断の探求が必要であり，場合によっては行政実験的な手段が講じられるべきであろう（スロット配分の考え方については，山内[2000b]160-163ページ，および脚注40を参照されたい）．

### (2) インフラストラクチャーの提供

交通関連インフラストラクチャーの提供は，不確実性と情報の不完全性，外部効果の存在および提供される施設の公共財的性格から，比較的明確に公的主体の介入が正当化されるケースである．もちろん，公的主体と民間主体の中間領域という意味での第三セクター，純粋な民間事業としてのBOT（Build, Operate, Transfer）方式，さらには1990年代になって話題となったイギリスのPFI（Private Finance Initiative）など，いわゆる民間活力の導入も可能な選択肢ではあるが，いずれの場合も出資やある程度のリスクの軽減など何らかの形での公的主体の役割は必要とされる．

逆にいえば，インフラストラクチャーの提供に民間主体の活力を期待する場合，公的主体の支援が必要であるからこそ，制度設計が重要な問題となる．提供される施設が純粋公共財でない（排除可能である）ならば，受益者による直接的な費用負担システムを導入することができ，財政に制限がある場合や整備・運営上の効率が優先される場合には，民間主体の積極的な役割分担が求められる．

施設整備が民間事業として成立するためには，公的主体によりある程度リスクが負担されねばならないが，公的主体がリスクを全面的に負担すれば，事業運営の効率化という本来の目的が損なわれる．一方，その程度が小さければ事業自体が成り立たない．つまり重要なのはリスクを適切に分担することであるが，この点，わが国の過去のいわゆる「民活事業」では事業リスクが正当に評価されること自体が少なく，事業体の成立条件が整理されてきたとは言いがた

い．望ましい制度設計とは，事業の参加に関する競争を基本として，適切なリスク分担を求めるものであり，この面では，主として途上国で行われてきたBOT やイギリスの PFI の実施方策などから有益な示唆が得られる[9]．

一方，社会資本整備イコール公共事業と置き換えて考えれば，公共投資の効率性と有効性の評価が問われているのは周知のとおりであり，そのためにプロジェクト採択基準の明確化，決定プロセスの透明化が求められている．ただし，その中心的な役割を演ずる費用便益分析は，理論的な完成度は高いものの，その実施には技術的限界が指摘されている（第6章をあわせて参照されたい）．

プロジェクト評価については，計測技法における限界と理論との間の乖離を，評価対象プロジェクト間での手法やパラメータの統一（たとえば，評価期間，社会的割引率，評価原単位など統一）と評価プロセスそのものの透明性によって補えばよいという意見がある．しかし，費用便益分析のように個別の数値が意思決定に直接的に影響する場合には，たとえば1つの「原単位」の選択が決定的な影響を及ぼすケースがありうることも事実である．これらの点について，経済学には追求すべき研究課題が多く残されているのである．

### (3) 技術的規制

交通部門における技術的規制は安全性の確保という絶対的命題の上に成り立っている．しかし，安全性の確保方策と公的（とくに経済的）規制の関係についてはいくつかの論点がある．一般に，「競争の激化はコスト低減を企業に迫り，その結果安全関連の投資や整備支出が削減され安全性が低下する．したがってある程度競争を制限する必要がある」と指摘されることがある．この主張は，「経済的規制による一定利潤の確保が安全性の向上に直結するという保証はなく，安全性については適切な技術的規制によるべきである」という論理によって否定される．つまり，技術上の要件から事業開始の際の資格要件や運営内容に関する直接的な介入（これらはもちろん経済上のインパクトをもつ）はありえても，安全性の確保が経済的規制を根拠づけるものではないのである．

---

[9] わが国においても，1999 年に「民間資金の活用による公共施設等の整備等の推進に関する法律」（いわゆる PFI 推進法）が成立し，2000 年3月にその基本方針，同年12月にリスク分担に関するガイドラインが公表されている．詳細については，第5章を参照されたい．

ただし，企業の利益性と安全性に相関がないかどうかは基本的に検証の問題である点に注目すべきである．たとえば，Rose(1990)は，規制緩和後のアメリカの航空産業について，とくに中小事業者の場合には利益率と事故率の間に負の相関関係がありうることを示している[10]．Rose はそれによって安全確保のために経済的規制が必要であると指摘したのではなく，連邦航空局の技術的安全規制のあり方に疑問を呈した．Rose の論文が示唆するのは，実証分析の重要性であり，制度設計に関する詳細かつ具体的な提案の必要性なのである．

安全性を含む技術的規制のもう1つの問題は，情報の非対称性の問題である．安全性に関する技術的規制が必要であるとしても，具体的にどの程度の規準が必要なのかについて，一般には十分な情報が与えられない．事業開始にあたっての技術的資格要件がきわめて厳しければ，それ自体が新規参入に対する障壁になりうるが，それが適切であるかどうかの判断は情報が不完全であれば確定的でない．もちろん，諸外国の事例等から判断基準としての情報の概略を得ることも不可能ではないが，諸条件の違いから決定的な論拠になりうるかどうか疑問視される可能性が高い．

この問題点を緩和する1つの処方箋は，いうまでもなく情報の公開である．技術的規制の強度が適切なものであるかどうかの判断が行えないのは，その根拠となる技術上の情報が偏在しているからであり，十分な情報が開示されれば理論的には公開の議論を通じて規制の適切なレベルが求められることになる．

情報の公開は技術的規制を補完するという別の側面ももっている．たとえば，事業者の安全性に関する過去のパフォーマンスを公表すれば，利用者はそれを1つの判断材料として事業者間の選択をすることができる．いうまでもなく，安全性の劣った事業者は消費者の選択を得られず場合によっては市場から退出することを余儀なくされる．情報の公開により市場機構は技術的規制を補完することができるのである．

ただし，このように市場機構に技術的側面までも委ねることは，消費者の自己責任による選択を意味するが，技術的規制を完全に代替するものではない．

---

[10] もちろんこのことは，規制によって適正利潤が確保されれば安全性が保たれるという因果関係が存在することを意味しない．

安全性確保のための制度設計は，原則としてそれをもっとも効率的に実施しうる（費用便益比の高い）手段が選択されるべきであるが，交通の場合，安全性が損なわれた場合のコストはきわめて大きく，技術的規制から市場による選択への移行には，大きなリスクを伴うこともあろう．

### (4) 不採算サービスの維持

費用逓減下での限界費用価格形成のような理論的かつ限定的なケースを除いて，市場においては事業採算性がサービス供給の適切性に関する1つのメルクマールとなるべきである．いうまでもなく，この規準を満たしえないサービスの提供は資源配分上の効率を低下させる．不採算サービスの維持が社会的に是認されるとすれば，経済効率の低下を相殺してあまりある別の目的が存在していなくてはならない．それが所得分配上の配慮なのか，その他の何らかの価値規準に基づくのかは別として，過疎地域や離島のいわゆる生活必需サービスの提供はこれに該当するものとされている．

これまで交通事業では内部補助を通じてこの種のサービスの一部が維持されてきた．市場競争が導入されれば，採算部門での競争の激化から内部補助が難しくなり，この種の政策が維持できないことになる．需給調整規制の廃止は参入を自由化することを主たる目的とするが，一方でそれは退出の自由化を伴うべきであるから，内部補助のインセンティブは基本的に消滅する．そこで，議論は内部補助という負担の形態によって不採算サービスが維持されるべきか，あるいはその他の負担方式によるべきかという問題となる．

一般的な回答は，生活に必需的な不採算サービスの維持は，その維持の目的が所得の再分配を含む社会政策上のものであれば，一般財政等の公共負担によるべきであるということになる．しかしながら，一般財政の窮乏等のために，公的助成による生活必需不採算サービスの維持が困難であるならば，いくつかの国の電気通信産業において採用されているユニバーサル・サービス基金のように，当該サービスの利用者全体の負担による方法などの「次善の策」が許容される素地がある．必要なことは，負担と受益の関係を明確にすることであり，さらにその配分において恣意性や利権が発生する余地がないこと，そしてサービス供給が運営上の非効率を生まないことである．

## 2.5 規制改革の方向

　市場機構は，自律性と動態的活力という他のシステムでは代替が難しい優位性をもつが，現実社会にあてはめる場合では，さまざまな「失敗」が存在し，その補正としての公的主体の介入は是認されうる．しかし，公的主体にも「失敗」はありうるのであり，制度設計にあたっては2つの「失敗」の費用と便益が考慮されねばならない．

　「規制改革」を「制度改革」ととらえれば，そもそも制度とはいかなるものかが問い直される必要がある．この点に関しては，ゲームの「ルール」とみなす立場とゲームの「結果(均衡)」とする立場がありうる．青木(1996)によれば，比較制度分析の観点からすれば，制度は単なるルールではなく，ゲームの結果として存在することになる．したがって，本章でミクロ経済学の内容として述べた自律的な均衡メカニズムとは異なり，制度配置は多様でありうることになる．しかし，一方で制度自体に国際的に共通なインターフェイスが求められ，1990年代中盤からの経済の閉塞的状況が制度自体の疲労に求められるとすれば，制度の定義についていずれの見解をとるにせよ，規範となる視点を想定したうえで制度の改革が明確に方向付けられるべきである．

　青木・奥野(1996)は，わが国の政府形態を「関係依存型政府」ととらえ，その問題点として「政府と企業の長期的関係が事後的なルール変更の可能性を高め，結果として企業の事前の経済活動のインセンティブを阻害」してきたと指摘した．このような政府－企業間関係は，経済全体の目的が一元的なもの(かつての日本のキャッチアップ政策)の時代には有効であったが，現在のように民間のインセンティブが重視される時代にはそぐわないものとなった．そのために青木・奥野は，①事後的調整局面における行政側の交渉力を抑えること，②司法プロセスの有効性の高めること，③無用の事後的ルール変更を減らすこと，を提案している(260-268ページ)．このような政府・企業間関係のとらえ方は，交通部門のような直接規制の制度改革においても有効なものといえよう．

　(付記)本章は山内(1998)を大幅に加筆修正したものである．

## 参考文献

青木昌彦(1996)「経済学は制度をどう見るか」大山道広・西村和雄・吉川洋編『現代経済学の潮流』第2章,東洋経済新報社,23-46ページ.

青木昌彦・奥野正寛(1996)『経済システムの比較制度分析』東京大学出版会.

Downs, A. (1967), *Inside Bureaucracy*, Little Brown and Company, New York. 渡辺保男訳『官僚制の解剖』サイマル出版会,1975年.

原田尚彦(1998)『行政法要論全訂第四版』学陽書房.

兼子仁(1997)『行政法』岩波書店.

増井健一・山内弘隆(1990)『航空輸送』晃洋書房.

村上泰亮(1994)『反古典の政治経済学要綱』中央公論社.

根岸哲(1984)『規制産業の経済法研究第Ⅰ巻』成文堂.

岡野行秀(1977)「わが国運輸行政の問題点」『季刊現在経済』,Vol. 27,72-87ページ.

Rose, N. L. (1990), "Profitability and Product Quality: Economic Determinants of Airline Safety Performance," *Journal of Political Economy*, Vol. 98, pp. 944-964.

実方謙二(1983)『経済規制と競争政策』成文堂.

Stiglitz, J. E. (1994), *Whither Socialism?*, MIT Press, Cambridge.

山口真弘(1985)『運輸法則の研究』交通協力会.

山内弘隆(1990)「国鉄改革と新しい鉄道政策」林敏彦編『公益事業と規制緩和』第17章,東洋経済新報社,285-301ページ.

山内弘隆(1998)「運輸産業における規制改革の方向」『交通学研究』第41号,1-10ページ.

山内弘隆(2000a)『航空運賃の攻防』NTT出版.

山内弘隆(2000b)「規制産業における競争導入と政府規制のあり方について」『三田商学研究』第43巻第3号,147-169ページ.

# 第3章
## エッセンシャル・ファシリティ理論と有効競争

**要約**

　現在の市場環境においては新たな交通施設の整備は困難であるため，交通機関の選択肢を実質的に増加させうる手法としてエッセンシャル・ファシリティ (EF) 理論が注目されている．本章では，欧米において展開される EF 理論を紹介するとともに，EF 概念を交通市場に適用する際の諸課題を説明する．

　EF 概念は①必要不可欠な施設の支配，②複製の不可能性，③使用拒否および制限の存在，④正当な接続拒否理由がないこと，という4要件で定義される．これらの4要件は接続拒否の是非を争点とする MCI (新規参入者) 対 AT&T (既存事業者) 事件の判決において 1983 年にはじめて提示された．ただし，概念自体はすでに 20 世紀初頭に，ボトルネックであったセントルイス市の中央駅に対する他社車両の乗り入れ拒否の是非を争点とする判決のなかに現れている．このため，EF 概念は電気通信事業に限定される考え方ではなく，交通事業においても有効な概念である．

　4要件の内で，①と③の要件は接続拒否の実態を説明する要件であるため，EF 概念に関する理論上の課題は②複製の可能性および④接続拒否の妥当性の検証となる．また，運用上の課題としては費用の把握および EF の範囲を確定する際の困難性が挙げられる．ただし，現在の経済情勢のもとでは，需給の変動は限定されることにより複製可能性の検証に関しては厳密性を要しないと考えられるため，残された重要な課題は接続料金設定のあり方となる．そして，機会費用概念を考慮した賦課原則に基づく接続料金設定がラムゼイ価格形成の発展形となるため，この価格体系は競争誘引に寄与する点で有効である．

## 3.1 エッセンシャル・ファシリティ理論の概要

社会資本整備においては，交通機関間競争を誘引する環境が整備されるため，交通移動における利用者の選択肢の拡大を通じて社会的厚生が改善される．しかし，税収または消費者の負担力の大きな伸びが見込めない低成長経済のもとでは，既存施設を完全に代替する新規施設の整備は困難である．この状況のもとで市場における有効な競争条件を整備するためには，新たな枠組みを提示する必要がある．この点で，エッセンシャル・ファシリティ理論，つまりエッセンシャル・ファシリティ(Essential Facility，以下 EF と略す)に対する平等な接続義務という概念が，投資費用を抑制しつつ交通機関の選択肢を増大させる点で有効である[1]．

EF 理論は，特定の事業者または事業者の集団(既存事業者)が建設し，また共同で利用している施設に関して，その施設の利用が競争上必要不可欠であるとみなされるならば，当該施設を競争者(新規参入者)にも合理的な条件で供給する義務が生じるとする理論である．EF 理論は，米国の判例において取引拒絶行為の排除を目的として 20 世紀初頭にはじめて呈示された[2]．

具体的な定義としては，分割前の AT&T と同社の地域通信網への接続を拒絶された MCI(現 MCI WorldCom)との間で争われ，AT&T 分割の根拠となった MCI 事件の同意審決(1983)において以下の 4 要件が示されている(Blumental[1990])．

第 1 に，独占的事業者または独占力を有する集団が競争を行ううえで必要不可欠な施設を支配していること．第 2 に，接続を排除された事業者にとって当該施設の複製あるいはその経済的機能の複製が現実的にまたは合理的に不可能であること．第 3 に，事実上独占された市場での，結果的に競争を阻害するファシリティの使用拒否および制限が存在すること．第 4 に，接続拒否に対してそれを行うべき正当な経営上の理由がないことである．

米国での判決において EF か否かが議論となった主なファシリティを挙げる

---

1) EF 理論の原語は Essential Facility Doctrine であり，正確には EF 法理である．
2) セントルイス市の中央駅に対する他社車両の乗り入れ拒否の是非が争われた．

と，ハード・ファシリティとして，鉄道施設のうち渡河施設および連絡施設，送電施設，競技施設，貨物輸送施設があり，ソフト・ファシリティとして，新聞社組合への加盟権，共通リフト券への加盟権，電話帳への掲載権がある[3]。このように EF 理論つまり EF に対する平等な接続義務という概念は，EF を保有する事業主体が公的部門か私的部門か，また公益事業に属するか否かに依存しない[4]。本節では上述の EF の4要件について，交通市場を対象に検討し，理論上の課題を考察する．

### (1) 必要不可欠な施設の支配

第1の必要不可欠な施設(EF)に対する支配状態に関する要件は，最終サービスの供給において，利用が不可欠である施設を支配する事業者が存在することを前提とする．ただし，「不可欠」であることの定義は第2要件において示される．Bell South 事件(1991)において，電話帳に掲載する権利が EF であると明示されたように，支配の対象にはハード・ファシリティに加えてソフト・ファシリティも含まれる．また，本要件には，新規参入者に対して特定の事業者(とくに既存事業者)に競争上の優位が生じる環境を回避する目的がある．このため，最終サービスを供給する事業者が当該 EF の所有者か否かではなく，既得権等を含めて実際の支配関係の存否が重要である．ただし，自己の保有するファシリティを自己の利益のために利用可能であることが経済活動の前提であるから，当該 EF の所有者が私的部門である事例が米国の EF 理論の対象となる．

つまり，交通サービス供給においては，中間投入財としての道路，橋梁，空港，港湾等は公共財ならびに事業リスクの大きさゆえに公的部門および特殊法人による設置および管理となるが，本来公的主体が施設の使用を求める者に対して差別的な対応をすることや，条件を満たす者に対して接続を拒否することは許されない．このため，私的部門による運営が主体である事業が主要な対象

---

[3] 最近の米国における EF に関する議論に関しては Cotter(1999)を参照のこと．
[4] 本章では EF がハード・ファシリティである場合について論じるが，接続の対象を施設の利用権として再定義すればソフト・ファシリティに置き換えて議論することが可能である．

となり，その他の施設の場合は既得権の保護などの差別的な対応が効力を有している場合に限って EF 理論の対象となる．

### (2) 施設複製の不可能性

第 2 要件は，必要不可欠な施設の再投資が経済的および技術的に不可能であることを意味するが，施設複製の不可能性とは技術的代替性が小さいことを意味する．つまり，施設の老朽化や陳腐化によって再投資が必要である場合など，既存施設と新規事業者の施設との間で利用費用の差が小さい場合には EF は存在しないことになる．そこで，土地取得費や施設整備費等の開業にかかわる費用が大きい場合や急速な技術革新がない場合，さらにファシリティの供給に関して免許および特許等による独占が存在する場合が EF 理論の対象となる．言い換えれば，当該交通供給に関する資金負担リスクに対応可能な主体が限定される事例が該当する．

ただし，複数のファシリティの存在がただちに接続の不要を意味するものではない．たとえば，ハード・ファシリティに関して同一OD(起終点)間に複数の施設が存在するとしても，単一の事業者がその複数施設を所有している場合には実質的に複製施設は存在しない．たとえば，北米の鉄道市場では同一OD間に路線が複数存在する．しかし，鉄道産業における合併条件が明確となるにつれて 1990 年代に寡占化が進行し，大陸横断貨物輸送は連絡輸送から単独輸送へと形態が移行している[5]．また欧州諸国においても，鉄道事業の公有化に伴い，全国の鉄道路線網が階層化され，路線統合や廃止またはフランチャイズ化が実施されたため，都市圏間において複数事業者が競合する区間は限定される．このように，接続の対象となる同一OD間に複数の路線や交通機関が存在するとしても，単独の事業者および団体が同一OD間を支配する事例は EF 理論の対象となる．

---

5) 1990 年代以降の鉄道会社間の主要な合併として，Burlington・Northern 鉄道と Atchison・Topeka・Santa Fe 鉄道の合併(1995)，Union Pacific 鉄道と Southern Pacific 鉄道の合併(1996)，CSX 鉄道および Norfolk Southern 鉄道による Conrail の区分買収(1998)，Burlington Northern・Santa Fe 鉄道と Canadian National 鉄道の合併(1999)がある．

### (3) 競争の阻害となる接続拒否および制限

第3は，競争を阻害する接続拒否および接続制限に関する要件である．最終サービスの供給において，事業者間でEFの利用条件に差が存在することが前提となる．Laurel事件(1991)に関しては，契約が合理性なしに変更された場合も接続の拒絶とみなされることが示された．

ただし，同要件においては競争の阻害状態の判断という課題が付随する．たとえば，線路使用に関して接続拒否または運賃差別の結果として都市内交通市場においては競争が阻害されるが，都市間交通市場または交通市場全体においては競争が阻害されない場合の対応である．つまり，市場の範囲の設定に関しては米国のEF理論では裁量性が強く，補完する規定が必要となる．

### (4) 接続拒否に関する正当な経営上の理由

第4は接続が実質的に可能であるという要件である．拒否するに足る正当な理由が存在する場合とは，現在の交通需要と施設容量がほぼ均等するために供給容量に余裕がない場合，または現在の需要が容量より小さいとしても将来的に利用が予定される場合である．ただし，この要件では，交通事業よりも高い限界収益を得られる小売事業用に鉄道用地を転用するケース等の既存のサービス分野の外で事業拡大するために接続が拒否される場合と，既存のサービス分野内でサービスを拡大する予定があるために技術的に接続できない場合とを区別できない．つまり，EF理論は既存事業者の事業目的に関与しない．

本節の残りの部分では，以上の米国で展開されているEF理論と経済理論との整合性について検討する．

米国のEF理論において，第1要件(必要不可欠な施設の支配)と第3要件(接続拒否の存在)は接続命令に関する議論の前提となる要件である．このため理論の実質的な規定は第2要件(複製不可能性)と第4要件(接続拒否の妥当性)にある．

価格規制が存在しない場合には，既存事業者は接続を希望する新規事業者に対して独占的価格設定をすることが可能である．このため，新規参入者に少なくとも機会費用を課すことで既存事業者が損失を被ることはないから，複製不

可能性はただちに新規参入者に対する接続拒否を意味するものではない(Reiffen and Kleit[1990]).それゆえ,EF 理論は暗黙裡に既存事業者の有する EF への接続料金(たとえば使用料)に対する規制を前提としていることになる.

また,独占利潤に対する規制が EF 市場(すなわち上流部門)に存在する場合には,既存事業者は非規制部門である最終サービス市場(すなわち下流部門)で利潤の獲得を求めるために,新規参入者に対して差別的対応を行う恐れが生じる.このように,EF 理論の要件の前提は現実的な仮定であり,このことからも EF 理論と経済理論はその前提において整合がとれている.

もちろん上述のとおり,複製の可能性および接続拒否の妥当性の検証は,理論的には技術革新などの事業者間の費用格差に影響を与える要因に関する分析が必要であるため,実際には困難である.しかし,現状の政策環境においては既存施設を代替する施設の整備が困難であることを考慮すれば,第 4 要件のみが重要となる.この結果,EF 理論においては接続拒否の妥当性,つまり最適な接続状態の考察が重要となる.

## 3.2 欧州における EF 概念の概要

EF 概念は米国の法理論に限定される内容ではない.ドイツでも 1997 年 12 月に鉄道法のもとに,鉄道インフラの非差別的利用および鉄道インフラに対する公平な賦課に関する規制が制定されている(Bundesministerium fur Verkehr, Bau- und Wohnungswesen[1997]参照).これは EU の白書(Commission of the European Communities[1998])と緑書(Commission of the European Communities[1995])等に示された EU の規制政策に適う形で規定された.

同規制では,まず,第 1 条において,本規制は線路上で営業し,線路を保有する公共鉄道会社の鉄道インフラの利用に対して効力を有するとしている.そのうえで,第 3 条において,第 1 に,ダイヤ設定に関する意思決定の際に利用を申請したすべての者に対して平等の機会を与えること,第 2 に,申請者にかかわらず利用に対するタリフに応じて同一の料金を設定すること,第 3 に,インフラ利用に際しての安全性にかかわる技術上そして営業上の要求を減らすこと,そして第 4 に,鉄道会社は一般的な営業案内や料金リストを公表しなければならないことを規定している.

同規制は，フランスにおける SNCF（Societe Nationale des Chemins de fer Francais：フランス国鉄）と RFF（Reseau Ferre de France：フランス鉄道線路公社）との上下分離政策と同様に，EU の共通交通政策における事業者間の競争を促進する規定に対処することに目的がある．つまり，ドイツでは 1999 年に DBAG（Deutsche Bahn AG：ドイツ鉄道会社）が鉄道改革により線路維持会社や駅施設の運営会社および旅客輸送会社，貨物輸送会社に分割されたが，その準備として同規制が必要となった．

同規制では米国の EF 理論における EF に相当する表現は明示的には使用されていない．またタリフを統一する必要上，事業者間の固有の関係を理由に同種の輸送に関する利用条件を違えることはできないものの，第 5 条 1 節において，別段の定めがない限り，インフラを有する鉄道会社は自由に（EF への接続）料金を決定することができると定めている．また，ドイツ鉄道法では，米国の EF 理論における第 1（必要不可欠な施設の支配）および第 2（複製の不可能性）の要件に関する規定はないが，これは路線の複製不可能性を前提としていることを意味する．

つまり，ドイツにおいては線路容量が交通需要に比べて大きいこと，そして私的部門の単独による新規投資が存在しないことという現実の政策環境が議論の前提となることを意味する．この状況は日本でも同様であり，需給調整規制が原則撤廃されたものの，事業者が補助を受けずに新規路線投資を行うことは現実的ではない[6]．そこで，現在の交通市場においては，ハード・ファシリティの複製が困難であることを前提として論じることが可能であるから，理論上，EF 概念は有効である．もちろん，これはただちに同概念が適用可能であることを意味するものではないので，次節では EF 概念の適用上の課題について考察する．

## 3.3 交通政策への EF 概念の適用における課題

従来のボトルネック概念が最終サービス利用時の独占的な，つまり不可欠な

---

[6] 日本では第三者による線路使用に関しては鉄道事業法第 15 条（鉄道線路の使用等），第 25 条（列車の運行の管理等の受委託）および鉄道事業法施行規則第 30 条第 1 項（鉄道線路の使用条件の認可申請）に規定がある．また，鉄道事業については需給調整規制は撤廃されている．

施設を対象としており，主に供給サイドのハード・ファシリティが対象となるのに対して，EF概念においては，利用者が当該サービスを利用する場合および供給者が提供する場合の，探索，購入および利用の全時点において不可欠なファシリティを対象として説明することが可能である．日本の交通事業において，現在，接続義務を明確にするべき対象はハード・ファシリティに関しては鉄道事業の線路施設および駅施設および混雑空港となる．また，交通サービスの予約システムおよび交通サービスの供給を担保するファシリティの維持管理業務に関しても同様である．

ただし，同一のファシリティであっても，各主体ごとにEFとしての位置付けは変化する．たとえば，航空サービスにおけるEFは，探索および購入時においては，利用者に関してはCRS(Computer Reservation System)である．もちろん，CRSは航空券販売業者にとっては最終サービス供給時のEFとなる．また，供給時においては，空港スロットなどの空港使用権がEFとなる．鉄道サービスに関しては，供給時は鉄道ダイヤがEFとなる．つまり，当該EFが事実上の独占状態にあることから，独占力の行使を排除し，市場競争に委ねるという選択肢がEF理論の中心である．ここでは，適切な接続状態に対して価格規制を採用するという選択肢は明示的には考慮されていない．

つまり，EF概念は，最小最適規模を需要が超えている場合の，潜在的競争および顕在的競争に基づく価格の適正化を対象としていると考えられる．ただし，このことは接続料金が事業者間で自発的に決定されると仮定することを意味するが，上述のとおり，接続における制限を解消するために，接続条件についてはケースごとに補完的なルールを設定することが必要となる[7]．このようにして，EF理論に関しては適用上の課題の考察が求められる．

そこで，本節では，EF概念を市場に適用する際の諸課題を考察する．とくに都市間OD(起終点)について事業主体が交通サービスを供給する際のハー

---

[7] 上下分離のケースとして，たとえば線路保有会社と列車運行会社の事例および空港事業者と航空事業者の事例では，ダイヤまたはスロット等に対する公平な利用条件を定める必要がある．また，上下兼営の場合には，既存企業はリンク部分の費用が回収済みであるのに対して，新規参入者はリンク部分の費用をまだ回収していない．このため，既存事業者と新規事業者の競争条件の平等化に資する料金設定を行う必要がある．

ド・ファシリティに関して，都市の中心部または都市間リンク部分が EF となる事例に区分して論じる．

### (1) 都市の中心部が EF となるケース

都市の中心部が EF となる事例とは，リンク部分の整備が，相対的に安価に建設可能である場合であり，道路輸送のように通路に関しては第三者が整備を行うために既存事業者と新規参入者が都市間部分における競争条件が同一である場合も含まれる．具体的には，OD が異なる路線が同一のターミナルまたは同一の都心部において路線を供給する事例，または旅客と貨物のように供給するサービスが異なる事例が主要な政策対象となる．ただし，新規参入者が同一 OD のうち都市間部分で参入可能であることは，既存事業者が自社のリンクを複々線化する，または運行本数を増大させるほど需要が増大していることを意味するが，EF 理論においては需要に関する想定は明示的にはなされない．

地域の中心部が EF となる事例としてはロンドンの Victoria Coach Station が知られている．現在同バスターミナルに関しては乗入れ拒否が是正されているが，1980 年英国交通法において都市間の急行バスについて免許制から届出制に移行したものの，長距離急行バスへの新規参入においてはターミナル取得の必要性という障壁が存在していた．つまり，新規に参入した急行長距離バス会社にとって，利用者を増加させるためには自社の停留所や発券所およびシステムについて情報提供を行う必要があり，宣伝広告や代理店の開設に初期投資が必要となる．これに対して当時国有バス会社であった National Bus Company(NBC)は運行費が新規参入事業者より高額であるとしても，既存の Victoria Coach Station を所有しているため，利用者にとって探索費用は小さくなる．結果として，新規事業者は NBC との共同運行を余儀なくされた(Mackie [1997]参照)．この問題は，日本の長距離バス事業においても生じている[8]．

この 1980 年交通法の欠点は 1985 年交通法において修正された．そこでは，

---

8) JR 駅の駅前広場は戦後になって JR (国鉄)の単独管理から JR (国鉄)と道路管理者との区分管理に移行した．しかし，タクシーやバスの乗入れに際して鉄道事業者である JR の許可を受ける必要がある．

NBCは分割され，内部補助が抑制された．そして，Victoria Coach Stationは都市内交通を管轄するLondon Transportへ移管され，ターミナル施設に対する平等な接続が保証された．これにより運賃は低下し，サービス水準は規制緩和前と比較して改善され，長距離バス市場の規制緩和による便益を享受可能となった(Bishop et al. [1995]を参照)．この事例は，EF概念の適用に関しては物理的接続のみならず，利用者の探索にかかわる情報費用を考慮する必要性を示唆している．

都市中心部のターミナルの運営を運行事業者以外の主体に委ねた他の事例としては，BR(British Rail)の列車運行権の分割およびフランチャイズ制導入後，ロンドンの8ターミナルを中心とする主要14駅を旅客列車運行事業者(Train Operating Companies：TOC)ではなく，Network Rail社が管理しているケースが挙げられる．この理由としては，当該駅を利用する運行事業者が複数であるために区分リースが煩雑となることが挙げられる．しかしながら，4社以上のTOCが共同利用する駅施設はロンドン近郊に限ってもBrighton駅など多数存在することから，入札対象として目的地とロンドン内の発着駅との関係が固定化されている現状では，むしろ商業施設としての役割を重視し，鉄道運行以外の事由に伴う優位性に基づく利益が特定の事業者に帰着しないことを求めた施策であるといえる．つまり，既存の運行事業者に不当な優位をもたらすことを回避した事例であるとともに，駅施設用地が鉄道事業以外に使用される可能性が高い主要駅をインフラ事業主体等が管理する必要があると判断された事例である．

### (2) 都市間がEFになるケース

都市間がEFとなる事例としては，長大橋梁およびトンネルなどの技術上ならびに地形上の理由で通路が限定されるケースが考えられる．ただし，新規の通路が成立する以前に存在した他の交通機関が撤退していることが前提となるが，既存の交通施設の存続を危うくするような一般化費用の差が生じる事例は少なく，通路の整備にあたり補助金の投入が前提となる．このため都市間がEFとなるケースは限定される．また，相対的に長距離の移動が対象であるため，異種交通機関との関係を考慮する必要がある．ただし，異種交通機関が複

数存在する場合においても，旅客と貨物など輸送目的が異なる場合には，接続の拒否を認めるべきではない．また OD の全区間が EF である場合は当該施設に関して Network Rail 社に類似した施設管理会社が必要となるが，日本の交通事業に関しては，貨物鉄道事業を除くと基本的に需給調整規制は撤廃されており，各交通機関について基本的には OD の全区間が EF となる事例は存在しない．

こうして，EF 理論の適用における課題は，費用の把握および EF の範囲の確定であるといえる．前者については，最終サービスに関する供給側および需要側の費用を考慮に入れる必要がある．もちろん上述のとおり，EF 理論は技術変化および需要の変化への対応が困難である．これは EF 理論ではインフラ整備において費用を削減する誘因が失われることや，急速な技術革新に対応できない恐れがあることを意味する．ただし，低成長経済の今日では，需要関数，供給関数はほとんど変化しない，または将来の傾向が明確であるために形状を既知であると想定することも考えられる．

より重要であるのは後者であり，最終サービスを享受可能である範囲つまり市場競争の範囲の特定に関する問題である．たとえば，異種交通機関間の競争を考慮しなければならない．そこで次節では EF の範囲が確定していることを前提として接続料金のあり方について論じる．

## 3.4 EF に対する接続料金の設定方法

ファシリティに対する接続料金設定方法に関する概念として，1998 年に提示された EU の共通交通政策である Commission of the European Communities (1998) においては，交通機関ごと，加盟国ごとのインフラに対する賦課制度および補助制度の相違が，交通市場に歪みを与え，欧州の交通システム全体の効率性や持続可能性を減少させると認識されている．そして，このモーダルインバランスは 1998 年の道路輸送，航空輸送市場，そして 2000 年の内陸水運市場の自由化により深刻化したと指摘する．そこで，すべての交通インフラ施設に対する共通賦課原則として利用者負担原則と社会的限界費用原則を適用することにより，費用回収率を高め，交通市場全体の公平な競争の実現を段階的に目指すことを提言している．つまり，接続条件の設定において競争関係に応じた

料金設定をするのではなく，あくまでも施設の整備費用を利用者に転嫁する方式が検討されている．

同方式はハード・ファシリティを対象とするが，競争関係が多重となるために当該ファシリティがEFであるとの判断ができないことを重視し，各施設に対して社会的限界費用原則という同一ルールで費用設定を行うことにより，市場全体に公平な競争を誘引するという立場として解釈することが可能である．つまり，これはファシリティの性質の相違を考慮せずに，すべての施設に均等な賦課方式を導入するという概念である．このため，費用回収率が低い公的施設に関する受益者負担の確立には寄与するが，私的部門間の最適な接続条件には適当ではない．

これに対して，1993年交通法のもとでイギリスの旧BRに関する線路使用料設定においても費用ベースルールが採用されている．初年度である1994年度は，年8％の報酬率仮定のもとで，営業費，減価償却費，資本報酬に基づいて設定する一方で，都市間鉄道市場ではEFを支配する者をRail Track 1社に限定し，利用ダイヤについて入札方式を採用している（Glaister et al. [1998]参照）．このため，同一路線の利用においても各社ごと，また旅客輸送事業者と貨物輸送事業者とでは設定される料金は異なる．また，複数の運行権を同一事業者が獲得する事例があるものの，当該区間を複数の事業者に運行させるか否かはRail Track社が決定した．

つまり，同方式は，EFに対する接続料金設定においてEFを支配する既存事業者と新規参入者との契約関係により決定されるべきであるという考え方をもつ．そして，契約に関する機会を均等にし，入札の段階で競争を導入するという立場であると解釈できる．ただし，事業者間で最適な接続条件を決定している点ではEF概念に適応するものの，既存事業者が最終サービスを供給しない事例であるため，EF概念の直接の適用はできない．

これら両方式の基礎となる概念とEF概念との違いは，新規事業者が既存事業者に接続する際に既存事業者に機会費用が生じる否かである．このことは，EF理論を活用するうえでの制度枠組みとして機会費用を配分するルールの規定，つまり機会費用において新規事業者への賦課割合を決定する必要があることを意味する．この論点に関する対応としてはBaumol and Sidak(1994)によ

りRat-Tailモデルを使用して提示されたECPR(Efficient Component Pricing Rule)が参考となる(ECPRについてはBaumol et al. [1997]および醍醐・堀[1997]をあわせて参照されたい).

増分費用に機会費用を加えた額を新規参入者に賦課する方式であるECPRはLaffont and Tirole(1994)において展開されたように接続料金設定に対するラムゼイアプローチの発展形である(Armstrong et al. [1996]およびLarson and Lehman[1997]も参照されたい).つまり,同方式は機会費用が既存事業者と新規参入者の弾力性つまり費用構造の相対的な優劣を反映して配分されるため,より効率性の高い事業者の参入を誘引する効果がある中立的なルールとなる[9].もちろん,新規参入者が既存事業者に対して中間投入財・サービス供給において効率的であるとしても,機会費用の加算賦課は最終サービス供給において競争を阻害する参入障壁となる恐れがある[10].また,新規投資が限定されたとしても,機会費用は過去の投資費用をも反映する.しかし,これらの問題に対しては機会費用の中で同一事業分野かつEF部分にかかわる費用を賦課する補完ルールの設定により対応することが可能である.

## 3.5 残された課題

上述のとおりEF概念に関する理論上の課題は複製の可能性および接続拒否の妥当性の判断である.また運用上の課題は費用の把握およびEFの範囲の確定の困難性である.

もちろん低成長経済のもとでは,需要および供給の変動も限定的である.このため,地域中心部のファシリティをEFとして特定することができる.しかし,交通投資が可能である場合や需要の変動が予想される場合に,いかなるファシリティをEFとして規定するかについてはEF概念単独では対応ができない.たとえば,接続が技術的に不可能である事例において,新規事業者がEF

---

9) 既存事業者のEF部門と非EF部門とが別主体による運営であっても,資本関係に基づいて両主体間に支配関係が存在する場合の考察に関してはReiffen(1998)を参照.
10) ECPRを否定的に捉える意見としてはLapuerta and Tye(1997)およびEconomides and White(1998)を参照.

所有者に施設の更新を要求するケースがある.同概念をより一般的な市場に対して適用する際に必要となる補完的制度について考察する必要がある.

一方,EF概念の導入という競争環境の整備は,接続を要求する新規参入者が現実に現れることを意味しない.また,参入者が少数である場合には共謀が発生するおそれもある.完全な上下分離が制度的に定着している混雑空港のケースであれば,ファシリティをもたない新規事業者の参入が考慮される.ところが,EF概念ではすでに自社で線路を保有している事業者が新規参入主体者として政策の対象となるため,新規投資が困難である状況においては競争事業者数が限定されるからである.また,最適な接続料金ルールに関してさらなる精査が必要である.

### 参考文献

Areeda, P. E. (1990), "Essential Facilities: An epithet in need of limiting principles", *Antitrust Law Journal*, Vol. 58, Issue. 2, pp. 841-853.

Armstrong, M., C. Doyle and J. Vickers (1996), "The Access Pricing Problem: A Synthesis", *Journal of Industrial Economics*, Vol. 44, No. 2, Jun, pp. 131-150.

Bishop, M., J. Kay and C. Mayer, (eds) (1995), *The Regulatory Challenge*, Oxford University Press.

Baumol. W. J and J. G. Sidak (1994), "The Pricing of Inputs Sold to Competitors", *The Yale Journal on Regulation*, Vol. 11, No. 1, pp. 171-202.

Baumol, W. J., J. A. Ordover and R. D. Willig. (1997), "Parity Pricing and its Critics: A Necessary Condition for Efficiency in the Provision of Bottleneck Services to Competitors", *The Yale Journal on Regulation*, Vol. 14, No. 1, pp. 145-163.

Bundesministerium fur Verkehr, Bau- und Wohnungswesen (1997), *Verordnung uber die diskriminierungsfreie Benutzung der Eisenbahninfrastruktur und uber die Grundsatze zur Erhebung von Entgelt fur die Benutzung der Eisenbahninfrastruktur* (Bundesgesetzblatt 1997 Teil I Seite 3153).

Commission of the European Communities (1995), *Towards Fair and Efficient Pricing in Transport* (COM (95) 691).

Commission of the European Communities (1998), *Fair payment for infrastructure use: a phased approach to a common transport infrastructure charging framework* (COM (98) 466 final).

Cotter, T. F. (1999), "Intellectual property and the essential facilities doctrine", *The Antitrust Bulletin*, Vol. 44, No. 1, Spring, pp. 211-250.

醍醐昌英・堀雅通(1997)「エッセンシャル・ファシリティとオープンアクセス理論——その意義と適用可能性」『交通学研究』1996年研究年報, 33-46ページ.

醍醐昌英(2000)「交通政策におけるエッセンシャル・ファシリティ理論の有効性」『三田商学研究』第43巻第3号, 249-264ページ.

Economides, N. and L. J. White(1998), "The inefficiency of the ECPR yet again: a reply to Larson", *Antitrust Bulletin*, Summer, Vol. 43, No. 2, pp. 429-444.

Glaister, S, J. Burnham, H. Stevens and T. Travers(1998), *Transport Policy in Britain*, Macmillan.

H. M. S. O. (1993), *Railway Act 1993 (c. 43)*.

Laffont, J. J. and J. Tirole(1994), "Access Pricing and Competition", *European Economic Review*, Vol. 38, No. 9, Dec, pp. 1673-1710.

Lapuerta, C and W. B. Tye(1999), "Promoting Effective Competition through Interconnection Policy", *Telecommunications Policy*, Vol. 23, No. 2, Mar, pp. 129-145.

Larson, A. C. and D. E. Lehman(1997), "Essentiality, Efficiency, and the Efficient Component-Pricing Rule", *Journal of Regulatory Economics*, Vol. 12, No. 1, July, pp. 71-80.

Mackie, P(1998), "Developments in Transport Policy: The UK Transport Policy White Paper", *Journal of Transport Economics and Policy*, Vol. 32, No. 3, Sep, pp. 399-403.

丸山真弘(1997)「ネットワークへの第三者アクセスに伴う法的問題の検討——いわゆるエッセンシャル・ファシリティの法理を中心として」『公益事業研究』第49巻第1号, 31-37ページ.

Reiffen, D and A. N. Kleit. (1990), "Terminal Railroad Revisited: Foreclosure of an Essential Facility or Simple horizontal monopoly?", *Journal of Law and Economics*, Vol. 33, No. 2, Oct, pp. 419-438.

Reiffen, D. (1998), "Partial Ownership and Foreclosure: An Empirical Analysis", *Journal of Regulatory Economics*, Vol. 13, No. 3, May, pp. 227-244.

# 第4章
## 社会資本整備の分権化と地域間配分の見直し

要約

　全国プール制と強力な官主導のシステムによって展開されてきた日本の全国的な交通社会資本整備システムが，全国津々浦々にわたる高速交通ネットワークを展開する点で大きな役割を果たしたことは疑いがない．しかし，基幹ネットワークが概成に近づく一方，日本経済の低成長化という側面を考えれば，今後の社会資本整備においては，これまでのように全国一律ベースで単純に容量と数の拡大を行っていくべきではなく，浪費的投資を回避しうる費用有効度の高い選択的な投資と運営が要求される．

　このためには，第1に，伝統的な全国一律の社会資本整備計画を支えてきた全国プール制による内部補助システムと政治的資金分配システムを排し，社会資本整備制度への市場メカニズムの積極的な導入が求められる．これにより，受益と負担の一致を図り，無駄な投資を抑え，需要に対応した投資を導くことが必要である．

　第2に，地方分権を強化し，不採算な社会資本整備を自治体の責任とするとともに，社会資本を通じた所得再分配政策をやめ，地域間の所得再分配は一括的な補助金によって対応することが求められる．

　第3に，国土全体の効率的な発展のためには，伝統的な「国土の均衡ある発展」という考え方に基づいた地方偏重の投資をあらため，大都市部や幹線部におけるボトルネック解消のための投資を重点的に行うべきである．

　第4に，大規模な社会資本整備プロジェクトの費用の長期回収に耐えうるよう，資金の負担を伴わない，資金調達支援のための役割を担う機構を用意する必要がある．

## 4.1 市場メカニズムの一層の活用

これまでの日本の交通社会資本整備の基本的考え方は，大規模先行投資型の投資を全国プール制度による財源調達システムによって支えるというものであった．このようなシステムの根拠としては，①投資額が巨額であり，かつ，懐妊期間が長いため発生する不確実性を担保する，②大規模プロジェクトが持つ全国的な外部効果に期待する，③全国的なネットワークを急速に整備・提供する，といった点があげられてきた．これらの根拠ないし目的は，日本経済が右肩上がりの急速な成長をとげていた時代，かつ社会資本の全国的整備水準が不十分であった時代には有効であった．

しかしながら，いまや高速道路の延長距離が英国なみとなり，1県1空港がほぼ実現し，日本全体の骨格的な高速交通体系は概成に近づいている．このことは，今後は建設から効率的運営に比重が置かれるべきことをも示す．また，日本経済はすでに成熟段階に達し，右肩上がりの経済成長は望むべくもない．

このような状況下では，社会資本整備の基本的考え方を見直す必要がある[1]．

第1に，資金調達のシステムや融資保証といった点では「公」の役割は残るとしても，建設から整備まですべて国が負う必然性は低下する．それゆえ，財源負担や整備制度について，これまでの集権的なシステムから，分権的なシステム，すなわち，市場メカニズムと地方分権への移行を図るべきである．

第2に，右肩上がりの時代には可能であった大規模先行投資型のシステムを捨て，需要に即応した即戦力型のシステムを採用することが求められる．これまでのような全国一律ベースで単純に容量と数の拡大を行っていくのではなく，限られた資金のもとで，浪費的投資を回避しうる費用有効度の高い選択的な投資と運営が要求される．すなわち，「計画先にありき」ではなく，受益と負担の関係を一致させた，効率的な整備方式を考慮する必要がある．

このためには，市場機構の活用によって資金の配分における政治プロセスの介入を少なくすることにより，消費者が価値を置かない利益誘導型の投資を手控え，消費者が価値を認め，支払意思を有する社会資本整備が優先され，消費

---

[1] 今後の社会資本整備のあり方については，中条(1995)第5章を参照されたい．

者が支払った分が他にまわることなく消費者自身に還元される方式が求められなければならない．

## 4.2 プール制の見直しと地方分権の強化

受益と負担の一致の観点からは，当然，全国プール制の是正も求められる[2]．これまで地域間の公平性の観点を考慮して，都市部から地方部への地域間補助がプール制によってなされてきた．高速道路や空港整備特別会計のような全国プール制は，経済成長の途上にあって国の財政の厳しかった時代に，全国ネットワークを形成するうえでは有用な方法であった．

しかし，第1に，全国的なネットワークの基幹部が完成した現在，これ以上の内部補助をネットワーク効果で正当化するのは無理がある．第2に，長期的には地域間人口移動によって地域間不公平が是正されるとすれば，交通社会資本を通じた地域間補助の根拠は小さい．第3に，全国プール制の下では，実際に便益を受ける地方部の住民は費用の負担を免れ，受益と負担の関係が乖離する．大都市部と地方部との間の，あるいは主要幹線部と閑散地域との間の負担の公平という点でも全国プール制は望ましくない．第4に，第二東名や首都圏空港施設など本来投資すべき区間・地域での投資が遅れ，混雑による大きな経済的損失が発生していること，これら地域のボトルネックの存在が結局地方部の交通改善を無意味にしてしまっていること，さらには，国際企業のアジア拠点としての地位をめぐってアジア主要都市間の競争が進展していること，等を考えれば，わが国の大都市部および幹線部における混雑解消は急務である．

したがって，今後，社会資本を世界標準対応で整備していくには，全国一律に容量と数の拡大を行うのではなく，隘路となっている大都市部とその周辺や，ハブ空港・ハブ港湾，主要幹線道路に重点を置いた選択的な投資を行う必要がある．現行の全国内部補助型のインフラ整備制度に代えて，市場重視型かつ/あるいは地域分割型の整備制度が採用されれば，都市部利用者の支払っている資金は都市部にそのまま投下され，隘路部分への投資はかなりスムーズに行わ

---

[2] プール制度の問題点と補助のあり方については，中条(1995)第3章および第7章を参照されたい．

れることになろう．

　次に，全国的な高速交通ネットワークの基幹部の完成により，今後のハード・インフラ整備がもたらす外部効果は小規模かつ局所的となる．このことは，全国ベースでの負担を正当化することができなくなるだけではなく，全国的な意思決定システムの正当性も低下させる．今後の整備財源に関して外部効果の還元をもとめるならば，それは地域が負担すべきものであるし，その意思決定は地域自身が行うべきである．この観点からは，地方分権化の強化が求められる．

　さらに，地元に十分な負担能力がない場合，地域間所得再分配の観点からそのような施設の建設が正当化されるとしても，そのようなナショナル・ミニマムを確保するための費用は，他の地域の施設の利用者による負担ではなく，国民全体で負担すべきである．また，資金財源の調達方法は，社会資本ごとではなく，地域への一括再分配方策によってなされるべきである．

　なお，市場機構の重視は，供給主体の民営化を指向することにつながる．この点については第5章で検討する．

## 4.3　大都市部への重点配分による効率化

　今後の交通社会資本の地域間配分に際しては，前述のとおり，効率性の視点がより重視されねばならない．これに対して，地方部の開発投資に重点を置く「国土の均衡ある発展」構想こそが効率的な国土利用をもたらすとの意見があるかもしれない．そこで，本節では，2つの地域で構成される連邦を想定した人口移動モデルを用いて，大都市部への投資が国全体にとって有効であることを示す（モデルの詳細は中村[1998]を参照）．簡単化のため，ここでは各地域政府が計画供給する社会資本は地域公共財であると想定して分析を行う．

　まず，連邦の総人口は $N$ で固定されており，A地域の人口を $N_a$，B地域の人口を $N-N_a$ と表そう．各地域内では，現在までに蓄積された資本 $K_a$, $K_b$ と，同質な住民が供給する労働力（＝人口）を用いて，生産関数 $f(N, K)$ に従って生産活動が行われると考える．各地域政府は域内住民の効用最大化を目的に生活関連社会資本を整備するとする．各地域住民の効用水準は，都市公園などの生活関連社会資本の利用と私的財消費量によって決まると考えると，各

地域政府の生活関連社会資本の最適供給の下では，人口を変数とした各地域住民の間接効用関数 $V(N, K)$ が図 4.1 のように描ける[3]．

　間接効用関数が図 4.1 のような形状をとることについては，人口が増えるに従って集積の経済が働いて効用水準が上昇し，ついで，さらなる人口の増加に伴って今度は集積の不経済が効用水準を下げていくことを想定すれば，直観的に理解しやすいだろう．また，A, B 両地域では現在までの資本蓄積が異なるために，同じ人口水準においても両地域の生産水準が異なり，図 4.1 のように人口のみの変数としてみると，間接効用関数の形状は両地域で異なっている．また，図 4.1 においては一極集中の均衡点も含めて 3 つの均衡点が存在するが，これら 3 つの均衡点のすべてが安定的なわけではない．たとえば，$N^-$ 点は不安定的均衡となっており，A 地域の人口が何らかの理由で $N^-$ より少なくなれば，B 地域に移動した方が効用水準は高いため，均衡が $N^*$ になるまで A 地域の住民による B 地域への移動が生じるのである．

　次に，中央政府による産業関連社会資本投資により，人口移動による均衡がどのように変化するかを図 4.2 で考察しよう[4]．ここではとくに，A 地域を都市部，B 地域を地方部と想定して，交通社会資本投資について考えてみよう．一般的な都市部への交通社会資本投資は隘路打開型の投資であり，地方部への

---

[3] 各地域政府による生活関連社会資本供給（$G$）の最適化行動の結果としての間接効用関数は次のように定式化できる．

$$V(N, K) = \underset{G}{Max}\ u(C, \frac{G}{N^\gamma}) = \underset{G}{Max}\ u(\frac{f(N, K) - G}{N}, \frac{G}{N^\gamma})$$

ここで，$C$ は私的財，$u(C, G/N^\gamma)$ は効用関数．$\gamma$ は競合性を表す指数（$0 < \gamma < 1$）であり，0 なら純粋公共財，1 なら私的財となる．

[4] 中央政府による産業関連社会資本投資を明示的に表せば，$K$ を所与の下での A 地域政府生活関連社会資本投資の最適化行動は次のように定義される（$I_a, I_b$ は各地域への産業関連社会資本投資量 $\Delta K$）．

$$V_a(N_a; K_a, I_a, I_b) = \underset{G}{Max}\ u(C, \frac{G_a}{N_a^\gamma})$$
$$= \underset{G}{Max}\ u(\frac{f(N_a, K_a + I_a) - G_a - (N_a/N)(I_a + I_b)}{N_a}, \frac{G_a}{N_a^\gamma})$$

中央政府の最適投資額は，各地域の $V_a$ と $V_b$ の人口移動均衡点としての $N^*(I_a, I_b; K_a, K_b)$ を上式に代入した後，$V_a(I_a, I_b; K_a, K_b) + V_b(I_a, I_b; K_a, K_b)$ の最適化問題として求められる．

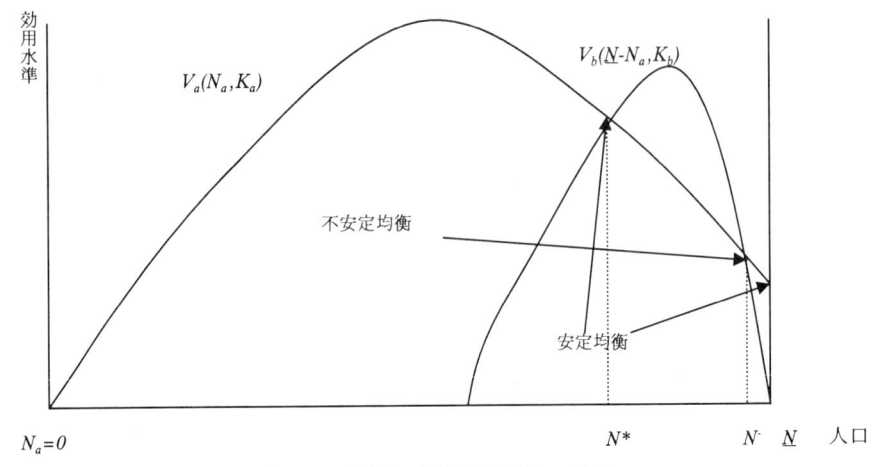

図4.1 二地域の間接効用関数の形状

それは開発型投資となろう．こうした投資のタイプを考慮すれば，均衡点における都市部の人口は，混雑により効用が低下していく水準にあると考えられ，開発型投資となる地方部での人口は，混雑発生前の水準にあると考えられる．したがって，都市部と地方部を想定した場合の1つの典型的な間接効用関数の位置関係は，図4.2の実線のようになると想定される．

それでは，隘路打開型投資と開発型投資の投資タイプの差異はどのように捉えられるだろうか．交通社会資本投資を資本蓄積 $K$ の変化と捉えれば，中央政府の交通投資が間接効用関数に与える影響は $(\partial V/\partial f)(\partial f/\partial K)\Delta K$ となり，両投資の差異は間接効用関数のシフトの違いとして表現される．しかし，ここで注意を要するのは，交通などの社会資本と，民間生産要素の間には補完的な関係があることである[5]．この社会資本と民間生産要素の補完性を考慮すると，交通社会資本投資による生産への変化 ($=\partial f/\partial K$) が大きいのは，交通社会資本がボトルネックとなっている範囲であり，逆にそれより人口が少ない範囲では非常に小さいと考えられる．つまり，同額の $\Delta K$ に対して，交通混雑が発生している都市部において実施される隘路打開型交通投資では間接効用関数の上

---

5) 井上・宮原・深沼(1999)では，マクロ生産関数の推計により，社会資本と，民間資本および労働力との補完性を示している．

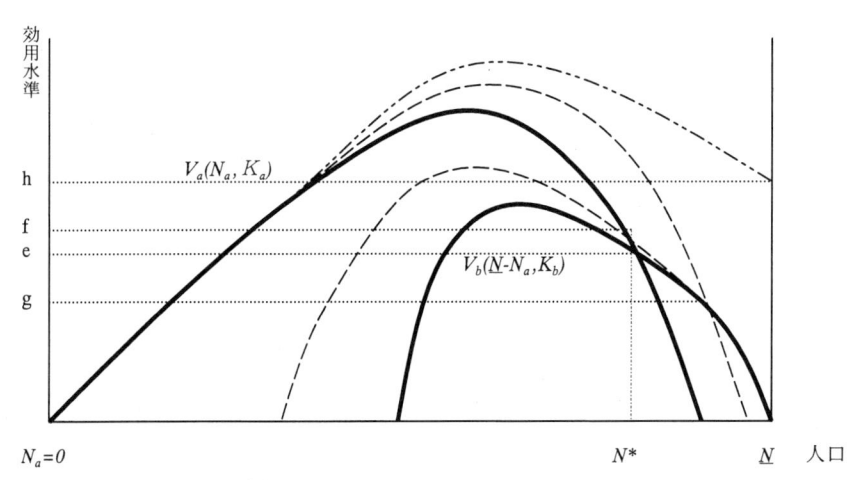

第4章 社会資本整備の分権化と地域間配分の見直し

図 4.2 都市部と地方部の間接効用関数と交通投資による変化

方シフト幅は大きく，逆に，地方部における開発型の交通投資ではそのシフト幅は非常に小さいと想定できる．

以上を考慮して交通社会資本投資の効果を図 4.2 でみてみると，両地域の投資によって，間接効用関数は実線から破線のように変化することが予想できる．まず，地方部の変化のみをみると，均衡効用に影響を与えるような効果が小さいことがわかる($e \to f$)．次に，都市部の変化のみをみると，隘路打開型交通投資によって混雑が解消され，人口集中が進む結果，さらなる集積の不経済が進み，地域全体の効用は下がっていく($e \to g$)．しかし，都市部へのさらなる投資により図 4.2 の 2 点破線のレベルまで混雑解消を図れば，一極集中とはなるが両地域全体の効用は増加することがわかる($e \to h$)．結局，図 4.2 を前提とすれば，効率性の観点からの効用増加のための交通社会資本投資は，都市部の混雑解消を優先した隘路打開型投資ということになるのである．

これまで，交通社会資本整備の決定に際しては，地域間不平等是正という観点は 1 つの重要な視点であった．しかし，今後の交通社会資本の地域間配分を検討する際には，東京とソウルどちらがハブ空港となりうるか，国際企業がアジア拠点としてどの都市を選択するか，などの都市間の国際競争という視点も重要となってくる．交通・公益事業のコストは都市間競争の優劣を喫する重要な要因の 1 つである．今後の交通社会資本投資を考える際には，地域間の不公

平性の視点もさることながら，効率性の視点がより重要度を増す．したがって，その情報提供機能として，第6章で扱う効率性の観点からの社会資本評価手法である費用便益分析の利用が今後より一層重要となる．

## 4.4 財源調達システム

民営化を含む社会資本の制度改革は，現行の全国的財源調達システムとしての空港整備特別会計や道路整備特別会計などの特別会計の役割をも変化させることになる．空港や港湾，高速道路は当然として，一般道についても，地域分割を行うなどして，各社会資本整備主体の自立を促す政策を前提とすれば，特別会計の規模縮小は不可避である．

地域的な社会資本については，責任を地方自治体に任せ，一方，地域間の再分配は自治体への一括補助金で対応すれば，ナショナル・ミニマムの維持を目的とした社会資本整備への対応もこれによって可能となり，地域間再分配の手段としての特別会計制度や全国組織の公団の役割は不要となる．ナショナル・ミニマムの費用負担はなるべく国民全体によるべきであり，特別会計制度や道路公団によるプール制によって特定の利用者に負担させるべきではないし，この目的のための財源としては一般財源がより効率的であるからである．

しかし，このことと，特別会計の財源を一般会計に入れることとはまったく別問題である．現在，特別会計に入っている収入は，それぞれの事業主体の利用料収入と代替されるべきであって，一般財源に吸収されるべきものではない．現行より一層，受益と負担の関係を結び付ける改革を行うべきであって，特別会計制度の廃止とその収入の一般財源化は，この方向の改革に逆行する考え方である．

次に，プール制の見直しと，財源調達の全国的仕組みを用意することとは別問題である．ナショナル・ミニマム維持の財源調達や地域的な整備の費用を上述の方式で対応すれば，全国的社会資本整備は長期的にみると採算可能となるはずであるから，大規模プロジェクトの費用の長期回収に耐えうるよう，当面の借り入れ先の工夫や融資保証などのために，資金の負担を伴わない，単なる資金調達支援のための役割を担う機構を用意してやればよい．キャッシュフロー確保のために，短期的に国などが資金を用立てるとしても，最終負担者は利

用者となるよう,将来時点における国への還元方策が組み込まれたシステムを,財政投融資に代わって用意する必要がある.

なお,今後の社会資本整備においては,以上の措置に加え,社会資本整備の透明性を確保するため,費用便益分析の適切な導入が必要である.これについては第6章で述べる.

**参考文献**

Boardway, R. and F. Flatters(1982), "Efficiency and equalization payments in a federal system of government: a synthesis and extension of recent results," *Canadian Journal of Economics*, Vol. 15, No. 4, pp. 613-633.
中条潮(1995)『規制破壊』東洋経済新報社.
井上徹・宮原勝一・深沼光(1999)「社会資本の生産力効果と最適水準」井上徹他編『我が国公的金融の役割』日本評論社,89-110ページ.
金本良嗣(1995)「社会資本と地域間補助の経済理論」山田浩之ほか編『都市と土地の経済学』日本評論社,194-210ページ.
中村彰宏(1998)「地方における社会資本投資の妥当性」『交通学研究』第41号,103-114ページ.

# 第5章
## 民営化時代の社会資本整備とPFI

**要約**

　交通分野においてはいまだに公営制度が他産業に比べて大きな比重を占めており，民営化による効率改善の余地が大きい．バス，地域鉄道，地域旅客船のみならず，社会資本についても，整備から運営にウエイトが移りつつある現在，民間の力を活用していくことが求められる．前章では，社会資本整備の効率化のために市場機構の重視を主張したが，市場メカニズムの機能を最大限に発揮させるためには，供給主体は公よりも民のほうが望ましい．民営化は，経営の効率化，周辺開発や兼業への進出を通じて，利用料の低下をもたらすとともに，国の予算の制約から解き離されることによって，資金調達や投資を容易にする．

　ただし，社会資本分野は完全な私企業の経営裁量に委ねることのできない分野であるため，民営企業＋規制・補助金，民間委託など，多様な方式を必要に応じて活用していくことが望まれる．なかでも，民間委託の発展的形態であるPFI(Private Finance Initiative)は，民営企業化が困難な領域においてとくに脚光を浴びてきている．

　PFI事業は単純な民間委託と異なり，第1に，PFI方式を採用することによるメリットが，VFM(Value for Money)の計測によって明確にされる．第2に，事業者の選定に競争プロセスが取り入れられる．事業者選定プロセスは，民間側のプロポーザルにおいてもっとも大きいVFMを達成する主体を選択する作業であり，一般競争入札によるのが基本である．第3に，事業実施にあたっては官民の責任分担(リスク分担)が協定あるいは契約によって明確にされる．契約においては，事業破綻のあり方など，事業遂行にかかわるさまざまなリスクの分担が明確にされる．

　もっとも，将来起こりうる事態について，あらかじめすべてを予想し，それを適切な形で契約内容に盛り込むことは事実上不可能である．事業協定の内容を精緻化するためには多くの経験の蓄積が必要とされるのであり，これもPFIの1つの課題である．

## 5.1 民営化に関する基本的視点

### (1) 採算可能性と民営化可能性の違い

　低成長下の限られた資金の下でコスト意識の高い経営を行い，かつ需要の積極的開拓と利用者ニーズに敏感に反応したマーケティングを展開して市場機構の機能を十分に引き出す能力は，公的組織よりも民間の方がすぐれている．

　公営制度は市場介入の手段の1つであり，強い市場介入を行うための手段と理解される．しかし，現在では，「民営＋規制」では対応できないような，特段に強い介入を支持する根拠は見当たらない．世間では一般的に「公共性が高いから公営制度」という単純な図式が信じられているが，公共性が高い（すなわち市場の失敗要因が存在する）ということと，公営でなければならない理由とは同じではない．市場の失敗要因のみが理由であるならば，「民営＋規制」で十分である．たとえば，鉄道について自然独占の見地から市場介入が必要であるとしても，民間鉄道会社に対して需給調整規制と価格規制を課せばよい．

　また，所得分配上の見地から，たとえば山間僻地に市場価格以下で社会資本を提供する必要があると判断される場合も，補助金を公的な整備・運営主体を通じて提供する必然的根拠はない．公営制度は，民営企業に補助金を交付したり，ユーザー側に補助金を交付する方法と完全に代替的である．

　加えて，バス，鉄道，旅客船といった分野では，過疎地域の特殊なケースを除き，民営化は，同じサービス水準を公営制度で提供する場合に比べて，利用者にとっても，公営制度に帰すべき赤字を負担する地域納税者にとっても，大きな節約をもたらすことになる．

　交通社会資本の分野も，有力な民営化候補である．社会資本の効率的整備が求められているなか，世界的には，空港，港湾，道路の民営化・市場化が進んでいる．社会資本分野についても，資金調達や整備制度を工夫すれば民営化は十分可能である．

### (2) 民営企業化，会社化，エージェンシー，PFI

　公的な整備・運営主体に民間のエネルギーや知恵を活用する方法を商業化・市場化と呼ぶとすれば，これは以下の4種類に大別される．

第1は株式を民間に放出する完全な民営企業化である．イギリスやオーストラリアの民営化空港がこれにあたる．イギリスは空港だけでなく港湾の民営化をすでに実施済みである．

　第2は，商法上の一般の株式会社にするが，株式は政府あるいは自治体が所有する商業会社化である．市場的な料金収入によって成り立つ分野だが民間企業による運営の経験に乏しい分野や，いずれ民営化する予定の分野がこの形態に組織改革されることが多い．

　第3がいわゆるエージェンシー（独立行政法人）であり，公的な組織には変わらないが，整備・運営組織を独立させて自主性を与えることによって効率改善を図るものである．ニュージーランドやイギリスでは一般道路がエージェンシー化された．また，航空の安全規制を担当する民間航空庁のエージェンシー化は，イギリス，オーストラリア，ニュージーランド，カナダに広がっている．

　エージェンシー化は，民間航空庁のように市場での収入を基本的にもたない組織であって業務内容が特定の業務に特化している組織について，自主性を与えて効率改善を求めるための手段であり，道路や空港など利用者のニーズに応えて市場で料金収入を得て活動する分野に適用するのは本来の形ではない．したがって，厳密には市場化・商業化の範疇に入れるべきではないが，民営化・会社化への移行形態として用いられることもある．

　第4が民間委託とPFIである．市場規制を受ける分野では，民営化にあたって，完全に純粋な民間企業と同様に，通常の独占禁止規制と商法上の規制だけで対処することが困難な場合もあり，価格規制や不採算サービスに対する補助金を伴うこともありうる．しかし，基本的な意思決定は民営企業自身に任されるのが本来の民営化である．

　これに対し，民間委託は，基本的な意思決定を官ないし公におき，部分的な整備・運営を民間に委託する方式である．この委託契約にはさまざまなバリエーションがありうるが，その一形態として，刑務所や一般道路など完全な民営化が困難な事業においてイギリスで発展してきたのがPFIと呼ばれる手法である．したがって，PFIは，民営化が不可能な場合にとるべき手法であって，空港など本来民営化可能な領域についてもPFIで対処しようとするのは，民営化をしたくない既存勢力に配慮した日本独特の考え方である．PFIについて

詳しくは 5.3 節で検討する．

## 5.2　民営化・会社化の成果と条件

### (1)　民営化・会社化の成果

　民営化・会社化の成果としては，コスト低下を通じての利用料の低下による利用者の利益向上と，投資の拡大が可能となる点がもっとも重要である（中条[1998]参照）．政府の財政赤字のもとでは，たとえ利益を生む投資であっても，特定の公共投資だけに政府予算を増額することはできないが，民営化や会社化はそのような制約を取り払う．また，単年度主義の制約が克服され，債券や株式の発行も可能となり，資金調達の範囲を広げることも可能になる．成長分野では民営化によって政府予算から切り離すことこそ投資の拡大を可能とする．

　もう1つの重要な成果は，民営化によって与えられた事業活動の自由が，他の社会資本および周辺開発との一体的整備を促すことである．

　民営化はこのほか，JRの経験が示すように，内部補助制度を打破する突破口としても機能しやすいし，公営であることによる消費者や国民の甘え・わがままを払拭するうえでも有効である．規制が強ければ強い産業ほど，国民は多くを期待するからである．

### (2)　独立性と自主性の確保

　民営化・市場化の成果を高めるには，形だけを改めても効果は薄い．もっとも重要なのは，経営の独立性・自主性の確保である．経営当局に経営の自由がなければ，効率改善に有効な投資・価格・マーケティング政策の展開は不可能である．

　このためには，第1に，思い切った規制撤廃が求められる．社会資本も競争（とくに国際競争）の波に大きくさらされている現在，価格規制や事業規制についての経済的規制の大幅な撤廃が求められる．イギリスの空港は4大空港以外，価格規制を受けない．オーストラリアの空港も，民営化後5年間のプライス・キャップ規制にとどめている．ニュージーランドの航空管制会社にいたっては料金設定はまったく自由である．

　第2は，人事・経営・財務の徹底した独立性である．このためには，純粋な

民間企業人による経営陣の確保と、規制官庁の天下り人事などの排除による人事権の確保、そして経営責任の付与が求められる．とくに重要なのは、伝統的な規制官庁からの自由の確保である．過去のしがらみを一掃するようなシステムでなければ、結局、行政指導の網から逃れることはできなくなる．

## 5.3 PFI

### (1) PFI と VFM

(a) PFI の特質

PFI は、民間による資金調達を基本とした社会資本の新しい整備手法であり、1990年代初頭からイギリスで広く採用され、事業の効率化と促進に寄与した．わが国でも、公共事業の効率化と民間部門の新規事業創出手段として1990年代後半からその導入が論じられ、1999年7月に「民間資金の活用による公共施設等の整備等の促進に関する法律」(通称 PFI 法)が議員立法として成立、本格的に実施されることなった．

PFI 法は、事業実施の「基本方針」を公表すること、公的支援および国有財産の無償使用等のあり方、規制緩和の推進等を定めており、これらを包括的に議論するための組織として、民間資金等活用事業推進委員会(国家行政組織法第8条による調査審議機関、通称 PFI 推進委員会)が設置された．「基本方針」[1]は、2000年3月に内閣総理大臣名により定められ、その後地方自治体を中心に各種のプロジェクトが実施されている．

PFI の特徴は、これまで単なる施設の整備ととらえられてきた事業をサービス購入という形式に改めることによって民間の参画を可能にする点にある．たとえば、イギリスの DBFO (Design, Build, Finance and Operation) 型道路事業の場合、民間企業が道路を設計、建設、資金調達、運営し、公共部門はこの事業者と道路サービスの提供についての購入契約を行う．公共部門は民間事業者に対し、この道路を通行した車両数に応じてシャドー・トール (shadow toll) と呼ばれる料金を支払い、民間事業者はその収入を前提として資金を調達して

---

1) 内閣府(2000)『民間資金等の活用による公共施設等の整備等に関する事業の実施等に関する基本方針』(以下、基本方針と略記)．ただし、地方自治体が実施する PFI 事業は、必ずしも国が定める基本方針に拘束されるものではない．

事業を成立させるのである．

PFIの第2の特徴は，VFM（Value for Money）の概念による効率化の追求である．詳細は後に述べるが，VFMとは大まかにいえば投下される資金（税金）によって得られる便益を意味する．わが国のPFI事業では，まず，特定の事業をPFIとして行うかどうかの選定にあたって，VFMが向上するかどうかが検証され，また民間事業者の選択にあたっては，入札プロセス等を通じて理論上もっとも大きなVFMを実現する主体が選択されることになる．

PFIの第3の特徴は，リスクの分担である．PFIでは入札により選定された民間事業者と公共部門の間で契約[2]が結ばれることになるが，この契約では，事業遂行にあたってのリスクの分担，事業破綻時の処理等が明示される．この点が，わが国のこれまでの第三セクター事業と明確に異なる点である．

PFIは，形態別に，①独立採算型，②公共事業のサービス提供型，および③ジョイント・ベンチャー型の3種類に大別される．

①の独立採算型は，有料道路や有料橋のようなプロジェクトがその例であり，運営権を付与された民間事業者が資金調達や施設の整備・運営を行い，その対価を直接利用者から徴収し，契約が終了した時点で資産を公共部門に移管する．発展途上国で多くの事例がみられるBOT（Build, Operate, Transfer）がその典型である．

②のサービス提供型は，公共部門がサービスに対する対価を支払う．たとえば，民間事業者が庁舎を，資金調達，建設，維持管理し，公共側がこれに対価を支払うプロジェクトが典型である．上述のDBFO事業では，通行台数等に応じて公共側が道路事業者に対価を支払う．

③のジョイント・ベンチャー型は，事業の一部を公共の資金で行い，その他の部分について①ないし②の方式で行う事業である．英仏海峡トンネルなど大規模なプロジェクトについて行われる例が多い．

(b) VFM：公共部門と民間部門の比較

ミクロ経済学の視点からすれば，PFI方式を活用することの意義は，①サー

---

[2] PFI法および基本方針においては，「協定」という表現使われている．本章では，一般的になじみやすい「契約」も同義語として用いる．

ビス提供の効率化による利得の享受，②イノベーションの促進という2点に要約できる．公共事業の非効率は常に指摘されるところであるが，PFIの場合，事業者選定の際の競争入札を徹底することによって非効率性の排除が期待される．さらに，PFIは，設計，資金調達，建設，運営という多段階が一括して行われることから，創意工夫を生かした費用削減やイノベーションの効果が発揮される可能性が大きいと考えられる．

このようなメリットはVFMによって計測される．VFMは，すでに述べたように，投下される資金に対する便益をあらわすが，わが国のPFIプロセスにおいては，まず公共部門によるサービス提供と民間部門のそれを仮想的に比較して，提供されるサービスの質を一定にしたうえで，民間部門に任せることで安価にサービスが提供される場合にVFMがあると判断される．

VFMの計測に際して，公共部門の比較の基準は，パブリック・セクター・コンパレータ（PSC：Public Sector Comparator）と呼ばれる．PSCは，当該事業を公的主体が実施した場合に発生する費用を計算するものである．この費用には，建設段階で発生する費用だけではなく，プロジェクト期間中の維持管理，運営に要する費用も含まれ，将来発生する費用は適切な割引率で割り引いて現在価値で見積もられる．すなわち，ライフ・サイクル・コスト（LCC：Life Cycle Cost）である．VFMの計算は，PSCとPFI事業者のLCCの比較によって行われる．

VFMの計算における課題は，PFI事業とすることによって節約される費用をどのように想定するかである．PFI事業では，一般に構造物の建設費や維持・管理，運営費等がPSCよりも縮減されることが期待されるが，それがどの程度なのかはケースにより異なり，必ずしも客観的な数字が得られるものではない．仮に行政側にその情報が存在していたとしても，民間事業者による費用節約を認めることは，行政の過去の実績を否定することになり，行政側が積極的にならないのも事実である．ただ，この縮減の大きさはVFMに直接影響することから，積極的な情報の開示が求められるところである．

また，PFIによって民間に移転されるリスク分担の調整をどのように行うかという問題がある．公的主体が事業を実施する場合，事業リスクは明示的にあらわれてこない．一方，PFI事業者の場合，たとえば，需要予測の誤りやコス

ト・オーバーラン(建設費の超過)，タイム・オーバーラン(建設期間の超過)は，事業の成立自体にかかわる大きなリスクである．PFI事業を採用するならば，公共側はこの種のリスクを民間側に移転しているわけであり，PSCが発生させる真の費用は民間に転移されるリスクを含んだものでなくてはならない．これがリスクの調整であるが，この種のリスクを客観的かつ実証的に計測することは難しいのが現実である．

以上の2つの課題は，事例の積み重ねによるデータの集積が問題を軽減することになる．行政に求められるのは，VFM計測の精度向上に向けた努力と蓄積された情報の積極的な開示である．

以上のような実務上の問題のほか，民間部門による施設・サービスの提供が公共部門のそれに先験的に勝っているわけでない点に注意すべきである．これにはいくつかの理由がある．

第1に，PFIは民間企業による事業であるから，民間が参画するインセンティブとして利潤が求められる．官民の比較において，仮に他の条件がすべて等しいならば，利潤が存在しない公的部門の方が費用の算定上有利である．

第2に，プロジェクトの資金調達の費用に注目すれば，民間の資金調達に比べ公的資金のほうが安価である可能性が高い．公的資金にも，他の用途に支出されれば何らかの社会的利益が生じるという意味での機会費用が存在する．しかし，①公的部門は，複数のプロジェクトを行うことによって実質的にリスクをヘッジすることができる(つまり，失敗する事業もあるが成功する事業もある)こと，さらに，②公的部門には課税権があり，場合によっては強制的に資金を調達することが可能なことから，社会的にみた場合，資金調達の費用は民間よりも小さくなると議論されることが多い(Hall[1998]，Quggin[1996]を参照)．

第3に，PFI事業では，公共と民間との関係において「取引費用」が発生する．厳密にいえば，この費用はVFMの面で公共に比べ民間が不利になる要因ではないが，PFIというシステムを採用するための費用として意識されるべきものである．具体的には，事業参画を希望するものは，実現可能な設計を行い，事業の実行可能性を検討しなければならず，このコストは無視しえないものである．選定を行う側にも，適切な事業者選択のための費用が発生する．さらに，

選定事業者との協定を結ぶ際にも交渉費用等の費用がかかる．この種の費用は「取引費用」のなかに含まれる．また，その費用の大きさは，事業者選定がどの段階で行われるか，選定にあたって公的主体が事業者に対してどの程度の情報を要求するか等に依存する．イギリスでの経験ではその額が比較的大きいとされる．

以上のように，公共部門による直接的なサービス供給とPFI事業とでは，理論的にみれば必ずしもPFIが勝っているとはいえない．それにもかかわらずPFI事業がイギリスをはじめとする諸外国，そしてわが国において採用される背景には，以上のハンデを克服するほどの効率上の利得が期待できるからに他ならない．それを引き出すのが事業者間競争の確保や事業の一括実施によるメリットである．PFIは，競争のメリットを直接的に金額換算して公的財政負担の軽減につなげるという意味で，自由化時代の交通社会資本整備に欠くことのできない手法なのである．

### (2) 事業者選定のあり方
(a) 競争環境の整備

PFI事業では，サービスの提供について完全な自由競争が期待されるわけではなく，民間部門が資本投資を行うことと引き換えに，政府が一定の独占的な運営権（フランチャイズ）を民間事業者に与えるという形態がとられる．営業権をめぐる競争は，通常の「市場における競争(competition in market)」ではなく，「市場に対する競争(competition for market)」である．

事業者選定の入札において競争的な環境を創出するためには，いくつかの条件が必要である．たとえば，Baldwin and Cave(1999)は，入札を競争的に行うための一般的な条件として，ある一定の数の潜在的入札参加者が存在すること，および入札参加者の間で結託が生じないことなどをあげている．National Audit Office(1999b)は，イギリスのPFIプロジェクトの入札プロセスにおいて競争的な環境を創出するために公共部門が考慮しなければならない条件として，①よい入札参加企業リストをつくること，②当局の要求する事項を明確に示すこと，③調達プロセスすべてにおいて競争的な緊張感を維持することをあげている．

従来型の公共調達の場合，入札は建設費等に関して行われるが，PFIでは事業が一括して発注されることから比較の対象はLCCである．プロジェクト・サイクルからみれば，各事業の局面を単一の事業者が引き受けることによって，各段階で生じる全体的な費用を考慮するインセンティブが与えられる．たとえば，事業者は，運営費や維持管理費と建設費とのバランスを考慮し，プロジェクトのLCCを最小化すると考えられる．

(b) PFI事業における入札の特質

従来の分離調達方式では，建設すべき対象が詳細に提示され，入札参加者は建設費用を提示する(仕様発注)．これに対しPFIプロジェクトでは，発注者が示す性能を満たす限りにおいて，入札参加者がどのようなサービス(サービスの質)をいくらで提供するかを提示する(性能発注)．PFIの入札は「価格と質のパッケージ」であり，これをBaldwin and Cave (1999)は「メニュー・オークション」と呼んでいる．

メニュー・オークションのメリットは，公共部門が民間部門の情報を得られること，民間部門にイノベーションの余地が与えられることであるが，事業者の選定がより複雑になるというデメリットもある．事業者の選定が複雑になれば，選定のためのコストが増加し，さらに選定プロセスにわかりやすさ(透明性)が損なわれる可能性がある．

このような比較の困難さを克服するために，イギリスの道路プロジェクトでは，まず，入札参加者の提案したサービスの内容(質)が公共部門の要求する基準を満たしているかが検討される．次に，これらの基準をパスした提案に関して，政府が契約期間にわたって支払う費用を推計し，その費用がもっとも低い事業者を選択するという方法が採用されている．

わが国の場合，事業者選定には原則として一般競争入札が適用されるが，「民間事業者の創意工夫を評価する選定を行う場合会計法令の規定に従い価格及びその他の条件により選定を行うこと」が可能であるとされている(内閣府[2001a]，p.13)．この入札方法は，「総合評価一般競争入札」と呼ばれるもので，具体的には提供されるサービスの質を考慮したうえでの入札である．

質的な比較を伴う事業者選定においては，主観的評価が混入する可能性がある．この点，わが国の基本方針およびガイドラインでは，質的評価を可能な限

り数値化すること，定性的な評価をする場合でもできる限り客観性を確保することが指摘されている．

また，イギリスの道路事業では，次の2点が求められている．第1に，事業者の選定にあたっての基準が，ある種の主観的な要素を含むにせよ，社会の人々（納税者）が受け入れ可能であると思われるものを採用すること，第2に，公共部門の当局が，どのような選定基準を採用し，かつ，どのようなプロセスで選定を行ったかについての透明性を確保することである．

### (3) 公共と民間の間の契約とリスク負担
(a) PFI事業におけるリスク

PFI事業では官民間の契約の明確化が重要であり，その本質はリスク分担にある．PFI事業においてリスクは「事業の遂行に何らかの損失を与える可能性」と定義される．プロジェクト期間中リスクの発生要因は数多く存在するが，契約ではリスク要因をあらかじめ認識する必要がある．イギリスでは，設計と建設のリスク，運営リスク，需要リスク，残存価値のリスク，技術リスク，規制に関するリスク，資金調達に関するリスク，契約者の契約不履行リスクなどが主なリスク項目としてあげられ，その詳細が示されることになる．

リスク要因の認識の次に必要なのは，あるリスクがどの程度の確率で発生するかを評価することであり（リスクの評価），そのためにリスク分析（Risk Analysis）が行われる．リスク分析にはさまざまな手法があるが，典型的なものは，それぞれのリスクの項目に対し，過去の事例などをもとに発生確率を先験的に割り当てるものである．各リスク項目の確率が付与されれば，期待損失額を算定することができる．

(b) 契約におけるリスク分担

PFIにおけるリスク分担は，2つの問題からなる．第1に，公共および民間がどのリスクをどの程度負担するか，第2に，そのリスク負担の方法はいかにあるべきかである．前者は，言い換えれば，PFI事業者にどのようなリスクをどの程度転嫁するかであり，後者は，そのリスク負担に対する報酬やペナルティの与え方である．

第1の点に関する基本的な原則は，「リスクの負担はその負担コストがもっ

とも小さいものが負担すべきである」というものであり，負担コストはリスク・コントロールの能力に依存する．リスク・コントロールとは，そのリスクが生起する確率を低めたり，損失を押さえたりすることであり，事業の効率化に寄与する．たとえば，建設リスクのうち遅延や費用の超過の可能性に関し，PFI事業者は完全ではないにせよ何らかの努力を行うことで，ある程度コントロールすることができる．

一方，公共部門の方針変更や法律改正により損失が生じるようなケース（規制リスクなど）については，PFI事業者はコントロールすることができないが，公共部門にはその余地がある．もし事業者にこの種のリスクを負担させれば，より高いリスク負担の対価を要求することが予想される．

リスクのなかには，両当事者の交渉により分担して負担されるべきものもある．契約当事者の行為とは無関係に外部から生じる障害で，通常必要と認められる注意や予防方法を尽くしてもなお防止しえないと考えられるリスク，つまり不可抗力（force majeure）によるものや，物価，金利，為替レートの変動等によるリスクがこれである．これらのリスク分担の割合は，コントロール能力のほか，負担の能力等によるべきものと考えられる．

リスクの負担方法については，リスク・コントロールを促すためのインセンティブ・メカニズムの活用が考慮されるべきである．民間事業者にとって最大のインセンティブとなるのはリスク・コントロールと利潤をリンクさせることであり，公的な支払いが伴うケースでは直接的な措置が可能である．また，PFI事業者側が全面的にリスクを負担する項目については，それ自体がインセンティブとなる．その典型例は需要リスクであり，PFI事業者は事前の需要予測を慎重に行うインセンティブや交通需要を喚起させようとするインセンティブを与えられることになる（詳細については山内・手塚[2000]参照）．ただし，過剰なリスク負担は，結果として事業破綻の可能性を高め，それは資金調達費用の上昇を意味することに注意するべきである．

### (4) 社会資本整備の市場化におけるPFIの役割

PFIは社会資本整備について，「市場に対する競争」を利用することによって経済効率を向上させ，リスクや責任分担を官民間の契約（協定）という形で明

確化する．それはわが国の社会資本整備に欠けていた要素であり，PFIの普及は公共事業一般の効率化，透明性の向上につながるものと考えられる．

PFIは，特定のプロジェクトについて公共的意思決定がなされた後に，それをどのように行うかという選択肢として登場するにすぎない．プロジェクトの計画自体は別の基準（たとえば，費用便益分析等）あるいは政治的決定によるのであり，その意味では，わが国の公共投資が抱える問題，つまり事業自体の過剰性，ばらまき的政策についての回答を与えるものではない．

ただ，PFIは，この面でもある程度のシグナルを発することができる．たとえば，PFI事業者側で一定の需要リスクを負えば，金融機関はそのリスクを詳細に分析して融資するか否かを検討し，金利水準を決定する．リスクがきわめて高ければ融資が行われないかもしれないし，行われても金利が高ければ事業の採算性が損なわれるか公的財政負担が上昇しVFMが低下する．それは少なくともこのプロジェクトには経済合理性の面から無理があることを示しているのであり，計画決定者もそれを真摯に受け取る必要があろう[3]．

現実には，すべての社会資本整備がPFIによって行われるわけではない．PFIは，与えられた条件のなかでもっとも効率的な手法がPFIである場合に限って行われるのである．ただ，事業者の競争プロセスや金融市場の活用などによって，プロジェクトに関する間接的な評価が行われるのであり，公共側もその情報を有効に活用するべきである．

**参考文献**

Baldwin, R. and M. Cave(1999), *Understanding Regulation*, Oxford University Press.
Grout, P.(1997), "The Economics of the Private Finance Initiative", *Oxford Review of Economic Policy*, Vol. 13, No. 4, pp. 53-66.
中条潮(1998)「航空下部構造市場化の流れ」『航空分野における規制緩和・民営化の成果』第4章，運輸政策研究所，34-47ページ．
Hall, J.(1998), " Private Opportunity, Public Benefit?", *Fiscal Studies*, Vol. 19, pp. 121-140.

---

3) もちろん，計画決定にあたっては費用便益分析によって効率上のチェックがなされているはずである．しかし，費用便益分析で用いられている需要予測と金融サイドが行う需要予測が異なれば，経済効率上の結論も異なる．

光多長温・杉田定大編著(1999)『日本版PFIガイドブック』日刊工業新聞社.
内閣府(2000)『民間資金等の活用による公共施設等の整備等に関する事業の実施に関する基本方針』.
内閣府(2001a)『PFI事業実施プロセスに関するガイドライン』.
内閣府(2001b)『PFI事業におけるリスク分担等に関するガイドライン』.
National Audit Office(1999a), *The Private Finance Initiative: The Contract to Complete and Operate the A74(M)/M74 Motorway in Scotland*, The Stationery Office Limited, London.
National Audit Office(1999b), *Examining Value for Money of Deals under Private Finance Initiative*, The Stationery Office Limited, London.
Pollitt, M.(2000), "The Declining Role of the State in Infrastructure Investments in the UK," in *Private Initiatives in Infrastructure: Priorities, Incentives, and Performance*, eds. by Tsujii, M., S. Berg and M. Pollitt, chapter 9, Institute of Developing Economics, Japan External Trade Organization (JETRO), Chiba, pp. 142-177.
Quggin, J.(1996), "Private Sector Involvement in Infrastructure Projects", *The Australian Economic Review*, No. 113, pp. 51-64.
山内弘隆・手塚広一郎(2000)「PFIの可能性と留意点」『ビジネス・レビュー』第47巻4号, 37-64ページ.

# 第6章
## 交通社会資本投資の効率化
### ——費用便益分析マニュアル

**要約**

　欧米の先進国に後れること30, 40年を経て，ようやくわが国においても公共投資の効率化を目的として，費用便益分析が導入されることになった．費用便益分析の理論や交通社会資本を対象とした具体的手法については，諸外国の実践的蓄積やわが国における研究などによって，確立されている．それゆえ，費用便益分析マニュアルの導入は理論上の問題ではなく，政治プロセスの問題である．

　本章では，1997年から1999年にかけて作成された鉄道，空港および道路の整備に関する費用便益分析マニュアルを取り上げ，その位置づけと問題点を論じる．まず，わが国において1990年代後半に費用便益分析を導入することになった経緯を振り返り，政策評価の一手法として費用便益分析が位置づけられていることを確認する．

　次に，最近作成された費用便益分析マニュアルのなかから，旅客交通にかかわる鉄道，空港および道路のマニュアルを取り上げ，相互に比較を行う．結果として，分析の枠組みについては共通点が多いが，いくつかの点において相違があることが示される．相違点の検証を受けて，マニュアルの問題点として，1)便益計測範囲などの不統一，2)時間価値原単位の想定の不統一，3)評価期間の不統一，および4)残存資産の扱いの不統一，という4つの不整合を指摘する．

　最後に，費用便益分析マニュアルをめぐる政治経済学を論じる．各マニュアルは，公共投資を拡大させるバイアスを有している．具体的な問題点として，1)時間価値原単位の過大設定，2)社会的割引率の過小設定，3)絶対基準としての運用による非効率，4)地域間ウエイトの導入によるバイアス，を指摘する．これらの問題点を解決するためには，情報公開の徹底が必要である．

## 6.1 費用便益分析導入の背景

### (1) 政策評価導入の背景

限られた予算のなかで社会的価値が高い政策を遂行することが，政府の本来の目的である．戦後の復興を果たし，豊かではあるが低成長時代に入った現在，人々の多様なニーズと厳しい財政制約のなかで，より効果的な公共政策が求められている．その結果，公共事業をはじめとする行政のさまざまな領域において政策評価を導入する機運が生まれた[1]．別の見方をすれば，現在の社会環境に対して従来の政策決定システムや政策実行プロセスが十分に機能していないという共通の認識が存在しているといえる．

近年，わが国において政策評価の必要性が認識されるようになったのは，過去において有効であった「官官規制」による統制メカニズムがもはや機能しなくなったことにある．官官規制の下では，政策は上位機関によって一方的に，しかも成果ではなく実施過程における規則遵守という尺度で評価されているため，時代の変化に対応した柔軟な政策策定を行えなくなったのである．今後は，「官官規制」に代えて，明示された政策目標に対するパフォーマンスによる評価を行うことによって，顧客である国民の視点に立った政策評価が求められる（金本[2000]，3-4ページ）．このような政策評価手法を導入することによって，事業実施の透明性を高め，複線的な評価・監視を可能にし，結果として事業の効率性，ひいては効果を向上させることが期待されているのである．

### (2) 政策評価における費用便益分析の位置づけ

わが国ではしばしば，政策評価と費用便益分析あるいは費用対効果分析は同

---

1) 米国では，早くから政府あるいは政治プロセスの不完全性を認識しており，社会的厚生をより高める政策を実行するために，政策評価を実施してきた．その一例は，1960年代に導入されたPPBS(Planning Programming Budgeting System)である．1960年代は，ケネディおよびジョンソン両大統領が「偉大な社会」の実現と「貧困との戦い」のために莫大な連邦支出を伴ってさまざまな社会政策を推進した時代である．これら一連のプログラムの有効性をチェックすることを目的にPPBSが導入されたのである．政策評価の詳細については，山谷(1997)などを参照されたい．

じものであると受けとめられてきた．しかしながら，費用便益分析や費用対効果分析は政策評価の一部を構成しているにすぎない．費用便益分析は貨幣換算によって，また費用対効果分析は物理量などの数値データによって，予測されるマイナスおよびプラスの効果を可能な限り定量的に把握し，政策や公共事業が生み出す社会的便益が社会的費用を十分に上回っているか否かを判断する分析手法である．したがって，これらの分析によって数量化できない効果は勘案されないし，より上位に位置づけられる所得再分配や公平性という観点はこれらの分析の対象となっていない．それゆえ，これらの分析は政策評価の要をなしても，それのみによって政策が総合的，体系的に評価されることはない．

費用便益分析は，個別の公共プロジェクトが社会的純便益を生み出すかどうかを効率性の視点からなるべく客観的に評価するものであり，総合的な意思決定の基礎資料を提供するためのものである．それゆえ，費用便益分析の結果として導出された優先順位は最終的な意思決定を拘束するものではない．しかしながら，費用便益分析による優先順位は，効率性の観点から付与された優先順位として，意思決定プロセスにおいて適切に尊重されなければならない．

### (3) わが国の交通社会資本投資における政策評価の動向

費用便益分析などの政策評価手法が制度的に政策決定に導入されるきっかけをつくったのは，1996 年 11 月の第二次橋本内閣組閣時の総理大臣による関係省庁への指示と第 139 回国会の所信表明演説である[2]．この橋本総理大臣の指示によって各官庁において事業分野ごとの費用対効果分析マニュアルの作成が始まった．しかしながら，この時点では費用対効果分析の実施は義務づけられていなかった．翌 1997 年 12 月 5 日の閣僚会合において，橋本総理大臣から公共事業の再評価システム導入の指示があり，国が行うすべての公共事業について費用対効果分析の遂行が義務づけられることになった．

---

2) わが国において費用便益分析が制度化されたのはこの時点以降であるが，岩倉・家田 (1999) に紹介されているように，鉄道など一部の分野では，1970 年代から投資の意思決定を支援する 1 つの方法として利用され始めている．また，実際には使用されなかったものの，建設省内部においてはバイパス道路などの一般道路の費用便益分析マニュアルが，日本道路公団においては高速道路のそれが 1980 年代から試作されている．

運輸省では，1997年1月に事務次官や関係局長らをメンバーとする「運輸関係公共事業の投資重点化，建設コスト縮減に関するプロジェクトチーム」を発足させた．これと相前後して，1996年度から1997年度にかけて，学識経験者を中心に，港湾，鉄道，航空などの各分野で，投資決定評価手法や費用対効果分析手法の開発に関する調査委員会が発足した．その後，これら各分野間で共通化できる数値や手法などについて検討するために上部組織として「運輸関係公共事業の総合的・体系的評価に関する調査」委員会が設置され，分野ごとの調査委員会は同委員会のワーキング・グループ(港湾，空港，鉄道，海岸および航路標識の5分野)に改組された．これらの検討結果に基づき，1997年から1999年にかけて，分野ごとに費用便益分析・費用対効果分析マニュアルの第1版が編まれた．旅客に関連するマニュアルとしては，鉄道マニュアルが1998年3月に，空港マニュアルが1999年12月に公表された．

建設省においても，橋本総理大臣の指示に対して，運輸省と同様の対応を採った．道路に関連しては，1998年6月に，(財)日本総合研究所から「道路投資の評価に関する指針検討委員会」編として，費用便益マニュアルが公表された．鉄道および空港のマニュアルは運輸省の関連部局が監修しているが，道路マニュアルに関しては建設省の監修となっていない点に差違がある．なお，建設省の『社会資本整備に係る費用対効果分析に関する統一的運用指針(案)』は1998年6月に公表され，費用便益分析を実施する際の指針となっている．

これらのマニュアルの作成・改良と前後して，1997年度より，運輸・建設の両省では，新規採択事業の評価，事業採択後一定期間を経過した事業の再評価，一部の公共事業についての試行的事後評価などを順次実施している．

なお，2001年1月の省庁再編に伴い，学識経験者を中心とする「国土交通省における政策評価のあり方に関する懇談会」が設置され，評価手法の統一化が検討された．また，中央省庁等改革推進本部が1999年4月に決定した「中央省庁等改革の推進に関する方針」に基づいて，国土交通省内に政策総括官を置くと同時に，学識経験者などから構成される第三者機関を設置して，政策評価を行っている．

## 6.2 費用便益分析マニュアルの特徴

上述したように，1998年から99年にかけて，交通関係の各分野に特化した費用便益分析・費用対効果分析マニュアルが刊行された[3]．本節では，主に旅客交通に対象を絞り，鉄道，空港および道路の各マニュアル(『鉄道プロジェクトの費用対効果分析マニュアル99』『空港整備事業の費用対効果分析マニュアル1999』『道路投資の評価に関する指針(案)』)の概要と特徴を相互に比較しながら主要な項目について紹介する．

### (1) 分析の枠組み

いずれの分野においても，費用便益分析の手順(需要予測→便益計測・費用計測→評価指標の算出→感度分析)や計測方法は類似しているが，それぞれの分野の事業特性に合わせて，評価範囲や評価期間などに違いがみられる(表6.1を参照)．鉄道や空港では，段階的整備事業や関連施設なども含めて一体的に評価することを試みているのに対し，道路では，事業区間ごとのみに評価を行う．評価期間は，鉄道が供用開始後30年と50年，空港は50年，道路は40年と異なっている．これらの違いは，既存ネットワークの密度の違いや施設の耐用年数を反映したものである．

### (2) 便益の計測

いずれの分野においても，利用者便益と供給者便益は計測対象となっているが，交通事故減少便益や環境改善便益については，鉄道と道路においてのみ計測されることになっている(表6.2参照)．便益項目数に注目すると，空港が最多となっているが，実際に費用便益分析のなかで計測する項目は，3つ(表6.2における●印)にとどまっており，鉄道や道路と比較すると少ない．

一方，便益計測手法に着目した場合，便益の発生者をもっともよく区分して

---

[3] マニュアルと称しているが，これらの分析が制度化されて間もないことから試行錯誤の段階にある．各マニュアルは，政府の公式なマニュアルとして確立されたものではない．それは，マニュアルの刊行主体が各省庁ではなく，関連外郭団体などであることからもわかる．

表 6.1 マニュアルにみる分析の枠組み

| 項目＼事業 | 鉄　道 | 空　港 | 道　路 |
|---|---|---|---|
| 分析の対象とする事業 | 国費が投入される次の事業<br>・鉄道新線の建設事業<br>・大規模な鉄道改良事業 | ・第1種〜第3種空港とその他公共用飛行場の新規設置<br>・滑走路の新設・延長事業<br>・空港用地内で空港整備特別会計など国費が充当される事業 | ・新規に建設される，あるいは改良がなされる路線，区間（有料・無料の区別なし） |
| 分析の対象としない事業 | ・新幹線鉄道の整備事業<br>・鉄道防災施設の整備事業<br>・バリアフリー化等の事業<br>・鉄道駅の総合的な改善事業 | ・民間が設置・管理するターミナルビル<br>・空港管理者である特殊法人などが設置・管理するターミナルビルは必要に応じて算定する | ・小規模な事業<br>・大規模な立体交差のような交差点改良事業や踏切立体事業<br>・交通安全施設等の整備事業<br>・歩行者専用道路等 |
| 評価範囲と関連事業の扱い | ・順次拡張整備する段階的整備事業では，可能な限り整備スケジュールと事業内容を想定し1つの事業として評価する．<br>・対象事業が効果を発揮するうえで不可欠な事業（アクセス道路や鉄道など）や同時実施で便益・費用に関して相乗効果が期待できる事業は評価対象に含める．<br>・独自の効果を有する関連事業については寄与分のみを評価に加えるか，独自の評価を行う． | | ・路線全体ではなく事業が実施される区間ごとに事業単位として評価を行う．<br>・整備対象の道路および代替道路路線を評価対象とする．<br>・交通量転換がとくに顕著な場合を除き代替交通機関は評価の対象に含めない． |
| 評価実施時期 | 事業の新規採択段階（と再評価段階） | 事業の新規採択段階（と再評価段階） | 整備計画決定段階にあるもの |
| 評価対象期間 | 建設期間＋30年間および50年間 | 建設期間＋50年間 | 建設期間＋40年間 |
| 基準年次 | 評価を実施する年度<br>＝建設開始年度の前年度 | 事業採択年度<br>（建設開始前年度） | 評価を行う現時点 |
| 割引率 | 社会的割引率＝4％（ここ10年前後の国債の利回りなどを考慮） | | |

第6章 交通社会資本投資の効率化

**表6.2 マニュアルにみる便益項目と測定方法**

| 項目＼事業 | 鉄　道 | 空　港 | 道　路 |
|---|---|---|---|
| 便益項目 | **利用者便益**<br>●総所要時間の変化<br>△駅アクセス・イグレス時間の変化<br>→ 計測時には総所要時間を駅アクセス・イグレス時間とそれ以外に分離して取り扱う必要がある．<br>●総費用の変化<br>○旅客快適性の変化<br>**供給者便益**<br>●当該事業者収益の変化<br>△補完・競合鉄道路線収益の変化<br>**環境等改善便益**<br>△道路混雑の変化<br>▲道路交通事故の変化<br>▲局所的環境の変化<br>▲地球的環境の変化 | **利用者便益**<br>●旅行・輸送時間の短縮<br>●定時制の向上<br>■運行頻度の増加<br>●旅行・輸送費用の低減<br>◇安全性の向上<br>**供給者便益**<br>●空港管理者の収益増加<br>◇エアラインの収益増加<br>◇アクセス交通機関事業者の収益等増加<br>**地域企業・住民便益**<br>◇観光入り込み客の増加<br>◇雇用機会の拡大<br>◇地域所得の増大<br>◇企業生産の増大<br>◇税収上昇<br>◇空港周辺の土地利用の促進<br>◇空港跡地の有効活用<br>◇資産価値の増大<br>◇騒音などの変化<br>◇均衡のとれた国土形成への寄与<br>◇地域シンボルの形成<br>◇地域安全性の向上 | **利用者便益**<br>●走行時間短縮<br>●走行費用減少<br>　（燃料費，オイル費，タイヤ・チューブ費，車両整備費，車両償却費）<br>**供給者便益**<br>→ 有料道路の場合のみ<br>**交通事故減少便益**<br>●人身損失額<br>●渋滞による損失額<br>●物損損害額<br>**環境改善便益**<br>●大気汚染<br>●騒音<br>●地球温暖化 |
| 計測方法 | **利用者便益**<br>・原則として所得接近法で求めた時間評価値を用い一般化費用を導出する．<br>**供給者便益**<br>・鉄道整備プロジェクトがある場合とない場合の交通サービス供給者利益の差を測定する．<br>・基準年度価格の計算価格（移転所得を除外し機会費用で計算，減価償却費や利子は考慮しない）で算定する（営業収益－運営費－諸税－税金（消費税以外））．<br>**環境等改善便益**<br>・供用開始後のみを対象<br>・道路環境等に与える影響の算出は道路マニュアルと同じ方法を採用している． | **利用者便益**<br>・航空利用者の所得を基にした所得接近法で求めた時間評価値を用いるが，運行頻度増加を評価する場合は選好接近法を用いる．<br>**供給者便益**<br>・基準年度価格の計算価格で算定する．<br>・旧空港の売却額は売却時に便益に計上する．<br>・ターミナルビル，アクセス関係事業者，エアラインの供給者便益は考慮しないが，他空港，他交通機関に関しては必要に応じて考慮する． | **利用者便益**<br>・計測対象者は自動車の運転者と同乗者のみ．<br>・平日と休日で交通特性が異なることを考慮して道路種別（5種類），沿道状況（4種類）に応じた休日係数を設定している．<br>・車種別（4種類）・曜日別（2種類）に時間評価値を設定している．<br>**交通事故減少便益**<br>・道路区分（2種類），沿道状況（3種類），車線数（2種類），中央分離帯の有無，単路と交差点の別ごとに事故件数，死傷者数，損失額を設定している．<br>**環境改善便益**<br>・走行速度などに応じて影響を予測<br>・大気汚染と騒音については沿道状況（4種類）に応じて貨幣評価原単位を設定 |

(注) ● : 計測すべき効果，基本的便益視点・項目，　　▲ : 計測することが望ましい効果，
　　　■ : 基本的便益視点・項目に加えて拡張して取り扱う便益視点・項目，
　　　◇ : 費用便益分析の外で定量的および定性的評価に対応する視点・効果項目，
　　　○ : 計測すべき効果ではあるが，事業の実施が当該効果に大きな影響を及ぼさないと判断できる場合に除外してもよい項目，
　　　△ : 計測することが望ましい効果ではあるが，事業の実施が当該効果に大きな影響を及ぼさないと判断できる場合に除外してもよい項目．

便益測定を精緻化しているのは道路である．時間価値原単位については，車種，道路種別，沿道状況および曜日などを区別して設定している．交通事故減少便益についても，道路の形状の違いによる事故発生確率，被害額などの違いを便益計測に反映させている．これに対し，鉄道や空港では，利用者属性が時間価値原単位に反映されていない．ただし，利用者の金銭的費用と時間的費用を合算して一般化費用を導出するという枠組みは，全分野に共通している．

### (3) 費用の計測

3分野のマニュアルを比較したときに，費用の計測方法にもっとも差異が見出される．鉄道や空港と道路との間には，経常的経費である営業費の計上の仕方と，残存価値の扱い方に違いがみられる（表6.3参照）．

鉄道や空港では，施設の運営費や維持管理費にあたる営業費を費用ではなく負の便益として便益から控除する．これに対し，道路では，有料道路の場合の料金徴収費用も含め，経常的費用はすべて費用として計上されている．この違いは便益項目のなかに供給者便益が含まれているのか否かに起因している．費

**表6.3** マニュアルにみる費用項目と測定方法

| 項目＼事業 | 鉄　道 | 空　港 | 道　路 |
|---|---|---|---|
| 費用項目 | ・営業費<br>　（運営費と維持修繕費）<br>・建設費<br>・用地関係費<br>・維持改良費<br>・再投資費 | ・営業費<br>　（運営費と維持修繕費）<br>・建設費<br>・用地費（補償費を含む）<br>・維持改良費<br>・再投資費 | ・事業費<br>　（工事費，用地費，補償費）<br>・維持管理費 |
| 計測方法 | ・営業費は負の便益として扱う<br>・公租公課は消費税のみを費用から除外する． | ・営業費は負の便益として扱う<br>・公租公課は消費税のみを費用から除外する．<br>・環境対策費は施設供用前は費用に，供用後は負の便益に計上する． | ・工事費には建設中の利息は含めない．<br>・用地費は供用期間後の残存価値を用地費から控除して計上する．<br>・公租公課は消費税のみを費用から除外する． |
| 非償却資産・償却資産の扱い | ・用地等非償却資産<br>　評価期間末に便益として計上<br>・償却資産<br>　残存価値を10％として，評価期間末に便益に計上 | | ・用地等非償却資産<br>　現在価値化した額を費用から控除<br>・償却資産<br>　存在しない |

用をマイナスの便益ととらえるか否かは，評価基準として費用便益比率法を用いる場合に，優先順位に影響を及ぼす．

残存価値の扱い方も，鉄道および空港と道路では異なっている．用地費など非償却資産の残存価値は，鉄道と空港では評価期間最終年に便益として計上されるのに対して，道路では費用からあらかじめ現在価値化した残存価値を差し引き，費用項目のなかにとどめる取り扱いを行う．この差異も，費用便益比率法を用いる場合には優先順位に影響を及ぼす．

また，償却資産については，鉄道と空港ではスクラップ価値を取得価格の10％とする定額法で残存価値を計算し，評価期間末に便益として計上するが，道路では原則として償却資産は発生しないものと仮定している．

### (4) 評価基準

いずれの分野においても，事業評価の基準として，費用便益比率法，純現在価値法および内部収益率法を挙げる．各基準において事業が採択されるための必要条件は，費用便益比率が1を，純現在価値が0を，内部収益率が社会的割引率を上回る必要がある．ただし，上述したように，費用便益比率法を用いる場合には，分子である便益と分母である費用の定義が鉄道および空港と道路とでは異なっている．

### (5) 感度分析

各採択基準を満たす結果が出たとしても，評価が将来予測に基づいている以上，事業環境が変化した場合には，採択基準を下回る可能性がある．そこで，

**表6.4** マニュアルにみる感度分析の想定

| 項目 | 鉄 道 | 空 港 | 道 路 |
|---|---|---|---|
| 社会的割引率 | 6％（基本値は4％） | 6％（基本値は4％） | とくに規定なし（基本値は4％） |
| 総需要 | 総交通量予測の0.9倍 | 需要予測の前提条件を変化させたケース | 総交通量もしくは対象道路交通量の0.9倍と1.1倍 |
| 建設期間 | 想定期間の1.1倍 | 想定期間＋2年（供用開始年を2年遅延） | 想定期間の1.2倍 |
| 総費用 | 総費用予測値の1.1倍 | 総費用予測値の1.1倍 | 総費用予測値の0.9倍と1.1倍 |

あらかじめ感度分析を行うことにより，事業環境の変化によって事業が有効性を失うことはないかを検証する必要がある．感度分析における想定は，分野ごとに差異がみられる（表 6.4 参照）．鉄道と空港では悲観的な想定のみを分析対象としているが，道路では楽観的な想定も含まれている．

## 6.3 費用便益分析マニュアルの問題点

### (1) 個別手法上の問題点

費用便益分析あるいは費用対効果分析を実施する際の最大の問題は，便益の二重計算を回避すると同時にいかに漏れを少なくするのかという点である．便益帰着構成表はこの問題を回避するのに便利である[4]．便益帰着構成表では，各列に関係主体が，各行に便益項目が列挙されており，縦方向にみれば主体ごとの純便益総額が，横方向にみれば発生した便益種類ごとの帰着が把握できる．そのため，この表をみると税金や補助金などの移転所得は主体間で相殺されてしまうことが容易にわかる．

道路マニュアルでは，この便益帰着構成表を前提として，便益および費用項目を定め計測を実施している．これに対し，鉄道および空港のマニュアルでは，この表が前提となっていることが明白ではない．しかも，便益を定性的に評価する際には効果の重複を許容する記述がみられる．この点を考慮すると，鉄道と空港のマニュアルでは，便益帰着構成表を明示化することによって，便益項目を整理すると同時に，便益の及ぶ関係主体を特定化することが望まれる．

評価の範囲については，供給者便益を考慮する際に空港管理者に限定している点で空港マニュアルに限界がある．エアラインやアクセス交通事業者は競争的であることを理由に供給者便益が生じない，ターミナル・ビル会社はテナントから得た賃貸料を地代などとして空港管理者に支払うから供給者便益は考慮しないとするとの説明（空港マニュアル，35 ページ）は明らかに強い前提条件の下でのみ成り立つ．競争的か否かは空港に乗り入れるエアライン，アクセス事業者の数に依存するし，ターミナル会社は事実上独占企業である．それゆえ，

---

[4] 便益帰着構成表については，森杉（1997）第 2 章や上田・高木ほか（1999）などを参照されたい．

他の空港や他の交通機関に及ぼす影響を検討する前に，当該空港の問題を精査するべきである．

　第2の問題として，時間短縮便益を求める際の時間価値原単位をどのように設定するかが挙げられる．この点に関しては，上述のように，道路マニュアルは詳細な設定を行っている．一方，鉄道および空港のマニュアルでは，ほぼ単一の時間価値原単位を用いている．鉄道や空港の利用者が観光客と通勤客・ビジネス客，地元客と遠距離旅客など，多様であることを考えれば，時間価値原単位の細分化を行うべきである．交通社会資本投資の第一義的目的は移動時間の短縮であり，総便益の90％程度を時間短縮便益が占めることを考えると，時間価値原単位のさらなる精査がなされるべきである．

### (2) 統合化・共通化に向けた問題点

　交通関係の社会資本投資の特徴として，交通機関間の補完性および競合性がしばしば発生することが挙げられる．たとえば，空港建設においては，滑走路だけが建設されるのではなく，ターミナル・ビルやアクセス道路およびアクセス鉄道も同時に整備されるし，路面電車が地下鉄化すれば，その便益は路面電車の利用者だけではなく道路利用者にも及ぶ．この点を考慮すると，事業評価は個別のマニュアルに基づいて実施されるのではなく，交通関係事業すべてに共通する統合マニュアルに基づいて実施されるべきである．同様のことは，1つの省庁内で代替的事業の投資優先順位を決定する際にも当てはまる．

　マニュアルを統合化するべきもう1つの理由として，複数の事業を個別に評価して合計すると，包括的評価よりもより大きい便益が計測されやすいことが挙げられる．これは，費用便益分析がピース・ミールな増分的プロジェクトを評価する手法であることに起因する．それゆえ，費用便益分析を交通プロジェクト群の統合評価に用いることは，費用便益分析の拡張として評価もされうるが，増分分析という分析手法の位置づけを逸脱することにもなる．それゆえ，統合評価を行う場合には，代替性および補完性に関する精査が必要である．

　分析対象を統合化するか否かについては慎重に検討しなければならないが，交通に関する評価マニュアルの分析手法を共通化することは必要である．以下では，手法共通化上の問題点を論じる．

第1に，分野によって評価対象および評価範囲が異なることが挙げられる．鉄道では「環境等改善便益」として道路混雑緩和や交通事故減少の効果を便益に計上する．それに対し，道路では鉄道の混雑緩和による便益を「特に顕著な場合を除き」分析の対象としていない．このような交通機関間での便益計上の非対称性は，分野間で便益の大きさに差をもたらすのみならず，他の分野における事業評価の価値をおとしめることにもつながりかねない．

第2に，分野間で評価期間あるいは残存価値評価法に差があることが挙げられる．評価期間の差は耐用年数の違いなど各分野固有の事情を反映した結果に基づいており，その限りにおいて合理的である．しかしながら，評価期間の差を所与として分析マニュアルを統合化あるいは共通化するためには，残存価値の算定方法を統一する必要がある．

第3に，上述のように，利用者便益の算定に用いられる時間価値原単位が分野間で異なっていることが挙げられる．時間価値原単位の違いは，便益項目でもっとも重要な利用者便益に影響を及ぼすため，代替的事業間での評価比較を困難にする．このため，統一的な時間価値原単位が確立される必要がある．

## 6.4 費用便益分析マニュアルの政治経済学

費用便益分析自体は，技術的手法であり，客観的なものである．一方，費用便益分析導入という公共政策は，納税者などの公共投資の費用負担者に利得を与え，「無駄な」公共投資の実施から利益を得てきた者に損失をもたらす．それゆえ，費用便益分析マニュアルの作成は政治経済学の分析対象となる．

分析手法として費用便益分析は客観的であるが，マニュアルは客観的ではない．なぜなら，便益や費用を計測するための原単位は，分析結果を左右するものであるが，常に客観的に算定されるわけではないからである．加えて，公共投資に利害関係をもつ者は，原単位や手法を操作するインセンティブをもつ．

また，6.1(2)項で述べたように，費用便益分析は意思決定プロセスの一部を担うにすぎないため，費用便益分析を歪めた形で意思決定プロセスのなかに位置づけようとする圧力も働く．

本節では，上述の鉄道マニュアル，空港マニュアルおよび道路マニュアルに加えて，道路マニュアル第2編(道路投資の評価に関する指針検討委員会編

[2000])の4つのマニュアルから読み取れる範囲内において，費用便益分析マニュアルの作成に対してどのようなバイアスがかかりうるかを検討する．

ニクソン米大統領が高率の社会的割引率の設定を指示したというような過小投資バイアスがかかるケースもあるが，一般には，公共投資を拡大しようとするバイアスがかかる．なぜなら，公共投資の効率化および縮小の利益は広く浅く納税者に生じるが，その費用は建設業界を中心に大きな影響をもたらす．一般に，公共投資の拡大は，政官建(政治家，官僚および建設業界)に利益をもたらす．それゆえ，政治プロセスにおいては，公共投資の過大投資バイアスがかかる．そのことは，マニュアル作成においても当てはまる．以下では，上述の4つのマニュアルにみられる過大投資バイアスを概観する．

### (1) 時間価値原単位の設定

交通社会資本投資の主な便益が移動時間短縮にあることを考えると，時間価値原単位の設定はプロジェクトの便益総額を左右する．それゆえ，公共投資を拡大したい主体は，より大きな時間価値原単位を採用するバイアスをもつ．

まず，所得接近法によって導出された時間価値原単位は，短くとも半時間以上の節約単位においてのみ適切であり，5分や10分程度の細切れ時間では過大評価となる．細切れ短縮時間の価値原単位は，所得接近法によるそれの2分の1から3分の1とされている．それゆえ，4つのマニュアルでは，過大評価バイアスをもっている．

第2に，全国一律の時間価値原単位を用いることは，地方部を相対的に都市部に比べて優遇するバイアスをもつ．総予算を一定とすると，用地費の比率が高い都市部のプロジェクトと比較して，地方部のそれは建設業界にとってより好ましい．このため，地方部のプロジェクトを優遇しようとするバイアスが働くが，全国一律時間価値原単位の採用もその一例である．なぜなら，都道府県ごとの所得や労働時間のデータは容易に入手されるのにもかかわらず，それが実行されていないのは特定の意図があったと考えられるからである．

第3に，将来に向けて時間価値原単位が上昇していくとしても，理論的には評価時点(基準年)の時間価値原単位を用いなければならない．4つのマニュアルともにこの原則を守ってはいるが，時間の経過に従って原単位を修正するこ

と，つまり増価させることを許容する表現もみられる（空港マニュアル26-27ページ）．時間を通じた相対価格の変化を分析に反映させることは，直観的には社会に受け入れられやすいようにみえるが，理論的には明らかに誤りである．時間価値原単位の時間を通じた増価は，過大評価バイアスの一種といえる．

### (2) 社会的割引率の設定

社会的割引率は，理論的にはともかく，実践的には恣意的に決定されざるをえない．すべてのマニュアルにおいて，4％の社会的割引率を設定しており，運輸省および建設省もその指針において4％の使用を推奨している．この4％の根拠として国債の市場利子率の動向が提示されている．

市場利子率を社会的割引率とした場合には，過大設定バイアスと過小設定バイアスの両者が生じる．過大設定バイアスは，市場利子率が将来の期待物価上昇率を反映していることから生じる．しかしながら，この過大設定バイアスは実質市場利子率を推定することによって回避される．

過小設定バイアスの源泉は便益と収益の差から生じる．市場利子率は，金融市場において取引される資金が生み出すことのできる期待収益を反映しているのであって，その資金が生み出す社会的便益（収益＋消費者余剰）を反映しているわけではない．つまり，私的財においても消費者余剰が生じているが，私的財では生産者余剰のみに基づいて生産が決定されるのであり，資金調達も生産者余剰，つまり収益の観点からのみ考慮される．それゆえ，実質市場利子率は，社会的割引率の下限を示すにすぎない．

社会的割引率を過大に評価することは，将来世代の便益に対してより低いウエイトをつけることを意味する．その場合には，より近い将来に大きな便益を生み出すプロジェクトがそうでないプロジェクトよりも有利になる．それゆえ，社会的割引率の設定は，プロジェクト間の優先順位の設定に影響を与える．しかし，このこと自体は，政治的バイアスとはいえない．

社会的割引率に関連する政治的バイアスは，より低い社会的割引率を設定することによって採択プロジェクトを拡大し，より非効率な公共投資を実施しようとすることである．建設業界を中心として，しばしば4％よりも低い社会的割引率を，極端には0％を，設定すべきであると主張されるが，これが社会的

割引率をめぐる政治的バイアスである．諸外国の例をみる限り，低経済成長であっても6％を下回る社会的割引率の設定には慎重になるべきである．

### (3) 絶対基準としての費用便益分析の採用

稀少な公的資金を効率的に利用するためには，たとえば，費用便益比率が高いプロジェクトから順に実施するというように，費用便益分析を類似した公共プロジェクトへの優先順位付与のための相対基準として用いなければならない．つまり，費用便益分析は，プロジェクトを採択するか否かを決定する絶対基準として用いてはならないのである．

費用便益比率が1以上であるという条件は，採択のための必要条件であって，十分条件ではない．費用便益分析マニュアルが整備され，実際の分析が開始されたが，相対基準として用いなければならないことが徹底されておらず，それゆえ必要条件を越さなければならないハードル(絶対基準)のように扱う傾向がみられる．絶対基準として扱うために，時間価値の過大評価や社会的割引率の過小設定がなされるのである．

### (4) 修正費用便益分析

修正費用便益分析は，道路マニュアルの第2編に提示されている手法であるが，公共プロジェクトの便益に関して地域間ウエイトを付与するものである[5]．経済理論からみると，これは「修正」費用便益分析ではなく，「改悪」費用便益分析である．なぜなら，費用便益分析の本来の目的である効率性の視点からの公共投資プロジェクトの優先順位の付与を放棄し，公平性の視点を混入させるものであるからである．

修正費用便益分析の理論的基礎は，バーグソン・サミュエルソン型社会的厚生関数にあるとされるため，経済学的基礎をもつもののように思われる．しかしながら，社会的厚生関数は社会的厚生の最大化問題を分析するための理論的道具であり，具体的な公共投資の評価に用いるべきものではない．

---

[5) 修正費用便益分析の理論と問題点については，上田・長谷川ほか(1999)，太田(2000)を参照されたい．

また，道路マニュアルの第2編における修正費用便益分析は，絶対基準として用いることが暗黙的に想定されており，過大投資を誘発するバイアスを有している[6]．

### (5) 情報公開の徹底と費用便益分析の適切な位置づけ

費用便益分析は，公共投資プロジェクトの効率性分析であり，それのみによって公共投資の優先順位が決定されるわけではない．しかしながら，費用便益分析によって導出された優先順位は，効率性基準による優先順位として，尊重されなければならない．公平性の観点などからの優先順位の変更は許容されなければならないが，順位の変更には相応の理由が必要である．費用便益分析による優先順位が政治プロセスによって変更されたとすると，その費用(政治プロセスによる効率上の損失)は実施された費用便益分析から算定可能である．

公共投資に対する国民の批判は，非効率な投資がなされているという事実に加えて，そのような投資決定を行うことの責任の所在が不明確であることにある．理想的には，費用便益分析の導入は，投資決定における責任の所在を明らかにし，政治プロセスにおける関係者の役割を明示することになる．もし費用便益分析による優先順位が公表され，その順位を覆す主体とその根拠が明らかにされれば，公共投資決定プロセスは透明化される．

本章で取り上げた費用便益分析マニュアルの作成においてもその責任は不明確である．空港および鉄道のマニュアルは運輸省の関連部局が監修しているとはいえ，財団法人が発行している以上，政府の公式なものとはいえない．道路マニュアルにいたっては，建設省はその役割すら明示していない．つまり，公共投資の意思決定を左右する評価マニュアルについて行政の責任が明示されていないのである．

国民全体の利益に資する公共投資であり，その財源が税金である以上，便益および費用の帰着，意思決定プロセス，意思決定者の権限と責任が明らかにされなければならない．費用便益分析導入の目的は，単に公共投資の効率化にあ

---

6) 道路マニュアルの第2編の作成においては，第1編とは異なり，経済学者は主要な役割を果たしていない．第2編の草稿を準備した小委員会の学識メンバーは工学系学者のみである．

るのではなく,公共投資に関する意思決定システム全体の透明化および民主的合理化にあるのである.

**参考文献**

道路投資の評価に関する指針検討委員会編(1999)『道路投資の評価に関する指針(案)』第2版,財団法人日本総合研究所.

道路投資の評価に関する指針検討委員会編(2000)『道路投資の評価に関する指針(案)——第2編総合評価』財団法人日本総合研究所.

本多均・加藤浩徳(2000)「空港整備の社会経済的評価——費用対効果分析」『ていくおふ』第89号,10-14ページ.

本多均・加藤浩徳・金相奉・金本良嗣(2000)「空港整備事業の費用対効果分析」『運輸政策研究』第3巻第1号,23-33ページ.

岩倉成志・家田仁(1999)「鉄道プロジェクトの費用対効果分析——実用化の系譜と課題」『運輸政策研究』第1巻第3号,2-13ページ.

金本良嗣(2000)「政策評価と『空港』政策」『ていくおふ』第89号,2-9ページ.

建設省(1998)『社会資本整備に係る費用対効果分析に関する統一的運用指針(案)』建設省.

森杉壽芳(1997)『社会資本整備の便益評価——一般均衡理論によるアプローチ』勁草書房.

太田和博(1992)「投資理論と投資政策」藤井彌太郎・中条潮編著『現代交通政策』東京大学出版会,第6章,101-115ページ.

太田和博(2000)「修正費用便益分析の適用対象」『土木計画学研究・講演集』第23巻第1号,87-90ページ.

奥平聖(1999)「道路投資の費用対効果分析」『運輸政策研究』第1巻第3号,47-53ページ.

上田孝行・長谷川専・森杉壽芳・吉田哲生(1999)「地域修正係数を導入した費用便益分析」『土木計画学研究・論文集』第16号,139-144ページ.

上田孝行・高木朗義・森杉壽芳・小池淳司(1999)「便益帰着構成表アプローチの現状と発展方向について」『運輸政策研究』第2巻第2号,2-12ページ.

運輸省(1999)『運輸関係公共事業の総合的・体系的評価に関する調査報告書』運輸省.

運輸省航空局監修(1999)『空港整備事業の費用対効果分析マニュアル1999』運輸政策研究機構.

運輸省鉄道局監修(1999)『鉄道プロジェクトの費用対効果分析——マニュアル99』運輸政策研究機構.

山谷清志(1997)『政策評価の理論とその展開——政府のアカウンタビリティ』晃洋書房.

# 第II部
## 成熟経済下の道路政策

# 第7章
## 道路投資のマクロ効率性
## ──道路整備五箇年計画を対象として

**要約**

　交通社会資本サービスへの公平性の要求がある一方で，公共投資としての交通投資には効率性の発揮が要求される．交通社会資本の効率性には各種の検討が必要とされるが，経済効果の計測論に焦点を絞り検討する．交通投資の経済効果は需要創出効果(フロー効果)と生産力拡大効果とに分けられる．さらに，後者に関しては，投資による輸送コストの低下(価格効果)だけでなく，交通資本ストックの増加による効果(ストック効果)を加味しなければ過小評価になる．

　具体的な検討対象として，交通社会資本のうち，道路を取り上げる．わが国では，1973年度に始まる第7次道路整備五箇年計画以降，マクロ経済モデルと地域経済計量モデルを用いてその経済効果が計測されてきた．これらの経済効果計測モデルは徐々に改良され，新道路整備五箇年計画(1998～2002年度)では，FORMATION(Forecasting Model for Nationwide Effects of Road Improvement Investment)が開発され，同計画の効果が計測された．それによると，1997年価格において，フロー効果130兆円強，ストック効果は73兆円弱であった．また，それぞれの便益/費用比は2.296と1.286となり，両者をあわせた総体効果の便益/費用比は3.580であり，新道路整備五箇年計画が費用便益テストにパスしていることが確認された．

　開発されてきた経済効果評価モデルに関して，評価項目の設定，社会的割引率の設定および便益/費用比の解釈などについて課題が残っている．

## 7.1 交通投資の経済効果計測の方法

　昨今，公共投資としての交通投資への批判は強い．交通社会資本サービスを全国どこにいても享受したいという意味での公平性の要求[1]がある一方，不採算プロジェクトの採択は国民負担を増大させることから，投資の効率化が強く叫ばれるようになっている．角本(1999)が主張するように，交通投資の不良債権化は避けなければならない．かつての公社国鉄の倒産の教訓を活用すべきであるとの視点からの主張であり，これを代表例として数年来このような声がとりわけ大きくなっているのは周知のとおりである．

　近年，イギリスをはじめとして社会資本整備の分野にも BOT(Build, Operate, Transfer)，PFI(Private Finance Initiative)といった民間活力の活用事例が少なからずみられるようになってはいるが，本来民間の利潤動機では対応しえないケースが社会資本整備の特徴でもある．だからといって効率性を等閑視することが許される理由にはならない．効率性の悪いプロジェクトを採択し，赤字を累積させるよりは減税した方がよいとする議論(たとえば金本[1999])は当然に起こりうるものである．その際，公平性の要求にいかに対処すべきかの問題が提起されるのも確かである．

　交通投資に限らず，通常，投資を論じる際には，Dupuit ＝ Hotelling 命題に従わない限り，その最適化は価格形成に規定されることに留意しなければならない．しかし，もっぱら使用上の効率性の観点から価格形成が行われえないことの多い交通社会資本の場合には，その初期費用，維持・管理費用，経済効果の計測等を通して投資自体の効率性が判断されるのが一般的である．実際問題として一例を求めてみれば，ドイツでは旧西ドイツ時代から一定規模以上の公共プロジェクトについては効率性分析が義務付けられてきたし，またわが国でも遅ればせながら1990年代の後半より交通プロジェクトに対しても，費用対効果分析が要求されるようになっているのである[2]．

---

1) たとえば，高速道路のインターチェンジへのアクセスを全国どの地点からも2時間以内とした7600km，1時間以内とした1万4000kmのネットワーク構想は，この要求に応えるものである．

## (1) 需要創出効果と生産力拡大効果

交通投資の経済効果は，Hirschman(1958)の後方連鎖効果(backward linkage effects)，前方連鎖効果(forward linkage effects)の分類に従うと，前者に対応する需要創出効果，後者に対応する生産力拡大効果に分けられる．需要創出効果は投資の種類に依存せず，短期的なものであるのに対し，生産力拡大効果は投資の種類に依存し，長期的なものである．したがって，交通投資の本質的効果を論じる場合には，生産力拡大効果が問われなければならない．

生産力拡大効果のとらえ方として，投資の結果としてもたらされる輸送コストの低下による効果のみに着目した場合と，交通資本ストック増加による効果を加味した場合に対応した2つの方法がある．輸送コスト低下の場合には消費者余剰の増分だけでその効果が把握できるため原理的にも簡単であり，需要曲線の推計がなされれば，比較的容易に計測は行われうる．しかし，交通投資はその資本ストックを増加させるため，それに伴って，需要曲線が上方シフトするととらえる方が一般的である．この場合，交通資本ストックが増加し，輸送コストが低下する効用水準の増加分を補償的変差(CV：Compensating Variation)で計測することによって，対応することができる．補償的変差を用いることによってストック効果，価格効果および相乗効果が把握できる．

しかしながら，現実には補償需要関数は観察不能であるため，実証分析を行う場合には補償需要関数を普通需要関数で代替させるという便宜的手段をとらざるをえない．具体的には，普通需要関数を，道路旅客輸送サービスの価格(円/人km)，道路資本ストックおよび家計所得を説明変数とする対数線型で2つのタイプに特定化した，1976～1985年度時系列データで計測した結果によれば，1977～1985年度の9年間の累計で価格効果，ストック効果および相乗効果は特定化1ではそれぞれ4兆9300億円，50兆110億円および9410億円となり，特定化2では5兆600億円，51兆9800億円および1兆630億円と(いずれも1980年度価格)なり，ストック効果が圧倒的に大きいことが示され

---

2) 1996年12月の行政改革委員会により提出，閣議決定された「行政改革の在り方に関する基準」および1997年12月の国が行うすべての新規公共事業に対する総理大臣の指示等によって，費用対効果分析の義務化が進められた．

ている(佐々木[1989]).

また,常磐自動車道をケースに,km当たり実質走行コスト,平均時間距離,実質所得および道路密度(自動車保有台数/道路総延長km)を説明変数とし,1981〜1987年度時系列データにより普通需要関数を特定化した古森(1989)の実証分析によれば,価格効果は年間約1億360万円,ストック効果は年間約2億2000万円となり,後者が約2倍となることが示されている.これらの分析結果からも,走行コストの低下による効果だけの把握では道路投資の効果を過小推計することになるといえる.

### (2) 生産力拡大効果計測をめぐる理論展開

わが国では交通投資の経済効果の計測を,Mohringの定義に従った直接効果,間接効果の二分法で行ってきたし,現在でもほとんどのケースがこの方法によっている.その際,直接効果の大半が間接効果に転移する[3]ことから,二重計算に留意しなければならない.

Kanemoto and Mera(1985)はいわゆる間接効果計測不要論を提示した.金本=目良論文は,大規模交通投資の効果を一般均衡体系のなかでとらえると,当該効果はMarshall = Dupuit流の消費者余剰概念で計測しうるということを示した画期的研究成果である[4].ただし,その際,適切に定義された交通需要曲線(a suitable defined transportation demand curve)の計測が前提とされるため,その計測可能性をめぐる実践上の問題が残されている.

近年の研究動向として,交通投資の経済効果の計測方法に関して「余剰概念による計測」vs.「GDPでの計測」の議論が展開されており,双方より各種の見解が出されている.前者では,①実際に開発されている地域計量経済モデルがKeynes型であることに伴い,便益が過大推計される傾向にある,②地域計量経済モデルはデータ制約から時系列データに依存するため,サンプルに含ま

---

[3] ただし,たとえばバイパス建設による代替的な既存道路の混雑緩和効果は,直接効果とは独立に存在する間接効果であることに注意しなければならない.
[4] 金本=目良命題は一般均衡モデルであるため難解である.これを2地域2財交換均衡モデルに簡略化した坂下(1989)によれば,同命題の本質は比較的容易に理解可能となる.

れる情報量が少なく誤差が大きい等の問題点が指摘されている．

一方，後者では，①基礎データの制約から輸送需要曲線の推計は困難（目的別，OD（起終点）別推定が前提とされるが，通常その計測は困難）であり，よりポピュラーな指標としてのGDPで行った方がよい，②外部性があるため，直接効果だけでは計測が不十分であるとの主張がなされている．さらに，余剰概念派のGDP派への懸念に対して，地域計量経済モデルの分析での政策シミュレーションでも当然のことながらファイナル・テストのパスが前提とされていることから，大きな誤差は回避しうるとの反論もGDP派から寄せられている．とはいえ，道路整備による効用の変化分とGDPの変化分は一致しないことが指摘されており，この点への具体的対応策が問われるところである．

金本＝目良命題の理論的説得性にもかかわらず，伝統的二分法に依拠するGDPの増分による効果測定が多用されていることは，少なくとも現在までの段階ではこの方法がポピュラーで，現実的であるとの判断によるものといえる．

## 7.2 道路整備五箇年計画の効果測定方法の変遷

わが国において交通投資の経済効果の計測にシステム・モデルが本格的に用いられたのは，1973年度に始まる第7次道路整備画五箇年計画以降のことである[5]．その後，各道路整備五箇年計画において，経済モデルの構築には最新の経済理論の導入が実際に試みられており，手法上でも種々の改善が図られている．このようにして，中・長期計画に，理論に裏付けられた実証分析に基づく判断材料が用意されることとなった．モデル分析による結果の説明力について議論の余地があるとしても，投資決定に際し，「仮説→モデル構築→検証」という経済学の演繹体系に準拠した方法論（論理実証主義）による検討が可能となっていることからすれば，その意義は大きいといえる．

第7次道路整備五箇年計画（1973〜1977年度）では，ハーバード・グループが開発したMETS（Macro Economic Transport Simulator）モデル（Meyer *et al*.

---

[5] 経済モデルを用いたこれら一連の研究は建設省道路局の委託を受け，（財）計量計画研究所において坂下昇教授，佐々木公明教授，国久荘太郎理事を中心とするプロジェクト・チームにより進められてきている．

[1971]参照)をベースに，これに改良を加えた Global METS Model(略称 GMM)が用いられた．GMM が先行事例として検討対象にした METS モデルはこの種の研究分野では嚆矢のものである．METS モデルの基本構造はマクロ経済モデルと交通モデルの接続型である．同モデルでのマクロ経済モデルは Keynes 型の有効需要決定原理と産業連関分析を併用したものであるため，短期モデルである．METS モデルを種々の面から検討した結果，①各地域の供給量と需要量が互いに独立に決定されている，②交通投資の供給効果が十分にとらえられない，③可処分所得が生産所得から一義的に決定されている，④ time-lag のとり方が画一的である，との基本的な問題点が指摘され，これらを克服すべく GMM が構築された．

続く第 8 次道路整備五箇年計画(1978〜1982 年度)では Spatial Econometric Model for Japan: Transportation, Social Capital and Interregional Linkage(略称 SPAMETRI)が，第 9 次道路整備五箇年計画(1983〜1987 年度)では改訂版の A Consolidated Model in Evaluation of Transport Investment Projects(略称改訂 COMETRIP)が開発され，適用された．第 10 次道路整備五箇年計画(1988〜1992 年度)では，画期的ともいえる価格内生化モデルである Interregional Econometric Model for the 10th Five-Year Road Investment Program(略称 IRENE)が構築され，政策シミュレーションが試みられた．

SPAMETRI，改訂 COMETRIP および IRENE は地域計量経済モデルであり，地域区分を 8〜9 地域，産業区分を 1〜3 部門とする膨大な規模のものである．とりわけ IRENE はコア・モデルに trans-log 型費用関数を用いることにより価格を内生化していることから，道路整備による輸送コストの低下が技術選択，需要行動等に及ぼす影響を価格の変化を通じて追跡できる構造になっているため，必然的にモデル規模はきわめて大きくならざるをえない．それだけに理論的な説明力には優れているものの，実証分析を行ううえでの操作性に難があることは否定できない．

モデル規模に関する具体的問題点を挙げてみると，まず，あらかじめ細部にわたる道路ネットワーク計画を想定したうえで，道路による近接性(アクセシビリティー：Accessibility)を計算することが前提とされ，そのこと自体に膨大な作業量を伴うこと，さらに政策シミュレーションを行うにあたっても長時間

を要すること等の技術上の問題点が内包されている．また，地域計量経済モデルに特有の問題として，地域別データの利用可能性の関係上，ある意味では論理構成に反して外生変数の扱いに制約が避けられない点が指摘されている．

この問題点に対応するために，第 11 次道路整備五箇年計画(1993〜1997 年度)では，操作性に留意し，フロー効果，ストック効果および相乗効果を計測できるという従来のモデルの特徴をも継承することを意図した Evaluation Model for Road Construction with Incorporating the Accessibility Effect(略称 EMACC)が構築され，同モデルによる効果測定が行われた．全国マクロモデルの活用を主眼としているため，道路ネットワーク計画自体もマクロ的なものでよく，経済効果も全国レベルで比較的容易に計測できることを旨としている点に特色がみられる．1998 年 5 月に閣議決定された新道路整備五箇年計画[6]では EMACC を基本としつつ，近年の経済動向を反映しうることをも組み込んだモデルである Forecasting Model for Nationwide Effects of Road Improvement Investment(略称 FORMATION)が開発され，同モデルによる分析が進められた．

## 7.3 FORMATION──新道路整備五箇年計画の効果測定モデル

本節では，最新の成果である FORMATION を中心とした若干の考察を試みることとする[7]．

一般にマクロ経済モデルは国民経済の活動水準の決定を目的として，支出，分配および生産の 3 つの側面に相互依存しながらこれを描出するという形で構築される．この目的のために各種のタイプのマクロ経済モデルが開発されているが，それらの多くは価格を内生化しておらず，すべてが実物タームで表現されている．そこではすべての価格変数が固定されているため，実質 GDP，実

---

[6] 1998 年を初年度とする「新道路整備五箇年計画」は，1954 年から始まった第 1 次道路整備五箇年計画から数えて「第 12 次」計画となる．しかしながら，正式名称は「第 12 次」を冠していない「新道路整備五箇年計画」であるため，ここでの表記もそれに従った．

[7] 7.3 節と 7.4 節の論述は，筆者も参画の機会を得た研究プロジェクトの成果である建設省道路局・計量計画研究所(1998)に，その多くを負っている．研究メンバー諸氏に深く感謝したい．

質国民所得,雇用レベル等実物変数だけで表現されており,長期モデルとして機能することは期待されにくい.

交通投資により,供給サイドでは潜在生産力拡大がもたらされ,需要サイドでは立地条件の向上等により民間設備投資の増加がもたらされる.これらの効果を判断するうえで,両効果の総合化,より具体的にいえば双方を比較検討し,小さい方で決定するという手法がとられることが多い.

交通投資の経済効果をマクロ経済モデルで計測する場合,地域計量経済モデルに比較して,①膨大なモデル規模を必要としない,②精度の高い交通ネットワークの設定を必要としない,③相対的に外生変数の制約を受けることが少ない,という利点が活用できる.上述したように,地域計量経済モデルでは,たとえば最終需要の細項目,輸出,輸入,為替レート等のデータが地域別に得られないため,これらをはずさざるをえないという制約を受ける.これと比較して,マクロ経済モデルは実用的ではあるが,理論的には精緻化が図られにくいという問題点が指摘されることにも留意しておかなければならない.

FORMATION での全国マクロモデルは,5つのブロックに分けられる.それらは,道路交通ブロック,需要ブロック,供給ブロック,税収ブロックおよび実現生産・所得ブロックである.このうち,フロー効果とストック効果を計測するために用いられる需要ブロックおよび供給ブロックの主要項目について,その説明変数と背景にある考え方等について示しておこう.

需要ブロックでは国内総需要(国内総支出)の定義式が,民間最終消費支出,政府最終消費支出,民間設備投資,民間住宅投資,公的総固定資本形成,在庫投資および輸出,輸入で与えられる.ここでの1つの特徴として,民間最終消費支出は交通通信・レクリエーションに関するものとそれ以外に分け,その和をとることとしている.前者は道路の利用しやすさを示す道路アクセシビリティーと家計所得で,後者は家計所得のみで説明される.家計所得は要素価格ベースに変換された国民総生産の関数として示される.政府最終消費支出は短期的には外生変数として取り扱うのが一般的であるが,長期的には所得の向上とともに,公共サービスの需要も増加すると想定して妥当であることからここでは内生化し,国民総生産と1期前の政府最終消費支出で求める.

民間設備投資は近年の動向を反映させるという目的から製造業とその他業種

に分け，前者は円高による国内産業の空洞化を考慮するため為替レートを取り込み，これと道路アクセシビリティー，製造業の民間企業資本ストック(1期前)および国民総生産(1期前)で求め，後者は道路アクセシビリティー，その他業種の民間企業資本ストック(1期前)および国民総生産(1期前)で求める．双方の説明変数となっている道路アクセシビリティーは立地条件の代理マクロ指標となるものである．民間住宅投資は家計所得と1期前の民間住宅資本ストックで決定される．

輸出は，為替レート，国内要因としての国内最終需要，国内総生産および国外要因としての世界貿易量によって決定される．また，輸入は，為替レート，国内最終需要および慣習要因としての1期前の輸入で決定される．なお，公的総固定資本形成と在庫投資は外生変数として扱う．

ここでこの種のモデルに特有なものとして導入される道路アクセシビリティーについて本モデルにおける扱いを簡単に触れておこう．基本的には道路交通ブロックで用いられる道路アクセシビリティーは高速道路と一般道路に分け，各県人口と各県高速道路(一般道路)実延長を掛け合わせたものの集計値を，各県人口の集計値，したがって全国人口で除す．すなわち道路延長を人口で重み付けする形で求められる．道路交通ブロックではこの道路アクセシビリティーと国民総生産によって高速道路交通量および一般道路交通量が決定される．

供給ブロックでは従業者数と潜在生産力が決定される．従業者数は国民総生産と1期前の従業者数で説明される．本マクロ経済モデルの重要な決定要因となる潜在生産力は，労働時間，従業者数，稼働率，民間企業資本ストック(1期前)および道路資本ストック(1期前，ただし上述のように人口で重み付けを行った高速道路と一般道路双方の資本ストックを導入)で説明される．本来，潜在生産力は従業者数と民間企業資本ストックで決定されるものであるが，ここでは本モデル構築の目的から，道路資本ストックという道路交通関連の説明変数が導入されている．労働時間はその短縮が将来の課題となっていることを勘案し，たとえば，これからの進展が期待されるITS対応の道路整備が労働をどこまで代替しうるかを把握する目的で組み込まれている．

なお，実現生産・所得ブロックでは，国内総生産が需要面を反映する国内総支出と供給面を反映する潜在生産力で決定されるとする．税収ブロックでは，

自動車関係税(道路特定財源としての揮発油税,地方道路税,石油ガス税および軽油引取税),国税・地方税(個人,法人,その他の諸税)が取り上げられている.なお,自動車関係税収は設定された需要関数から算出される消費量に税率を乗じることによって導出される.

モデルの特定化は基本的には線型,対数線型,および説明変数間では場合に応じて線型凸結合等各種のものを用意し,最終的には構造推定結果のよいものが採用されている.パラメータの推計は最小自乗法,適合度はt値,$R^2$値,MAPE(Mean Absolute Percentage Error)[8]で判断されている.

## 7.4　FORMATIONによる政策シミュレーション

構造推定,ファイナル・テストを経たうえで政策シミュレーションを行うにあたっては,4つのケースを想定する.ケース0(基本ケース)は道路投資を行わず,したがって道路整備の効果も新道路整備五箇年実施前の状況にとどまる,すなわち1997年度値に固定するものである.ケース1は道路投資は行わないものの,道路整備の効果は生じる,ケース2は道路投資は行うけれども,道路整備の効果は得られない(1997年度値に固定)というもので,現実にはありえない架空の状況の想定である(counter-factual simulation).ケース3は道路投資を行い,したがって道路整備の効果も生じるといった当然のケースである.ここで,ケース間の差をとることにより,

　　(ケース1)−(ケース0)＝ストック効果(生産力拡大効果)

　　(ケース2)−(ケース0)＝フロー効果(需要創出効果)

　　(ケース3)−(ケース0)

　　　　　　　＝総体効果(生産力拡大効果＋需要創出効果＋相乗効果)

が求められる.

新道路整備五箇年計画を検討するにあたり,投資期間は計画期間である1998年度から2002年度までの5年間,シミュレーション期間は1998年度から2007年度までの10年間とする.シミュレーション期間についていえば,実

---

[8]　MAPEは実績値と推定値の観測期間中の平均誤差率の絶対値をパーセントで示すものである.

際には 2008 年度以降も経済効果の発生は継続するものの，計測上の不確実性を回避するため 10 年間に限定する (truncated analysis)．

　モデルの外生変数の扱いは以下のとおりである．高速道路 (高速自動車国道，本州四国連絡道路，地域高規格道路および都市高速道路) 延長は，実延長の伸びを年次別，都道府県別データに整理したうえで，これに平均車線数 (新道路整備五箇年計画期間中に整備されるものは現況よりも少ないと想定) を考慮し (実延長の伸び×0.628)，前年次の延長を加える．2003 年度以降は 2000 年度の値に固定する．一般道路 (地域高規格道路と都市高速道路を除く一般国道および都道府県道) は，年次別全国一般道路の実延長の伸びを都道府県データに分解し，これに前年次の延長を加える．2003 年度以降の扱いは高速道路と同じである．

　道路投資額は新道路整備五箇年計画の総事業費から用地補償費を除外する (1997 年度価格で 56 兆 8170 億円)．道路以外の公的資本形成は，1997 年度は第 11 次道路整備五箇年計画で用いた値，1998 年度は対前年伸び率で，1999 年度以降は 1998 年度値に固定する．政府最終消費支出は，1997 年度は第 11 次道路整備五箇年計画の値，1998 年度から 2003 年度は 1997 年度値に固定，2004 年度以降は内生変数として扱う．

　在庫投資および為替レートは不確定要因が多く将来予測がほとんど不可能に近いため，それぞれ 1995 年度値および 1996 年度値で固定する．世界貿易量および総実労働時間も同様に将来予測が困難なため，それぞれ 1985 年度から 1994 年度，1985 年度から 1995 年度の対前年伸び率で算出する．なお，総労働時間に関しては年間労働時間が 1800 時間に達するため，2000 年度以降は固定する．稼働率もまた将来予測が不可能なため，バブル崩壊前の 1989 年度から 1991 年度の平均値で固定する．

　シミュレーション結果として，計画期間終了後の 2003 年度には時間便益約 7.5 兆円，走行便益約 0.5 兆円となり，計約 8 兆円の利用者便益が生じるとされている (1997 年度価格，以下同じ)．さらに費用対効果を考察するにあたり，シミュレーション対象期間の経済効果の総額を投資総額 (デフレータは土木工事費道路総合デフレータを使用) で除することにより，便益/費用比が求められる．分子に用いるフロー効果は 130 兆 4370 億円，ストック効果は 72 兆 9820

億円と前者の方が大きく計測されているが，これは限定されたシミュレーション期間の問題が作用しており，最終的には7.1節で述べたようにストック効果の方が大きくなることは十分に想定できる．

これらの値による便益/費用比はフロー効果の場合は2.296，ストック効果の場合は1.286と算出された．フロー効果は若干遅れて出現することが計測されているが，これには製造業のシェアの低下，電力産業を除くサービス産業のシェアの向上といった産業構造の変化，国際化の進展により産業の空洞化を背景とした輸入増といった要因が考えられる．ストック効果も遅れて出現することとなるが，これには経済成長の低下，空洞化を含む産業構造の変化が考えられる．フロー効果とストック効果を合わせた総体効果は203兆4190億円，便益/費用比は3.580となっており，これは便益/費用テストを十分パスする値である．

また，道路整備によりトラックの輸送コストが約6％節約され，これらがすべて価格低下につながるとした場合，2003年度の消費者物価は約0.5％低下する．税収拡大効果は限界税率に所得を乗じることによって得られ，10年間合計で40兆円から60兆円となる．また，雇用拡大効果としては年間約120万人が雇用されうることが示されている．雇用拡大効果は道路資本ストック，労働生産性の動向に作用されるため，将来時点に対しては過大評価になっている可能性がある．道路整備の内需拡大効果として，シミュレーション期間の10年間の累計で約4兆円の貿易黒字の減少が見込まれている．

## 7.5 交通投資の効率性をめぐって

前節まででは，全国道路整備計画の効果分析の概要を紹介したが，ここではそれを受けて，交通投資の効率性を論じる際の課題を整理しておく．

まず，マクロ経済効果を計測する経済モデルとして用いられるマクロ経済モデルの有用性と問題点を検討する．上述したように，マクロ経済モデルは地域計量経済モデルに比べ，実践性において優れている．しかし，「交通市場は部分市場である」との交通研究本来の視点から，全国マクロモデルがどこまで地域の事情を反映できるかという疑問が持たれる．この点からいえば，地域計量経済モデルで対応するべきであるという提案もありうるが，その場合には必然

的に大規模モデルとならざるをえない．また，このような手法に対してはすでに角本(1984)により，①大規模モデルは現実の不完全な模写にすぎない，②モデル作成に巨額を要し，モデルの管理が十分に行われない，③基礎データの作成に時間がかかりすぎ，現実を十分にフォローしにくい，との批判が浴びせられている．しかしながら，道路整備五箇年計画のような大掛かりなプロジェクトについては，この角本(1984)の批判を可能な限り克服する方向で，便益の帰着を明らかにする地域計量経済モデルの活用も考えられてよい．

とはいえ，マクロ経済モデルの実践性の意義も過小評価されてはならない．FORMATION の略称に内包されるような，文字どおり Nationwide のとらえ方をするうえでは利用価値が高い．上述のように，いかなる効果を把握したいのかについての分析目的に応じて，マクロ経済モデルで対処するのか，地域計量経済モデルを用いるのかが検討されるべきである．

次に，費用対効果分析の代表的なものである便益/費用分析の有効性に関する議論がある．欧米諸国に比べて評価システムが確立していなかったわが国に便益/費用分析が導入されたことは，便益と費用が説得力をもった形で計測されうることを前提にすれば[9]，その意義は大きい．便益の計測対象項目という点では，FORMATION でもその項目数は限られており，たとえば，国際的関心事となっている環境負荷といったマイナスの便益は考慮されていない．当該便益の計測上の方法論を含めて，今後の大きな課題とされるところである．

ただし，便益/費用分析のプロジェクト評価の手段そのものとしての位置付けは変わらない．その点では分析結果をプロジェクトに反映させる仕組みを用意することが必要である．このことは当該プロジェクトの年次進行上での再検討に対してのみに限らず，既存のプロジェクトの再評価についてもあてはまる．シミュレーションによる推計値と実績値の対比がすでに可能となっている過去のプロジェクトについて検証を行うことにより，便益/費用分析自体の有効性をチェックすることが必要である．

さらに，技術的な問題としての便益と費用の扱いが課題として挙げられる．異時点間の資源配分を論じる際の斉合性を保つ手段として，現在価値法が多く

---

9) 角本(1999)はこの前提に信頼性が置けないと批判している．

使われている．その際に問題となるのは割引率である．割引率として何を用いるべきかについては Pigou の昔から多々論じられているものの，現実にはプロジェクト期間を通して一定の値を用いるのが一般的である．将来時点の割引率を想定することが困難であることによるものであるが，理論的説得性が問われるところでもある．

また，便益/費用比の扱いであるが，本ケースではフロー効果の場合 2.296，ストック効果の場合では 1.286 であった．交通投資本来の効果である後者では便益/費用テストにはパスはしているものの，値が小さすぎるのではないかとの指摘もなされうる．ただし，ストック効果の値は，上述のようにシミュレーション期間が短いことによるものであるため，不確実性の問題が克服され長期のシミュレーションが可能となれば，数値は改善されうる．また，個別のプロジェクトに適用される便益/費用比とマクロ経済効果を分析する際のそれとを単純に比較することは誤った結論を導出する可能性がある．いずれにしても，分析自体の精度をより一層高めるための試みが引き続き要請される．

効率性分析には少なからざる課題が残ってはいるものの，適正な資源配分を達成するうえで，分析上の問題点を可能な限り克服することを前提に，プロジェクトの採択に際してその活用を積極的に行うべきである．

### 参考文献

Hirschman, A. O. (1958), *The Strategy for Economic Development*, Yale University Press, New Haven(小島清監訳・麻田四郎訳『経済発展の戦略』巌松堂出版，1961 年).

角本良平(1984)『交通研究の知識学――類型化への発展過程』白桃書房.

角本良平(1999)『常識の交通学――政策と学問の日本型思考打破』流通経済大学出版会.

Kanemoto, Y. and K. Mera (1985), "General Equilibrium Analysis of Large Transportation Improvements", *Regional Science and Urban Economics*, Vol. 15, No. 3, pp. 343-363.

金本良嗣(1999)「新しい評価システム」森地茂・屋井鉄雄編著『社会資本の未来』日本経済新聞社，第 13 章，262-283 ページ.

建設省道路局・計量計画研究所(1998)『道路投資の経済効果に関する研究』.

古森秋文(1989)「常磐自動車道の経済効果に関する分析」『道路交通経済』第 52 号，92-99 ページ.

Meyer, J. R., D. T. Kresge and P. O. Roberts (1971), *Techniques of Transport Planning,*

*Volume Two: Systems Analysis and Simulation Models*, Washington D.C., The Brookings Institution.

坂下昇(1989)「道路整備に関する新たな評価手法の検討」坂下昇・貝山道博・国久荘太郎・佐々木公明・田淵隆俊『大規模交通投資の一般均衡的評価の研究』日本交通政策研究会, 29-33 ページ.

佐々木公明(1989)「交通投資と消費者の厚生――直接的便益の評価手法」坂下昇・貝山道博・国久荘太郎・佐々木公明・田淵隆俊『大規模交通投資の一般均衡的評価手法の研究』日本交通政策研究会, 29-33 ページ.

杉山雅洋(2000)「交通投資の効率的側面の検討――新道路整備五箇年計画を中心に」『三田商学研究』第 43 巻第 3 号, 23-37 ページ.

# 第8章
## 環境制約と道路政策

**要約**

　近年における環境問題に対する人々の関心の高まりを背景として，道路交通政策においても環境問題への対応が注目されつつある．本章では環境制約を道路政策に課すときの重要な手段である環境税（とくに炭素税）と環境ロード・プライシングを取り上げ，それらの経済的合理性とともにその意義について述べ，さらに実際の政策実行上の課題について言及することを目的とする．

　環境税は経済学的にみると，外部不経済として発生する外部費用を内部化しようとする試みであるといえる．窒素酸化物やSPM（浮遊粒子状物質）などの局地的汚染物質については物理的規制である排出ガス規制が有効であるものの，二酸化炭素に対する課税である，いわゆる炭素税は道路環境政策上重要な役割を果たすと考えられる．とくに道路交通においては二酸化炭素の排出の多さが指摘されており，炭素税の賦課による道路交通需要の抑制は各国においても注目されている．ただし，炭素税は逆進的な性格をもつこと，経済成長を阻害することなどの問題点が指摘されており，これらの問題を解決するために炭素税による税収をどのように活用するかが今後の課題である．

　自動車に環境コストを支払わせるために課金する環境ロード・プライシングは，これまでの混雑中心のロード・プライシングに比べてその目的が異なるために，社会的に最適な道路交通量が混雑ロード・プライシングのそれと異なることになる．また，近年，ネットワーク上の道路で環境被害の少ない道路に需要を誘導する需要誘導型環境ロード・プライシングが提案されることがあるが，その料金格差は混雑に注目した場合と環境に注目した場合で異なる．さらに，道路利用者の戦略的行動に注意しつつ，弾力的な料金変更が必要である．

## 8.1 環境税とは何か

「環境税」は一般に経済的手法といわれる政策手段の1つである．その名前からもわかるように，環境を保全，改善することを目的として，課税という手段を用いて人々の行動に働きかけるものであるが，何をもって環境税というかについて，普遍的な合意は存在しないとされている．環境税について論じる場合には，課金の目的，課金対象など，それぞれの観点に応じて，そのつど定義が行われている．

環境税とは，たとえば，OECD(1997)によれば「環境への明確な具体的悪影響を及ぼすものの物理単位(もしくはその代わりとなるもの)がその課税対象となるもの」と定義されている．また，諸富(2000)では「(社会資本，自然資本，制度資本を含む)社会共通資本の維持管理手段である」と定義されている．

本節では，環境税の理論的な根拠から定義を行う．環境税の議論はミクロ経済学の理論を背景として論じられることが多い．環境の悪化は「外部不経済」であると理解され，それは「市場の失敗」の結果としてとらえられている．そしてこの場合，外部不経済の内部化が行われる必要があり，環境税はその手段の1つとなる[1]．

経済学的に望ましい状態とは，財の価格が社会的限界費用に等しく設定される場合である．このため，環境に対する影響を費用換算し，そして外部不経済に等しい水準を賦課する「ピグウ的課税」を行う．この意味での環境税は「外部不経済に等しい額の課税を行うことによって，社会的に最適な状態を達成すること」と定義される．

たとえば，道路交通のケースでは，その走行に関する外部不経済とは，排気ガスに含まれる汚染物質，騒音，振動などであり，これを金銭換算し，賦課することが必要となる．ただし，一般に環境に関しては直接市場評価が行われることがないため，その金銭換算は困難である．

より実践的な方法として，先に環境基準などの目標を設定し，これを達成す

---

[1] 外部不経済の内部化の手法としては，他に排出権取引制度があるが，交通政策として用いるのには多くの困難を伴うので，ここでは省略する．

るような税率を試行錯誤的に設定する「ボーモル・オーツ税」がある．この課税はピグウ的課税のような最適を追求するものではないが，目標とする基準を最小の費用で達成するという利点を持つ．また，政策実行上，社会的費用の計測を行う必要がなく，手続きが容易であるという優位点がある．実際に世界各国で導入されている環境税はこの方法によっている[2]．この場合，環境税とは「汚染物質の排出を決められた水準まで抑制することを目的として賦課する税」である，と定義されることになる．

## 8.2 道路交通と環境税

もっとも大気汚染に関する環境対策が必要とされる交通機関は，道路交通であるといわれている．排出原単位のみを考えると，航空機がもっとも大きいが，総排出量からみると圧倒的に自動車からの排出量が多く，さまざまな道路交通への環境対策が実施されている．

道路交通から排出される汚染物質を削減するための方策として考えられるのは，①自動車単体からの排出原単位を引き下げる努力を行う，②道路利用に対する需要を抑制する[3]，という2つの方向からの対策である．①に関しては自動車そのものの性能に依存するものであり，排出原単位の小さい自動車が開発され，環境負荷の大きな車に取って代わることによって排出量の削減が達成される．②は自動車から排出される汚染物質に対して課税を行う環境税の賦課を念頭に置いており，走行費用の上昇を反映して道路利用に対する需要を減少させることによって排出削減を達成しようとするものである．

自動車から排出される物質は，その性質から大きく2つに分けることができる．まず，硫黄酸化物，窒素酸化物に代表される局地的汚染を生じさせる物質，もう1つは二酸化炭素に代表される地球規模の環境被害をもたらす物質である．局地汚染物質は，いわゆる「公害」を引き起こす原因物質であり，取りうる政策手法は，①に関連して，排出ガス規制による自動車からの汚染物質排出削減，

---

2) 実際に導入されている環境税の例としては，ドイツの排出課徴金や北欧4ヵ国とオランダで導入されている炭素税がある．
3) 本節では自動車は定常走行を行っているものとし，混雑による影響は8.5節以降に譲ることにする．なお，ロード・プライシングについては第9章を併せて参照のこと．

または②に関連して，汚染物質の量に応じて課金する環境税による道路交通需要の抑制とがある．このような物質は技術的に除去が可能であり，その排出量は自動車の性能に依存するために，従来，わが国では自動車単体への規制によって対応されてきた．

こうした汚染物質に対して環境税を賦課することには，個々の自動車からの汚染物質の排出量をカウントすることが困難である点，かつ課金が困難であるために政策の実施コストが非常に大きくなる点，の2つの実際上の問題がある．したがって，規制的手法による環境改善の実績もあわせて考えると，今後も規制的手法による対応が続くことが予想される．

一方，地球規模の被害をもたらす二酸化炭素の排出削減に関しては，除去技術がいまだに実用の段階になく，炭素排出量はガソリンの消費量に比例することから，化石燃料利用の抑制に主眼が置かれることになる．そして，これを実現するための政策としては，先に述べた①に関連する規制による自動車の燃費効率の向上，または②に関連する環境税による自動車利用に対する需要抑制，とが考えられる．

自動車単体の燃費向上が行われた場合，同じ移動需要を達成するために必要とされるガソリン量が減少するため，二酸化炭素の排出も抑制される．しかし，これまでのわが国の技術開発の状況をみる限り，燃費の向上は自動車メーカーの主導で行われており，排出抑制の決定的な方法とはなりえないであろう．

また，燃費の向上は，すなわち一定の距離の移動に関する費用の低下を意味し，これを反映した移動距離に対する需要の増加も指摘されている．また，たとえ排出原単位の削減によって目標が達成されたとしても，経済学的見地からは本来外部不経済は内部化で対応されるべきものであり，根本的な解決であるとはいえない．つまり，燃費効率の向上のみでは最適な交通量は達成されないため，この対処法は望ましいとはいえない．

一方，環境税による対応は，化石燃料中の炭素に対して課税がなされるものである．これは一般に炭素税といわれ，通常，あらゆる二酸化炭素排出を伴う活動に対して賦課がなされるものである．炭素税は化石燃料の価格に上乗せする形で賦課されるため導入が比較的容易であり，実行可能性が高い手法といえる．そして，消費者は燃料価格の上昇に伴って消費を抑制するように行動する

ため，排出削減の有効な方法であると考えられている．

## 8.3 炭素税とその効果

前節でみたように，炭素税は環境税の概念に含まれるものである．ただし，石(1999)によれば「最も狭義の環境税とは炭素税を指す」とされており，また後述のように，道路交通への対策として有効であるのが炭素税であるので，本節では炭素税を具体的に論じることにする．本来，二酸化炭素の排出に対して課金がなされるものであるが，モニタリングが困難であるため，実際には化石燃料の購入に対して課金がなされている．

複数存在している汚染物質のなかでも，近年二酸化炭素に対してとくに注目が集まっているのは，二酸化炭素が温室効果をもち，地球温暖化の主要な原因になっていると考えられているためである．わが国では，運輸部門の二酸化炭素排出量が全排出量中2割を占めるなど寄与が大きく，とくにそのなかでも自動車交通からの排出が9割に上っている．このように，自動車交通の地球温暖化への寄与は大きく，何らかの対策が必要とされている．

炭素税は地球温暖化防止の有力な手段と考えられているが，付随的に次のような好ましい特徴をもつことが知られている．まず，短期的には，①課税によって「良い環境」を得るための費用を提示することができる，②課税による費用増によって人々に化石燃料の効率的な利用のインセンティブを与えることができる，③直接規制による数量制限とは異なり，税の支払いを行えば化石燃料の利用を続けることができる，というものである．また中長期的には，①課税は効率的でエネルギー節約的な新しいシステムや技術導入のインセンティブを与えることができる，②炭素税収を技術革新に対する補助金などの資金源として利用できる，などの点を指摘することができる．

実際に，炭素税は1990年から1992年までの間にフィンランド，ノルウェー，スウェーデンおよびデンマークの北欧4ヵ国とオランダで導入されている．税率は炭素トン当たりで示されており，インフレへの対応，または数年ごとの見直しなどにより上昇傾向にある．これらの課金額の決定については，二酸化炭素の排出抑制に主眼を置いた国と財源の調達に主眼を置いた国によって違いがあり，相対的に前者の方の税率が高くなっていることが指摘できる．

また，1997年の地球温暖化防止京都会議(COP3)以降，この他の一部ヨーロッパ各国においても炭素・エネルギー税の導入が検討されている．たとえば，イタリアでは1999年より化石燃料に対する課税が強化されており，フランスにおいても事業者の化石燃料利用に対して炭素含有量に応じた課税の導入が検討されている．

## 8.4 道路政策に関連した二酸化炭素排出抑制策

地球温暖化に関しては，国際会議において国別の具体的な排出削減目標が示され，各国では積極的な取り組みがなされている．現在，環境の保全を目的として世界各国において税制のグリーン化が進んでいることはすでに述べたとおりである．その代表例が炭素税の導入であり，より課税の対象を狭め，とくに道路交通に焦点を当てた化石燃料への課税措置がみられる．

また，自動車の燃費改善によって二酸化炭素排出を削減する試みを行う例についても，燃費のみに注目した規制による対応，または平均的な燃費を向上させるために価格メカニズムを同時に用いた対応が行われている．以下ではこれらの手法に関して具体的にみていくことにする．

### (1) 自動車関連の化石燃料に対する課税の強化

OECD(1997)では，化石燃料に対して課税を行うこと自体が税制のグリーン化であるとみなしている．これは，多くの国で財源の調達を目的とした化石燃料への課税が行われた結果，環境対策という意図がなくても化石燃料の抑制が生じているためである．また一部の国では，更なるガソリンへの課税強化で二酸化炭素排出の削減を試みている例もある．イギリスでは地球温暖化への対処として，1993年より自動車燃料に対して毎年税率を上昇させている[4]．このイギリスにおける，自動車の化石燃料の課税強化は，ガソリン税を毎年，物価上昇率よりも5％以上上昇させるもので，この措置によって二酸化炭素の排出量をほぼ横ばい状態に抑制することに成功している．

---

4) この税率上昇は2000年までとされている．また，新たに2001年より産業および商業的エネルギー利用を対象とした「気候変動税」が導入される予定である．

**(2) 燃費効率の改善による対処**

汚染物質への課金による二酸化炭素の排出削減が進められる一方で,アメリカでは自動車メーカーに対して課される燃料効率性基準(CAFE：Corporate Average Fuel Economy)による対応が行われている.これは燃費効率の上昇によってガソリン消費を抑制し,二酸化炭素排出を削減することを主眼とした手法であるが,一定以上の燃費効率の改善は便益よりも費用を増加させるとの指摘もあり,注意が必要である.

燃費のよい自動車が開発されたとしても,実際に普及が進まない場合,その効果は低くとどまるため,自動車購入の際に消費者に車両を選択させるような工夫も必要である.わが国で検討されている自動車関係諸税のグリーン化はこれを考慮したものであるといえる.すなわち,燃費のよい自動車の普及のために,自動車保有に関する課税を燃費に応じた課税に再構築することで,環境負荷の小さい自動車を税制面で優遇するといった工夫が試みられている.

## 8.5 環境ロード・プライシングとは何か

「環境」ロード・プライシングという言葉は,近年になって急速に普及してきた用語である.この用語は経済学の分野から発生したものではなく,むしろ現実的な要請のなかから生まれてきたと考える方が妥当である.そもそもロード・プライシングとは,大まかにいえば,(混雑した)道路を通常の取引される財とみなし,料金を賦課することによって利用者に費用に応じた負担を求め,適切な交通量を維持しようとするものである,ということができる.すなわち,ロード・プライシング自体は道路に課金するという行為のみを指すのであって,その目的については問われていないとみる方がよい.

従来のロード・プライシングは混雑料金とほぼ同義としてみられることが多かった(現在でも依然区別されないで用いられることがある).ロード・プライシングは混雑を抑制するために利用される手段であり,混雑が緩和されればそれでロード・プライシングの目的は達成された,と考えることが通常であった.

しかし,環境ロード・プライシングはこうした従来の考え方を再考させる,あるいは拡張する概念である.このロード・プライシングの目的は環境の悪化の防止であり,混雑その他の問題は原則として考慮されない.つまり,環境の

質を確保するという目的のための手段としてロード・プライシングが利用されるということになる．確かに混雑と環境汚染は不可分の関係にあるが，環境ロード・プライシングでは，環境の保全という目的が主であり，混雑緩和は従であって，混雑の緩和はその結果としての副産物にすぎない[5]．以下では「混雑」ロード・プライシングとの相違を浮き彫りにすることによって，環境ロード・プライシングの特徴を明らかにすることにしよう．

## 8.6 環境ロード・プライシングの特徴

従来の混雑ロード・プライシングの場合，その経済学の観点からみた目的は道路上の混雑に参加している自動車が受ける外部不経済を内部化することにある．混雑は利用者が適切な道路サービスを享受できないという結果をもたらす．なぜならば，ある程度共同消費性をもつ有限な道路空間に多数の利用者が参入することによって，共同消費性が失われ，本来ならば快適に利用できるはずの道路サービスに，かなりの時間費用，走行費用の増加をもたらすからである．これはいわゆる「共有地の悲劇」にほかならない（太田［2001］参照）．すなわち，当該道路を利用に任せて放置しておくと，その財の利用者の相互に外部性が発生し，自分の車が他人の車から迷惑（外部不経済）を受けると同時に，自分も他人の車に迷惑を及ぼすということになる．この外部不経済の加害者と被害者の同一性は混雑現象の1つの重要な特徴である．混雑ロード・プライシングはこの「共有地の悲劇」を回避するために，価格メカニズムを用いることによって外部不経済の発生を適切な水準に調整しようとする試みであるといえる．

一方，環境ロード・プライシングでは，端的にいえば，「共有地の悲劇」は存在しない．混雑現象においては外部不経済の被害者と加害者が同一であるのに対して，環境の場合は基本的にそれは一致しない．確かに排ガスや騒音などはそのときの他の自動車利用者に影響を与えないとはいえないが，それ以上に

---

[5) 「混雑」ロード・プライシングと「環境」ロード・プライシングは現実問題として完全に分離することは不可能である．なぜならば，混雑が減少すれば環境は必然的に改善され，環境を改善しようとすると混雑は緩和されるであろうからである．しかし，ここでは環境ロード・プライシングの概念を明確に規定するために，その原理，あるいは概念として両者を明確に区別している．

はるかに多くの外部不経済がその道路利用とは直接の関係をもたない沿線の住民や遠隔地の住民に影響を与える．これは自動車から発生した二酸化炭素が地球温暖化を通じて世界中の人々に影響を与えることを考えれば十分であろう．環境ロード・プライシングにおいて視野に入れるべきは，混雑の当事者よりもむしろ，すべての環境悪化に関連する経済主体である．その意味において環境ロード・プライシングは広域的な視野を必要とする経済的手段であると考えられる．

混雑ロード・プライシングは，しばしばTDM(Travel Demand Management：交通需要マネジメント)の一環として論じられることがある．TDMは，需要が過大であるために既存の設備では十分対応できない混雑状況において，需要を抑制することによって設備の過剰な利用を抑制しようとする考え方である．この観点からすると，混雑ロード・プライシングとは，既存の交通設備を最適な利用水準に維持するような交通量を実現するための道路利用料金の賦課ということになる．このことからわかるように，通常の混雑ロード・プライシングにおいては，既存道路設備を最適に利用することによって道路利用者の純便益を最大にすることが目的となる．

しかしながら，環境ロード・プライシングの場合は，前述のように考察の対象が道路利用者以外の広範囲に及び，環境悪化に関する利害関係者にとって純便益が最大になるような料金を賦課するということになる．したがって，道路設備を最適に利用することは環境ロード・プライシングの目的には入らない．道路が過大に利用されようが，過小に利用されようが，環境が最適な水準に維持されることが必要であるのであり，道路設備の最適利用や，道路の最適規模の問題は二次的な問題として取り扱われる．

以上のことから容易に類推されるように，環境ロード・プライシングによって決定される最適交通量(そして最適利用料金)と混雑ロード・プライシングによって決定される最適交通量(そして最適利用料金)は一致しないのが普通である．純粋な混雑ロード・プライシングでは混雑の緩和が第一義であって，環境保全については原則として顧慮しないから，目的地までの到着時間を早くしつつ，できるだけ多くの利用者の道路サービス利用を達成することが重要視されるのに対して，環境ロード・プライシングではそのようなことは考えない．

経済学的には，環境に関する外部費用と混雑に関する外部費用を合計し，最適な利用水準が決定されるが，それは環境重視の人にとっても容認しがたい利用水準であろうし，同時にその利用料金水準は，道路利用者にとっても納得がいかないであろう．理論的には総外部費用を基準とした外部不経済の内部化が正当化されても，その料金水準と環境ロード・プライシングによる最適料金水準とが齟齬をきたすことは明らかである．少なくとも「道路利用者すべてが最大の利便性を確保し，かつ環境にももっとも優しい」という料金は存在しえないことに十分注意する必要がある[6]．

環境ロード・プライシングの特徴はピーク・ロード・プライシングとの比較によっても明らかになる．ピーク・ロード・プライシングは，教科書的な説明に従えば，ピークとオフ・ピークの極端な需要変動に対して料金格差をつけることによって需要を平準化させ，それにより設備の遊休化を防ぎ，最適な設備規模を実現することにある．したがって最適な道路規模の確保のためにピーク時には高い料金を，オフ・ピーク時には低い料金を課すことが正当化される．しかし，これは設備の最適利用を目的としたものであり，前述のように環境ロード・プライシングはそれを考慮しない．環境ロード・プライシングは最適な環境水準を達成するために課金される制度であるから，もちろん環境の悪化が激しいときは高い料金が課せられ，比較的悪化の程度が軽い場合には相対的に低い料金が課せられるであろうが，そこには設備の遊休化の回避という観点は入ってこない．

それゆえ，その料金格差も，また料金の変動が起こる時間帯もピーク・ロード・プライシングのそれとは原理的に異なる．もっとも，ピーク時には多くの汚染物質が排出されるので，おおむね料金変動の時間帯は一致するかもしれないが，それは大まかな話であって，厳密にはそれは一致しない．また料金格差

---

[6] もちろん，混雑費用も環境費用も社会的費用であるから，それらを合計して最適な交通量を決定することは可能であるし，それは経済学的にみて合理的である．このことについては，竹内(1997)を参照のこと．ただし，混雑と環境悪化から影響を受ける経済主体は必ずしも一致せず，混雑費用と環境費用を合計した社会的費用全体という観点では最適であっても，影響を受けるそれぞれの経済主体からみれば，それは不満の残る交通量であろうというのが，本節の趣旨である．

についてもその相違があることはいうまでもない．したがって，たとえばある道路ではオフ・ピーク時でもディーゼル車の走行が多いために，SPMに関して高い料金が課せられる場合があるのに対して，別の道路では，ピーク時にガソリン車がひしめいているような状態でもSPMに基づく環境ロード・プライシングならば，前者よりも後者の料金が安くなることは十分ありうることである．

このように環境ロード・プライシングは環境に関する最適化のみを目的とするものであるから，従来のロード・プライシング(そしてピーク・ロード・プライシング)とはかなり異なった考え方が必要であることがわかる．つまり，環境ロード・プライシングの実施にあたっては従来のようなロード・プライシングの発想では処理しきれない面が少なからず存在するといえよう．

## 8.7 需要誘導型環境ロード・プライシング

近年，尼崎公害訴訟における判決が明らかになり，これを受けての自動車公害対策が焦眉の急となりつつある．環境ロード・プライシングはその対策の一環であるということができるが，とくに，自動車の走行経路を変更することによって環境被害を抑え，その経路変更を料金格差によって誘導しようとする政策が注目を集めつつある．

たとえば起終点を同じくする2つの道路があるとしよう．一方のルートには沿線に住宅地を抱え，環境に対する感度が非常に高いとしよう．他方のルートはたとえば海岸線などにあって，沿線に被害を感じる住民が少ないとしよう．このとき，環境被害を抑えるためには料金格差を設け，前者のルートから後者のルートに需要を誘導すればよい．これは環境ロード・プライシングの応用である．これまでは大型車の通行禁止などといった，いわゆる非経済的規制が主流であったが，プライシング方式では道路利用者に選択の自由を与えているという点が従来の規制手法とは異なっている．

同じ起終点間をトリップするにもかかわらず異なる料金が課されるのであるから，これは一見したところ差別価格であるようにみえる．しかし，各ルートにおいて発生する環境費用が異なっているのであるから，これは差別的(discriminative)環境ロード・プライシングではなく，差異的(differential)環境ロ

ード・プライシングである．つまり環境の外部不経済を内部化するために，個々のルートで異なる外部費用に基づいて料金格差が設定され，結果として両ルートの交通量は異なることになるであろう．しかし，前述のように，環境ロード・プライシングと混雑ロード・プライシングはその目的を異にしているから，その料金格差は混雑ロード・プライシングのそれとは異なるであろう[7]．

　需要誘導型環境ロード・プライシングの難しい点は，それが交通ネットワーク全体のなかの一部として機能しているために，その料金格差が全体としての交通ネットワークにさまざまな波紋を与え，期待どおりの効果を実現することができるかどうか予見しにくいことである．上記に示したような単純な例であっても，環境費用の大小によって料金格差が可変的であるならば，道路利用者の間での戦略的行動を呼び起こすことがある．つまり十分な情報を与えない限り，多段階ゲーム論的思考に基づいて利用者は思惑で行動し，最適な交通量を実現できない可能性がある[8]．また，短期的に最適な料金の決定は，長期的にはその料金格差の存在を前提として地域住民や企業の立地行動の変化をもたらすことになる．したがって，多様な局面や長期的な経済主体の行動を想定して料金の決定に携わらなくてはならない．

　ともあれ，需要誘導型環境ロード・プライシングは，環境ロード・プライシングの具体的な応用例として今後も注目を浴びつづけるであろう．都市高速道路ネットワークのように比較的単純な課金システムである場合には，ネットワークが多少複雑になってもある程度の対処は可能であるかもしれないが，一般道路に需要誘導型ロード・プライシングを適用するときにはネットワークの複雑性が最適な料金格差決定を難しくする[9]．需要誘導型環境ロード・プライシ

---

7) ただ，竹内(2001b)によれば，環境費用が交通量に関して比例的であるというやや厳しい仮定の下では，最適な料金格差は混雑費用の格差と同じであることが示されている．
8) たとえば，リアルタイムで変動する料金システムの場合，低料金ルートに他の車が多く流入する結果，現在高料金のルートは交通量が減って自分の車の利用時には低料金になるであろうことを期待して，現在高料金のルートを利用しようとする行動などは最終的な交通量の均衡を攪乱する可能性がある．
9) また，都市高速道路ネットワークに需要誘導型ロード・プライシングを適用したとしても，それに並行している無料の一般道路の存在が最適交通量決定に影響を与える．このことに関しては，竹内(2001a)を参照のこと．

ングのより一般的な適用可能性の研究はまだ始まったばかりであり，今後の検討が必要とされる分野である．

## 8.8 環境制約下の道路政策における課題

　炭素税の導入は地球温暖化の問題に対して有効であると考えられ，また経済学的にも望ましいものであるとみなされている．しかし，新税導入は化石燃料の利用に関する負担増を意味するため，好意的には受け入れられない．炭素税に関して一般的に指摘される問題点としては，①逆進的な性格をもつこと，②経済成長を阻害すること，などの要因が挙げられる．

　これらの問題への対策として，炭素税収の使途を検討することは重要である．たとえ低率の課税でも炭素税収が多大であることは容易に想像できるところである．新税導入の主要な目的が市場の失敗に対する補正である場合には，原則として，税収中立の原則に基づき一括補助金の形で還付するのが望ましいとされるが，より積極的な利用方法としては所得税，法人税などの引き下げ，社会保険料の引き下げ，またはエネルギー集約的な産業への補助やエネルギー効率改善投資などへの補助金に充てるなどが考えられる．すでに炭素税を導入している国々では，基本的に税収中立を保つために他の税率の変更などを行っており，炭素税収をどの部分の税率削減に充てるか，またどの分野に税収を支出するのか，という政策によって指摘された問題が軽減できる可能性がある．

　炭素税を含む環境税は環境の保全・改善という目的達成に関しては有効であるといわれる．しかし，対策は「持続可能な発展」の実現に矛盾なく実施されるべきであり，非現実的な環境基準の設定，またはそのための税率の設定は慎まれるべきであろう．導入にあたっては，少なくとも資源配分上は，得られる便益と費用を比較したうえで，便益が上回っている場合にのみ導入されるべきであり，導入に先だって十分な政策評価がなされるべきである．

　環境ロード・プライシングはわが国においては本格的に実施された例はなく，未知な部分が多い道路政策の1つである．確かに現行の高速道路料金（とくに都市高速道路料金）には結果としての環境被害の抑制という効果を認めることは可能であるが，もともとの料金の趣旨は建設費用の回収であり，環境ロード・プライシングとはまったく別のものである．環境ロード・プライシングに

おける今後の課題としては次のようなものが考えられるであろう．

第1に，環境ロード・プライシングによって得られた収入の使途の問題である．混雑ロード・プライシングの場合は，対象が共有地の悲劇に関する外部性であるために，収益を道路利用者に還元することは公平上の観点からの理解を得られやすい．しかし，外部不経済の範囲がむしろ道路利用者以外に及ぶ環境ロード・プライシングの場合は，それは正当化しにくい．たとえば道路建設による容量拡張に混雑ロード・プライシングの収入を充当することよりも，環境ロード・プライシングの収入を充当することの方が批判を浴びやすいであろう．その一方で，低公害車の開発などのための費用に充当することはコンセンサスを得られやすいかもしれない．

第2に，料金水準の決定の難しさである．正確に環境の外部費用に相当する料金を課するためには正確な環境の外部費用の金額換算が必要である．近年ではCVM(仮想市場評価)法をはじめ多くの評価手法が確立されつつあるものの，現在のところ完全なものは存在しない．この点における更なる手法の開発が望まれる．

第3に，とくに騒音や振動に関する費用に関しては，被害を感じる人がいることによってそれらは費用となるのであり，それ以外の場合は費用とならないので，長期的な観点に立つならば，人々の立地行動の変化により外部費用の額が大きく変動する．したがって，状況に応じた柔軟な料金改定を考えていかなくてはならない．硬直的な料金の維持は，実情に合わない費用を過大にあるいは過小に道路利用者に負担させることになる．

本章では環境税(とくに炭素税)と環境ロード・プライシングを中心として，環境制約下での道路政策について論じてきた．環境税と環境ロード・プライシングの基本的な相違点は，環境税が燃料消費量に対して課税されるとする限り，自動車はどこを走っても環境費用を負担するのが環境税であり，環境ロード・プライシングはある特定の地域やルートの走行に関してのみ課され，環境費用を負担するものである．したがって，両者を適切に使い分けることが必要である．

このことは課税・課金対象となる物質に関しても重要である．環境費用にはさまざまなものが考えられるが，前述したように，二酸化炭素に対する費用負

担については，自動車がどこを走行するにせよ発生する物質である以上，環境税で負担することが望ましい．一方，騒音，振動，SPM，$NO_x$などの汚染物質にはそれが地域的に限定されるために，環境ロード・プライシングが望ましい．このように両者の役割を十分に認識しておかなくては道路利用者に対して二重の負担を課すことになるかもしれないことに注意するべきである．

　いずれにせよ，環境税および環境ロード・プライシングといった環境制約下で新たに提案されている道路政策はまだ緒についたばかりである．理論的検討もさることながら，現実のデータの把握を基に環境費用の計測や，その利害関係者の分布などについての詳細な調査が必要である．

**参考文献**

石弘光(1999)『環境税とは何か』岩波新書．

二村真理子(1999)「自動車交通に関する二酸化炭素排出抑制」『公益事業研究』第51巻第2号，1-8ページ．

二村真理子(2000)「地球温暖化問題と自動車交通――税制のグリーン化と二酸化炭素排出削減」『交通学研究』第43号，137-146ページ．

諸富徹(2000)『環境税の理論と実際』有斐閣．

OECD(1997), *Environmental Taxes and Green Tax Reform*(技術経済研究所監訳『環境税とグリーン税制改革』技術経済研究所，1998年)．

太田和博(2001)「コモン・プロパティの外部性とロード・プライシングの受容度」『交通科学』第31巻第1・第2合併号，3-9ページ．

竹内健蔵(1997)「地球環境制約下における公共交通をめぐる諸論点」『IATSS REVIEW』第22巻第4号，256-263ページ．

竹内健蔵(2001a)「環境制約下における都市高速道路料金格差の経済分析」『会計検査研究』第23号，111-128ページ．

竹内健蔵(2001b)「道路ネットワークにおけるロードプライシング――都市高速道路における料金格差を例として」『交通科学』第31巻第1・第2合併号，10-15ページ．

# 第9章
## 情報化と道路交通政策——ITSの役割

### 要約

　21世紀は，自動車や道路などの交通施設の情報化によって安全かつ便利な交通社会を築くためのITS(高度道路交通システム)が本格化し始める世紀であり，道路交通政策もこの点を抜きにしては語れない．ITSとは，車両と道路の高度情報化によって，道路混雑や交通事故および環境コストの低下を直接の目的としたシステムである．

　主要なプロジェクトとしては，VICS(道路交通情報通信システム)，ETC(自動料金収受システム)，AHS(自動車両走行システム)などが挙げられる．主要大都市においてカーナビゲーションシステムを用いた情報提供のためのVICSと高速道路におけるETCはすでに実用化されている．

　ITSが有効に浸透すれば，渋滞の減少や交通事故の減少だけでなく，燃料消費の節減によって大気汚染の排出量を抑制できる．また，従来型の公共投資と異なり，付加価値の高い社会資本整備であるゆえに，その波及効果や，情報関連産業への新規需要も多方面で期待されている．

　このような期待が実現されるためには，情報技術を含めて，技術革新がスムーズに市場に活用されていくシステムを構築することが求められる．また，技術革新が既存制度を形骸化させることも期待され，ITSについても，関連制度整備が求められる一方で，道路や自動車関連の制度の見直しを行う大きなきっかけともなりうる．なお，IT化が付加価値の高い社会資本整備であるとはいえ，通常の道路投資同様，その投資効果を考慮して，道路需要の大きい地域に対して集中的な投資がなされるべき点は変わりない．

## 9.1 情報提供によるサービスの高度化

ITSとは，高度道路交通システム(Intelligent Transport System)の略語であり，人間，道路および車両という3つの要素により形成されるシステムである．すなわち，この3つの要素を最先端の情報通信技術によって結合し，交通サービスを中心として関連するさまざまなニーズをよりよく満たすことを目的としている．このため，従来のように局所的に情報処理や意思決定が行われる場合にくらべ，安全性・効率性・快適性などが向上し，環境保全に資することが期待されている．

日本では，電気通信，自動車の運行制御といった個別の技術水準は高いものの，システムとして分野横断的にその成果を活用するという面で，わが国の取り組み方は必ずしも最善のものであるとはいえない．そこで，1996年7月にITSについてのマスタープランである「高度道路システム(ITS)推進に関する全体構想」が策定された．

それによれば，ITSの開発分野は9つに区分されている．すなわち，1)ナビゲーションシステムの高度化，2)自動料金収受システム(ETC)，3)安全運転の支援，4)交通管理の最適化，5)道路管理の効率化，6)公共交通の支援，7)商用車の効率化，8)歩行者などの支援，9)緊急車両の運行支援である．このうち，カーナビゲーションへの情報提供，高速道路におけるETCなどはすでに実用に供されており，21世紀初頭から半ばにかけて，社会的に大きなメリットを発揮することが期待されている[1]．

技術の実用化が進展してからメリットが発揮される側面もある．たとえば，高速道路における連続自動運転は，物流における労働力の節約に効果を示すものとして期待される．リアルタイムの情報をバスに伝達し，あるいはバスの接近に対応して信号現示を変更するなら，公共交通機関の利用が促進されることになる．しかし，メリットを認識して利用者がITSに対する理解を深めるに

---

[1] ITSの基礎技術および基礎的なプロジェクトについては，中条(2001b)第一部を参照．ETCは，車載器と路側アンテナとの無線通信により，車両を停止させずに通行料金を収受するシステムである．ETCおよび後述のロード・プライシングについて，詳しくは中条(2001b)第二部および青木ほか(2000)，青木・田邊(2001)を参照されたい．

**表 9.1** ITS の開発分野

| ITS | | |
|---|---|---|
| | 1. ナビゲーションシステムの高度化 | VICS 等によるナビゲーションの高度化等 |
| | 2. 自動料金収受システム | 料金所等でのノンストップ化 |
| | 3. 安全運転の支援 | AHS 等による危険警告・自動運転 |
| | 4. 交通管理の最適化 | 経路誘導・信号制御等 |
| | 5. 道路管理の効率化 | 特殊車両等管理,通行規制状況の提供等 |
| | 6. 公共交通の支援 | 公共交通の運行状況の提供等 |
| | 7. 商用車の効率化 | 商用車の運行管理支援,連続自動運転 |
| | 8. 歩行者等の支援 | 歩行者への経路・施設案内 |
| | 9. 緊急車両の運行支援 | 緊急時自動通報,災害・事故発生時の状況などの伝達 |

は時間がかかり,そのプロセスを促進する方策もあわせて必要である.

そこで,表9.1のように多岐にわたるITSの諸分野を利用者のニーズの充足という観点から再整理すると,次の3つとなる.第1に,利用者に提供する情報を高度化し,ニーズをいっそう充足するもので,ナビゲーションシステムの高度化,交通管理の最適化,道路管理の効率化,公共交通の支援,商用車の効率化および歩行者などの支援が該当する.第2に,大都市圏を中心として深刻な問題である道路渋滞の緩和であり,情報提供に加え,ETC,公共交通の支援,商用車の効率化などが重要となる.第3に,環境および安全という外部性に関する改善であって,すべての要素に関連しつつ,とりわけETCや交通管理の最適化に密接に結びついている.

自動車利用者に提供される情報は,従来から徐々に質的な改善がみられている.首都高速道路での情報提供は,かつての大まかな標示板から,SAでのモニターによる詳細な表示や予想到達時間の提示,さらにはカーナビゲーションへと発展してきた.ITSの進展で,たとえば車載機への情報提供,リアルタイムに近い情報提供などは格段に容易となる.ただし,現状では,利用者の側の適応行動には一定の限界がある.

たとえば,首都高速道路の走行中に目的地と現在地の間で渋滞が発生したことを知るケースを想定しよう.現行制度のもとで,この運転者が取りうる行動は2通りであり,渋滞を覚悟して走行を継続するか,渋滞の手前の出口で降り

て一般道路を走行するかである．もちろん，出口の選択による細分化はさらに可能である．

ところが，通常は一般道路のほうが走行速度は低いので，降りたからといってより早く到着するとは限らない．また，渋滞の場所と目的地の間に距離があれば，首都高速の料金を2回払う可能性もあり，この場合，走行距離は（通しで乗る場合に比べて）短いにもかかわらず料金は倍額になる．つまり，渋滞に対して回避的に行動し，混雑緩和に協力した車両はかえって罰金を支払い，渋滞のなかに居続ける車両のほうが安くつくという，きわめて動機不適合的なシステムになっている．

そこで現在，首都高速の料金徴収を全面的にETC化することを前提に，料金制度も均一制から距離比例制への移行が提案されている[2]．この場合，前述の運転者は「どの出口で降りるか」「どこで再進入するか」について，料金額と混雑度を比較して意思決定することが可能になる．初乗り部分の徴収が収入確保のうえから必要であるなら，欧米の都市公共交通機関でみられるように，1時間以内の再進入は初乗り部分を徴収せず通算するという工夫も一考の余地がある．提供される交通情報の精度が向上することは重要であるが，それと同時に渋滞回避行動を促すような料金システムを構築すべきである．その過程で，ETCとのミックスが重要な役割を果たす．

ETCの構成要素は，道路側の施設として車両検知器，路側無線装置，発進制御機，車両監視カメラなどであり，車両側には車載器が必要となる．ICカードの利用により運転者の識別が可能になり，プリペイドカードの利用によりプライバシーの問題は軽減される．ただし，車載器の普及が遅れれば現金利用への対応が長く続き，ノンストップ化のメリットが減殺される．車載器への補助など，普及促進方策を早期の段階で具体化するべきであろう．

---

[2] 現在でも短距離の利用に対する特定料金はあるものの，基本は均一料金である．現在，こうした提案は路線の延伸を背景に公団でも検討中であるとされている．また，料金制度の改革のたびに償還制度とのからみで「改革前との比較で減収にならない」という規定に制約を受けるのは合理的でない．インフレーションやマイナス成長という環境下では，実質値での減収はこうした規定の有無に関係なく，発生するであろう．

## 9.2 都市における道路混雑の緩和

　道路混雑(渋滞)は道路容量を上回る走行量があることの帰結であり，需要が供給を超過した状態である．解決のための本質的な対策は供給力の増大であり，したがって道路の建設である．他の主要大都市と比較して，とくに東京において見劣りするのは環状道路であるため，外郭環状道路や首都高速中央環状線の早期建設による通過交通の減少はきわめて重要な対策である．しかし，外郭環状のように地域住民の反対から建設が難航している場合，それだけに期待をかけ，数十年の河清を待つのは得策であるとはいえない．道路建設に対する理解を深めることは必要であるものの，一方で環境や健康被害への関心も高まってきている．念頭に置くべきは，都市に居住する以上，自動車交通のメリットを享受するのもデメリットに悩むのも自分たちであるという自覚であり，そうした認識に立脚した自動車利用のあり方の立案，合意形成，実行などが肝要である．

　こうした意味で，ITSに関連して注目される考え方がTDM(交通需要マネジメント)である．TDMは道路を利用する需要の側に働きかけ，トリップ内容の変更などを通じて渋滞を緩和し，交通量の適正化を実現しようとするものである．

　TDMには広い範囲の具体的手段が内容として含まれるが，それらを大別すると以下の3つになる．第1に，トリップ内容を変更することにより，需要超過の緩和を図ろうとするもので，時間帯，経路，交通手段などが変更の対象になる．これには，時間帯についてフレックスタイムや時差通勤，経路について高速料金の区間による料金格差，混雑区間や駐車場の繁閑など交通情報の提供，手段についてパーク・アンド・ライド[3]，公共交通の利用促進，歩行者・自転車ゾーンの整備などがある．

　第2に，自動車の効率的利用の促進がある．これには，カープールやシャト

---

[3] パーク・アンド・ライドとは鉄道駅の付近に設けた駐車場に自家用車を駐車して鉄道に乗り換えることをいう．バスの場合にはパーク・アンド・バスライドといわれる．渋滞が頻発する個所の手前に施設を設置する場合，効果は大きい．

ルバスによる多人数乗車の実現[4]，共同集配による物流車両の効率改善などがある．こうした利用方法は，ここ数年で都心部の渋滞に悩む各地の都市から関心を集め，立川市，豊田市などでその実験が行われた．

第3は，トリップの発生源を調整することである．交通需要の多くは派生的なものであり，本源的需要である勤労，就学，ショッピングなどに随伴して生じている．このため，勤務日数の縮減やSOHO（自宅の近隣ないし自宅での執務）が可能なら，トリップ自体が減少することになる．

さらに，こうした個別の目的には直結せず，複数の目的に効果を上げるものとして，路上駐車の適正化，土地利用の改善，ロジスティックスの効率化，ロード・プライシングなどがある．ITSは，これらTDMの内容である諸手法のほとんどすべてに関連し，その有効な実施に資するものであるが，とりわけ最後のロード・プライシングに密接に関連している．

ロード・プライシングは，広義では自動車関連諸税や既存の高速道路料金も含み，道路利用の対価として利用者に課される料金全般を意味している．ただTDMの手法として想定されるのは，いわゆる混雑料金のように，混雑がもたらす外部性に起因する社会的限界費用と私的限界費用の差に注目し，時間や場所を限って徴収されるものが中心となる（表9.2参照）．この類型に属する料金の徴収は，シンガポールで25年の歴史があるほか，ベルゲン，オスロ，トロンハイムなどの諸都市においても実施されている．

渋滞との関連でいうと，1996年の日本道路公団の調査によれば，高速道路における渋滞の30％が料金所で発生していることから考えると，一般道に設けた料金所で渋滞に拍車がかかることになるのであれば，ETCを採用する意味はない．ETCによるノンストップ課金が実現の前提であり，この意味で，ITSの一環であるETCはロード・プライシングに不可欠の構成要素となる．シンガポールではETCによる混雑料金がすでに実現している．日本でも，鎌倉市や東京都において，導入を視野に入れた検討が始まっており，駐車取締りの強化や公共交通機関への誘導など，他のTDM施策と合わせて採用を考慮す

---

[4] カープールやバンプールは通勤に自家用車を利用することが前提であり，終業時間がまちまちであると利用しにくい．シャトルバスは駐車場と目的地の間にバスを運行するものであり，通常の路線バスを想定しない点でパーク・アンド・バスライドと異なっている．

表 9.2 ロードプライシングの適用および検討例

| 年 | |
|---|---|
| 1964 | スミード・レポート(英国) |
| 1975 | シンガポールの ALS 導入 |
| 1983～1985 | 香港の ERP 導入 |
| 1986 | ベルゲン(ノルウェー)のトールリング導入 |
| 1990 | オスロ(ノルウェー)でトールリング導入 |
| 1991 | トロンハイム(ノルウェー)でトールリング導入 |
| | ロンドンで Congestion Charging 検討開始(95年まで) |
| 1995 | シンガポール Road Pricing 導入(East Coast Parkway) |
| 1996 | 米国カリフォルニア州 SR91 号 Express Toll Lane 開業(HOT レーン) |
| | 同上，San Diego I-15 号 Express Pass 事業(HOT レーン)(98年より FasTrak 動的課金に移行) |
| | ソウル南山1号，3号トンネルで混雑通行料制 |
| | 鎌倉市でのロードプライシングの提案 |
| 1998.9 | シンガポール ERP 導入(ALS 地域と高速道路3路線) |
| 2000.1 | メルボルン ETC システム(City Link：PFI) |
| 2000.2 | 東京都「TDM 東京行動プラン」においてロードプライシング提案 |

(注) 各事例の詳しい内容については，青木ほか(2000)，中条(2001b)参照.

る段階を迎えつつある．

## 9.3 環境および安全面の効果

環境や安全というのは典型的な外部性(externality)が発生するケースである．ハンドルを握りクルマを発進させる際，通常の運転者は事故の危険をそれほど念頭に置かない．実際の統計からいうなら，定期航空のジェット旅客機よりも格段に高い確率で自家用車は致命事故を発生させているにもかかわらず，主観的な判断にそれはあまり反映されない．また，自動車で行くか電車にするかという際，駐車料金や渋滞による時間損失を判断の材料としても，$CO_2$ による地球の温暖化や粉塵による沿道住民の健康被害を利用者はいつも考慮するわけではない．したがって，こうした私的な意思決定において考慮されにくい要素を反映させるため，政策による意思決定への介入が肯定されるケースの1つが，外部性である[5]．

---

[5] 外部性があるといっても，政府の介入が肯定されるにはおのずから限度がある．金本・山内(1995, 75-95 ページ)あるいは中条潮(2000b, 191-198 ページ)参照.

ITSによる環境面の効果は，情報提供や渋滞の緩和を通じて主に発生する．すなわち，駐車場に関する情報の提供は，空き駐車場を探し回るトリップを減少させる．すでに述べたように動機適合的な料金体系が実現すれば，渋滞情報の提供は高速道路の混雑を緩和する適応的な行動を促し，環境への負荷を軽減することになる．TDMにより共同配送や交通量の削減が促進されれば，CBD（都心業務地区）を中心に環境汚染は軽減される．

これに対し，安全面においてはITSの構成要素が直接的な役割を担っている．AHSの場合，車間距離など運転状況の異常を運転者に警告するシステムとして，安全性の向上を実現することがすでに可能となっている．今後，まずは高速道路のように障害物が入りにくい状況での連続自動運転が実用化を迎えようし，そうなれば効果は安全性にとどまらず，労働力の節約やコストダウンにも及ぶことが期待される．これは人間から運転の楽しみを「奪う」ものとして忌避されるべきではなく，自動変速機やパワーステアリングがそうであったように，「楽しみたい要素を，より安全に」享受できる工夫として十全に活用されるべき技術進歩であるといえる．

以上述べたように，ITSが道路交通においてもたらす効果はきわめて多様であり，実現の時期も短期のものから10年程度はかかるものまで，一様ではない．要素技術の点で他の諸国に先んじている部分もある日本だが，ロード・プライシングのように利害が錯綜する制度については，導入の試みが始まったばかりである．技術革新を社会的なメリットに結実させるため，多様な利用者の理解を求める努力が，今後はいっそう必要とされることになる．

## 9.4 経済効果[6]

電気通信審議会によれば，ITSの経済効果は2015年までに累積で50-60兆円，雇用創出効果は107万人とされている（表9.3参照）．これは，2015年にはカーナビゲーションが4200万台に普及することなどの車両側でのITS化の進展と，ETCの全国高速道路網への設置などによるインフラ側の投資効果，それに，物流分野や駐車場などでのDSRC(Dedicated Short Range Communica-

---

[6] 9.4節および9.5節は中条(2000a)を加除訂正したものである．

表9.3 ITS経済効果の展望

| 経済効果 | 金額 |
|---|---|
| 情報通信関連市場の累計(2015年まで) | 60兆円 |
| カーナビゲーション普及台数(2015年) | 4200万台 |
| 雇用創出(2015年) | 107万人 |
| 渋滞による損失減少効果(2015年) | 年間1兆2000億円 |
| 車の二酸化炭素の排出削減量(2010年) | 約110万トン |

(出所)スマートウエイ推進協議会, 電気通信技術審議会資料による.

tion：狭域通信)の普及などによるITS化の効果を推計積算したものである．これに加えて，ITSのインフラ関係の政府機関連絡組織スマートウエイ推進協議会は，渋滞と環境の改善による効果を表9.3のように試算している．

しかし，この数値はやや過大であると思われる．経済効果の大きな部分を構成するDSRCを応用した商業施設用のシステムをはじめ，効果の多くは移転効果であって，誘発部分だけを抜き出したものではない．ETCの効果も，投資額の累計であって，その投資がペイする水準に達するかどうかとは別問題である．また，渋滞や環境改善効果は，カーナビゲーションが2015年の規模に普及したとしても，すべてなくなるわけではないし，ETCの普及は高速道路上だけであり，混雑の大部分が発生している一般道路上でのETCの効果はほとんど期待できない．混雑や環境については，むしろ，ETCの普及は，物流事業などの生産性の改善を通じて，交通量を増加させるとの推計もある(黒田・野村[2000]参照)．

ただし，表9.3の推計が過大にすぎるとしても，今後の経済社会において情報化がいっそう進展するであろうことを考慮すれば，ITSの経済効果は，他の道路インフラや自動車関係投資に比べて相対的に高い効果を期待できよう[7]．また，ETCの普及による生産性の改善が，それによる混雑の増加を相殺してあまりあるだけの効果をもたらすなら，ITSの導入はそれによって混雑増加を招くとしてもなお肯定されるべきである．ITSの導入効果を静態的にだけみる考え方や，混雑や交通量は少なくなりさえすればよい，という考え方こそ，批判されるべきである．

---

7) ITSの産業動向については，中条潮(2001b)第一部参照.

表9.4 ITS関連の想定されるアプリケーション例

| 分野 | アプリケーション例 | |
|---|---|---|
| 道路交通情報関係 | リクエスト型ナビゲーションシステム<br>最適経路誘導システム<br>駐車場空き情報提供・予約システム<br>車両間経路情報交換システム | 道路・地理情報自動更新システム<br>目的地気象情報提供システム<br>交通渋滞・所要時間予想システム<br>歩行者経路案内・誘導システム |
| ETC・DSRC関係 | ETCシステム<br>駐車場利用管理システム<br>カーフェリーへの車両自動チェックインシステム<br>コンビニエンスストア・ドライブスルーショッピングシステム | 物流配送センター荷役タグ物流管理システム<br>多目的無線ICカード利用決済システム<br>ガソリンスタンド料金決済システム<br>自動門扉開閉・車両通門管理システム |
| カーマルチメディア関係 | 目的地情報(旅行・観光・リクリエーション等)提供システム<br>各種予約利用システム(公共交通・ホテル・アミューズメント施設等) | 車内オンラインショッピングシステム<br>車内電子秘書(情報検索・電子決済)システム<br>車内インターネット接続システム等 |
| 物流・公共流通関係 | 最適リアルタイム車両配置システム<br>コンテナ位置・追跡管理システム<br>総合的物流運用システム<br>公共交通利用情報提供システム | 商用車位置把握システム<br>トータルデリバリーシステム<br>公共交通車両運行管理システム<br>共同利用型短距離個人交通システム |
| 走行支援・安全運転関係 | 交差点,分岐点などでの危険警告提供システム<br>走行環境情報提供システム<br>ドライバー・車両状態情報通知システム | 最適経路誘導制御システム<br>衝突防止/運転制御レーダーシステム<br>商用車自動運転システム<br>盗難車両追跡システム |

(注) ETC: Electronic Toll Collection, DSRC: Dedicated Short Range Communication.
(出所) 電気通信技術審議会『高度道路交通システム(ITS)における情報通信システムの在り方』(1999年2月).

　しかし,経済効果としては,上記した直接的なものより,情報化がもたらす新規ビジネスの分野にこそ夢と期待がもたれる.そのいくつかの可能性の事例を示したのが表9.4である.諸情報のオープン化が他の情報技術革新と結び付けば,同表に示したもの以外にも,私たちが想定もしていなかったような付加価値の高い新しいサービスが次々と登場することも期待される.なぜなら,ITSは,個別化と情報化の融合サービスだからである.

　情報技術革新とならんで今後の経済社会の特徴を示す要素として,「個別化」という要素があげられる.携帯電話が普及した大きな理由の1つも,それが情報技術革新と個別化という2大要素が融合したものだからである.10年前,モトローラの日本進出を認めたころ,携帯電話の需要者として想定されていた

のは，高い支払意思を持つ自由業者やビジネス・エグゼクティブであった．しかし，移動体通信の爆発的普及をもたらしたきっかけは，大人の想像を超えた女子中高生たちのポケベルの使い方にあった．それが個別情報手段としての移動体通信の飛躍的発展の端緒となったのである．

ITSも，自動車というプライバシーに優れた機器と情報技術革新の融合であり，おもしろい需要を生み出すプラットホーム技術となることによって，移動体通信としての思いもよらぬ需要の可能性・波及性が期待されるのではないだろうか．すでに，カーナビゲーションを応用したGPSシステムを，人間や動物の位置特定に適用しようとの技術開発が行われているが，移転効果ではないそういった関連分野における誘発効果こそ重視されるべきである．

## 9.5 ITSと制度改革

### (1) 技術革新に対応した制度整備

ITSが今後の道路交通に大きな役割を果たすことが期待されるとしても，それを受け入れる側の制度や規制が時代遅れであれば，ITSは機能を発揮できないだけでなく，開発インセンティブも損なわれてしまう．ITSという情報技術革新がスムーズに市場に活用されていくシステムを構築することが必要である．

まず，新技術の開発・促進が円滑にすすめられるように，標準化についての議論や現行法規制の見直しを早急に行う必要がある．たとえば，ITSのなかでも先端技術であるAHS(車両自動走行運転システム)の主要な構成要素である自動ブレーキと自動ハンドルは，現行の保安基準では想定されていない．また，今後，AHSによる完全自動化運転を想定するのであれば，ドライバーの意志は運転に際してほとんど介在しなくなるため，安全を保証する責任は製造者に問われることとなるから，その際の基準や法制度上の対応についても検討が必要である．

また，すでに2000年4月からに実用導入されているETC(自動料金収受システム)については，AHS以上に早期の法規制の見直しが求められる．ETCは，人件費の節約とランプでの混雑緩和という直接的な便益に加えて，これまでの技術では収受コストの点から導入できなかった経済的に合理的な料金体系の導入を可能にする点で，資源配分上重要な役割を果たす．

たとえば，首都高速道路では距離に応じた料金をとるのは困難であるため，大部分の区間で均一料金を採用してきた．これは，短距離の利用の多い首都高では出口と入口の両方に料金所を置くのは管理コスト上非効率であり，入口で単一料金をとるシステムを採用してきたからである．ETCが導入されれば，距離帯別のみならず，混雑に応じた時間帯別料金などの複雑な料金体系の設定が可能となる．

しかし，ETCが導入されても，高速道路の料金認可システムが旧態依然としていれば，道路事業者は料金体系を市場にあわせて臨機応変に設定することはできない．したがって，料金認可制度の弾力化が必至である．ETCでは利用者の大部分がこれを使用しなければ，通常の料金ブースとETC対応の料金ブースを今後長期にわたって並列して維持することになる．つまり，ETCでは，中途半端な導入はかえって逆効果となるため，急速な普及促進を目的とした料金上の優遇策に加えて，そういったマーケティング上の視点からの敏速な料金設定を可能とするためにも，料金規制制度の弾力化が早急に求められる．

さらに，ETCと同様の技術であるDSRCについても，制度の見直しが急務である．DSRCは，駐車場，ガソリン・スタンド，カー・フェリー，物流センターなどで幅広く応用することができ，これらの民間事業者や機器メーカーは，こういった分野でのコスト節減効果と新規需要に大きな期待を寄せている．しかし，DSRCの基地局無線設備並びに地上移動局は電波法および無線設備規則による規制の対象となっているため，駐車場等にこのシステムを設置する場合，ETCと同等の構内無線局扱いとなり，郵政大臣の免許を必要する．そして，無線従事者が必要となり，手続きも煩雑である．発射する電波が著しく微弱な無線局で，郵政省令で定めるものについては，郵政大臣の免許を必要としないが，ETC無線局はこの範疇には含まれていない．道路以外での使用を含めて，ETCとして使用する無線設備については，電波法を改正して，免許を要しない無線局で登録できるような法制度の見直しが必要である．

## (2) 道路交通情報の自由化

情報化が波及効果を広くもたらすためには，情報が自由に提供され，広く流通することが必至である．民間事業者による道路交通情報の自由な加工と多様

で付加価値の高い情報の提供が認められれば，道路ユーザーの利益の向上と新規ビジネスの誕生が期待できる．たとえば，トラック事業者にとっては，道路の混雑状況だけでなく，自社の車の通過日時，車両IDなどについても，警察が設置しているセンサーやETC料金所で得られる諸情報の提供が商業ベースで自由に受けられるようになれば，車両運行管理を効率的に行うことができるようになる．また，そういった情報をユーザーに使いやすいように加工して提供する新規ビジネスも生まれてこよう．

しかし，現在，道路交通情報を事業として行うには，「公安委員会による交通情報の一元的な提供に支障を及ぼさず，かつ，交通の安全と円滑に資する場合」のみしか認められておらず，その具体的条件も厳しい．しかも，財団法人日本道路交通情報センターの自主事業以外は認められていない．

また，管理者または提供者が作成した道路交通情報の加工編集も禁止されている．VICSにおいてもかなり具体的に詳細をきわめた規制が課されており，「VICSの情報を使い，交通管理上に問題を発生させるおそれがある新たな情報を生み出してはならない；リンク旅行時間に基づかない動的経路誘導の禁止；簡易図形情報表示への重ね書きの禁止；リンク番号への地名への変換の禁止；リンク情報の誇張，統合処理の禁止」等がうたわれている．このような制約がカーナビゲーションの活用と技術開発を大きく妨げていることはいうまでもない．

したがって，道路交通情報の民間事業者による自由な加工と二次利用が認められるべきである．道路交通規制当局は，道路交通情報の民間による多様な提供が，交通管理，道路管理の妨げになることを恐れているというが，有事に際しての介入事項と方式さえ決めておけば，情報の多様な提供は道路利用者にプラスをもたらすことはあっても妨げになることはない．

### (3) 制度改革の手段としてのITS

以上のように，制度改革が先行しなければITSは宝の持ち腐れになってしまう．しかし，他方，技術革新は旧制度を押し流してしまうということもありうる．

技術革新が新しいサービスを登場させ，規制を形骸化させてしまい，デファ

クトに制度改革が行われた事例は多く存在する．規制緩和の遅れている日本でも情報通信の分野では規制緩和が比較的早く進んできた理由の1つは，変化の激しい情報技術革新を前提に市場のほうが制度より先に動いてきてしまったため，技術革新に追いつかない制度は市場の動きに取り残されて形骸化してしまったからでもある．小さな企業がゲリラ的に開始した時点では違法性が取りざたされていたのに，ニーズが定着して大企業まで参入するにおよんで，その声がきかれなくなった国際電話のかけ直しサービスなどはその典型例である．

したがって，ITSに関しても，公の力の強いインフラ部分はともかく，道路情報の二次加工など周辺部分については，民間が現行制度を無視して市場ニーズを満たす行動をもっと積極的にとれば，デファクトな制度改革が実現できる可能性は十分にある．ITSの標準化についても，関係省庁の利害衝突のなかで規格の早急な標準化が難航しているのをただ見守っているより，積極的に市場に進出してデファクトな標準化を確立するほうが望ましくはないだろうか．

また，新技術の導入を理由に制度改革を行ってしまうという便法が効を奏することもある．たとえば，前述のように，ETCの導入は，合理的だが複雑な道路料金体系の導入を可能とする．しかし，シンガポールでは，情報技術がいまのように進展していなかった20年も前に，ステッカーを使った単純な方式で都市内への自動車乗り入れに対する賦課金制度を導入した．すなわち，時間帯別の道路料金制度は，従来の技術水準のもとでも，やる気さえあれば不可能ではなかったはずである．むしろ，管理徴収が技術的に困難であるという理由は，これまで合理的な道路料金体系が導入されてこなかった大義名分であった点が強い．ETCの導入による新しい料金体系の設定は，純粋にETCが新しい技術をもたらしたからという点もあるが，それを制度改革のきっかけとする意味も大きい．

### (4) 効率的なITS整備に向けての費用負担と民間参加

最後に，ITSについての1つの重要な問題は，経済効果ばかりが先行して，費用負担の問題がまったく論じられていない点である．情報化は21世紀の重要な柱であるとはいえ，明確な受益と負担の関係を伴った費用負担のシステムを構築しておかなければ，旧来の公共投資がたどったのと同様の結果に陥る恐

れがある．ITS 投資についても，受益と費用の関係を明確にした制度の早急な構築が求められるところである．とくに，高速道路上では，ETC の普及によって複雑な料金体系も可能となる路線から，ITS 関連投資の費用を受益者に負担させる方法が早急に構築されるべきである．とくに，ITS 関連のインフラ整備は，道路交通量の多い区間でこそ，効率を発揮するのであり，道路交通需要の小さい人口稀薄地域への投資は望ましくない．

ただし，人口稀薄地域の情報化が不必要であるといっているわけではない．IT 化とは，大規模な情報投資をさすわけではない．（たとえば，携帯電話を活用した ITS など）個別の情報技術革新による分散型のシステムで対応することも含めて，受益と負担の一致した効率的な費用負担と整備のありかたを工夫すべきである．

次に，公的部門への民間の参入が積極的に行われるべきである．

IT 化の遅れは，高度情報化社会に取り残されてしまうことを意味する．それは，道路分野に限っていえば，ITS の遅れにより，道路分野が日本全体の IT 化に対して相対的に遅れてしまうことを意味すると同時に，日本の道路技術・道路政策のノウハウが世界に比べて遅れてしまうことを意味する．

幸いにして，日本は有料の道路制度という世界でも先進的な制度をもっている．「高速道路は無料」が前提の国では，ETC の導入はこの無料概念と矛盾するがゆえに困難であるのに比べ，日本はこの点では制度的に有利である．この有利さを活かし，世界に先がけて IT 化を積極的に進めていくというのも，1 つの戦略である．

それには，インフラ部分への民間の参加がもっと積極的になされる必要がある．これは，官に期待し官主導で進む経済体制を変えていくべきという公共投資の一般論の点からだけではない．他の分野では民間主導で IT 化が進むのに，道路の分野では公の役割が強いゆえに，官庁間の協議に時間を費やしてしまい，かつ，官主導の非効率な伝統的な投資システムが ITS 基盤整備についても適用され続けられることになれば，他分野に比べて道路分野の発展は遅れをとってしまう．したがって，民間は，PFI を活用するなどして積極的に公の縄張りに関与していくことが望まれる．

**参考文献**

青木・醍醐・二村・湧口・手塚(2000)「道路プライシングの整備手法に関する研究2000」建設省土木研究所・慶應義塾大学編『ITS導入効果およびAHS技術に関する基礎的先端的研究1999年度報告書』433-589ページ,建設省土木研究所・慶應義塾大学

青木亮・田邊克巳(2001)「道路プライシングの整備手法に関する研究2001」建設省土木研究所・慶應義塾大学編『ITS導入効果およびAHS技術に関する基礎的先端的研究2000年度報告書』433-589ページ,建設省土木研究所・慶應義塾大学.

中条潮(2000a)「技術革新は規制形骸化に有効」『論争東洋経済』2000年1月号,240-245ページ.

中条潮(2000b)「運輸交通の規制改革」八代尚宏編『社会的規制の経済分析』第6章,日本経済新聞社,169-203ページ.

中条潮(2001a)監修,加藤摩周・青木亮編『ITS産業2001』経済産業調査会.

中条潮(2001b)編『エコノミックス(特集:ITの喧騒を超えて)』第4号,東洋経済新報社.

(財)道路新産業開発機構(1999)『ITS HANDBOOK』.

金本良嗣・山内弘隆(1995)『講座　公的規制と産業——交通』NTT出版.

黒田昌裕・野村浩二(2000)「ITSの経済効果」建設省土木研究所・慶應義塾大学編『ITS導入効果およびAHS技術に関する基礎的先端的研究1999年度報告書』384-399ページ,建設省土木研究所・慶應義塾大学.

TDM研究会(1996)『TDM(Transportation Demand Management)の検討——ロードプライシング法制度研究』道路経済研究所.

# 第III部
## 競争下の都市間交通政策

# 第10章
## 競争時代の鉄道政策——鉄道改革と上下分離

### 要約

　交通市場全体に対する独占力を失った鉄道を再生し，効率的な社会インフラとして鉄道をどのように位置付けるかは，1970年代以降，鉄道政策の中心課題である．わが国の国鉄分割民営化はひとつの手法を提示しているが，民営化の成否は鉄道に対する需要——市場条件——以外にも多くの要因に依存している．また，国鉄民営化に関しては，その実施が政治問題になることもあり，国により評価が異なる．

　一方，1970年代以降注目されてきた鉄道の上下分離政策は，鉄道の特性からみて，普遍性の高い鉄道政策として評価され，導入が進められている．政策論的にいえば，上下分離は，交通調整論，総合交通体系（イコールフッティング），鉄道の公設民営論の流れを汲むものであり，これら政策論の根拠は，鉄道事業の費用構造上の特性である平均費用逓減（劣加法性）の性質にある．平均費用逓減は，需要が減少局面に至ると採算問題を生じさせるからである．

　上下分離の経済学的根拠は，1）平均費用逓減による市場の失敗の回避，2）利用可能性等の外部経済効果への対処，からなる．加えて，足の確保などの公平性に基づく根拠も提示される．

　上下分離の具体論においては，下部部分である線路費用の負担が問題となる．効率上の観点からは，ラムゼイ価格体系，二部料金・multi-part料金などが推奨される．しかしながら，現実的には，費用負担問題として公平性の検討や列車運行事業の採算性，路線使用料に対する公的規制との整合などの課題が避けられない．

　上下分離は，線路と輸送の事業主体を分離することで，結果的に鉄道事業の責任領域を明確化することに貢献する．たとえば，上下分離は，鉄道事業の企業的領域と公共的領域を区分し，「私」と「公」の役割分担を明確にする．このような「公設民営」タイプの上下分離は，「私」的部分における競争の促進と，「公」的介入の範囲の明示化に寄与する．

## 10.1　競争時代における鉄道改革と上下分離

### (1)　競争の進展と鉄道改革の背景

19世紀に形成された鉄道中心の交通(陸上)システムにもっとも適合性の高い交通政策(自然独占型規制体系)が長い歳月と試行錯誤の末にようやく完成の域に達したのは20世紀初頭のことであった．米国の1920年交通法，英国の1921年鉄道法，1920年のドイツ鉄道国有化，1906年の日本の鉄道国有化，などがその事例である．

しかし，歴史の皮肉のたとえどおり，これとちょうど時期を同じくして，欧米諸国を中心に自動車交通や商業航空輸送がいよいよ初期成長期を迎えようとしていた．そして交通市場の競争化現象は，20世紀後半の約半世紀をかけて，自然独占型規制体系を旧式化させ，解体に追い込んでいくのである．鉄道が交通政策の主役を務めた時代は去り，1980年代以降の先進諸国では交通産業に対する規制緩和が広く実施されるようになった．

しかしながら，1980年前後から世界の交通が規制緩和時代を迎えた後でも，鉄道に対する規制緩和は大幅に遅れた．独占時代から競争時代にいたる交通政策の変換過程は，それがかなり長期間を要したことからも想像されるように，決して滑らかなものではなかった．鉄道政策は競争化現象への対応を迫られる一方で，「鉄道問題」——先進諸国の国鉄の経営難・財政難——の深刻化現象への対処を迫られたからである．

国鉄の経営難・財政難の原因の1つである鉄道線路の維持管理費用の節減や不採算路線の切り捨てに関しては，その是非をめぐる激しい議論を伴うのがふつうである．経営難の民間企業では設備の維持管理費用を節減しようとするが，安全輸送の確保が重要な鉄道においては，鉄道線路の維持管理を費用削減の対象とすることには反対意見が多い．また，不採算路線の維持に関してもそれを求める政治的・社会的圧力が強い．

これらの制約の下での鉄道政策の転換は，「鉄道改革」と呼ばれるものであるが，それは鉄道の上下分離(列車運行事業と鉄道インフラ事業の分離)，国鉄民営化，規制緩和などからなる．とくに前2者は，鉄道の運営方法や経営形態の変化を伴う鉄道事業改革の代表的手段を表している．

## (2) 鉄道政策の変遷と上下分離の登場

上下分離は鉄道改革の一環として登場してきたものであるが，それは長い鉄道政策の試行錯誤の結果として生まれたものである．わが国を含む諸外国の鉄道政策の変遷を概観すれば，上下分離が登場するまでの経緯が理解できる．具体的には，競争政策の観点から，年代順に，北米(1970年代)，日本(1980年代)および欧州(1990年代)の順に鉄道改革が進展してきた．

1960年代の米国では，鉄道輸送はすでに都市間旅客交通の小さな部分を担うにすぎなくなっていたものの，米国政府は，鉄道に対する本格的な規制緩和政策(1980年スタガーズ鉄道法)を実施する前に，鉄道問題に対する政策的決着をはかる必要に当面した．こうして，旅客部門と貨物部門の分離と鉄道線路部分の所有の見直しが行われた．

1970年代に，鉄道会社から旅客輸送部門を切り離し，全国一元的に都市間鉄道旅客輸送事業を営む企業として，Amtrak 社(National Railroad Passenger Corporation: Amtrak)，VIA 社(VIA Rail Canada Inc.)が設立された．Amtrak 社と VIA 社は貨物鉄道会社の線路を借りて輸送事業を営む形の上下分離を採用している．Amtrak 社は「鉄道の上下分離」を大規模に実施した最初の事例としても注目される．また，1970年代初頭に設立された，もう1つの鉄道輸送公社である Conrail 社は，米国北東部を中心とする鉄道貨物輸送を極度の運営難から立ち直らせ，業務の縮小合理化を通して再民営化を実現するべく設立された事業体である．

1980年代後半に実施されたわが国の国鉄改革では，旅客輸送については旧国鉄が上下一体のまま地域別に6分割された．分割後の各社の経営状況は需要の多寡，市場条件によって大きく異なり，東京，大阪，名古屋など大都市圏を有する本州3社の経営は安定し，上下一体での自立採算が可能となっている．一方，市場に恵まれない3島会社の経営は，経営安定基金からの運用益を得ても，なおその経営は厳しい状況にある．経営安定基金は外部補助の一種であり，運用益による営業損失の補填によって経営基盤の確立を図ることを目的としているが，上下分離的な機能もある．貨物輸送については北米型の上下分離を採用し，客貨間の内部補助を排除した．

1990年代に入って本格的な鉄道改革に取り組んでいる欧州では，線路と輸

送の分離という上下分離の実施に踏み切り，原則として線路事業を公共的領域に，輸送事業を企業的領域とした．企業的領域の事業については，市場機構に委ね，オープンアクセスなど当該領域の可能な限りの規制緩和と自由化を進めている．一方，公共的領域については，単に公的規制や公的助成を行うのではなく，これを最小限に限定し，擬似的市場機構やインセンティブ規制の導入など市場メカニズム重視の鉄道政策が採られている．なお，不採算であっても社会的に必要なサービスの供給については，「地域化」(regionalisation)政策などを通じて，当該の地方政府，公的機関の判断や意思決定に委ねられ，公的な費用負担が担保される例が多くを占める．

### (3) 上下分離の交通政策史的位置付け

鉄道の上下分離は，鉄道を取り巻く市場環境の変化に対応するものであり，最近の用語である．しかしながら，上下分離政策論の萌芽は，交通調整論，総合交通体系およびイコールフッティング論などにみられる．

鉄道輸送は，そのシェアが小さい米国ですら，交通政策のなかで特別扱いされてきた．特別扱いの理由は，鉄道問題をめぐる交通調整政策論議(後述)のなかに見出すことができる．

交通市場競争の進展とともに深刻化した鉄道企業(大半は国鉄)の経営難現象は，自然独占の性質(劣加法性)に基づく市場の失敗に原因がある．すなわち，競争時代の鉄道産業は独占的地位の喪失により需要規模や需要密度の低下現象に当面せざるをえないが，産出面での平均費用逓減の性質がはたらく限り，たとえ当該鉄道企業に相当程度の需要規模が残ったとしても，企業運営自体は不採算に陥るという市場の失敗現象が発生しがちだからである．

交通調整政策論議——交通調整論[1]——は各国の鉄道問題の発生に即して行われ，英国では早々と1930年代末に開始された[2]．先進諸国における1950

---

1) 交通調整論の目的は交通機関間の適切な競争関係や輸送分担関係をつくりだすことにあり，異種交通手段間の関係をどうするかが論議の主題である．諸議論に関するサーベイ論文として斎藤(1982)を参照されたい．
2) 通路費負担方式の調整(プール制)を主題としたMance, H. O. 報告(1940)，コスト主義運賃に基づく交通量配分の適正化を主題としたWalker, G. 論文(1947)などが交通調整論議の発端となった．解説文献として藤井(1978)を参照されたい．

〜60年代の交通政策論議を席巻した交通調整論は，交通手段間の通路費負担ルールの公平化（イコールフッティング）を通して，あるいは市場介入的手段（モーダルシフト論のような需要調整）を通して，鉄道企業の健全経営を取り戻そうとする点に主眼をおいていた．英国が1947年に実施した主要な交通産業の国有化政策は，たとえ社会主義的な方法に頼ってでもこうした交通調整目的に到達しようとした劇的な例であった．ただし，資本主義社会ではこのような交通手段間の計画的な資源配分はうまく機能しなかった．

　観念論が強かった交通調整論は，実践的な交通政策の点ではみるべき成果を残さなかったものの，近年の鉄道の上下分離政策にとって交通調整論がもたらした影響は決して小さくない．平均費用逓減下の需要縮小局面において発生する市場の失敗を防止するには，交通調整論が行った問題提起に従って実践的な手だてを講じることの重要性が認知されたからである．いずれにせよ，競争の進展がもたらした変革のエネルギーは大きく，交通政策に関わるアンシャンレジーム（旧体制）はことごとく破局に瀕した．破局の代表的3ケースとして，

①自然独占型規制体系の破産──費用逓増型交通手段の大量進出
②交通調整政策の失敗──観念論と現実（交通手段選択）の乖離
③交通公企業（とくに国鉄）経営の破綻──企業責任と公的責任の未分化

などが挙げられる．

　これら3ケースはいずれも，1970年代以降の先進諸国において本格的に開始された交通産業に対する規制緩和政策の政策史的な基盤をなすものとして位置付けることができる．規制緩和（あるいは規制撤廃）という時代的背景の下で，鉄道政策もまた競争指向のスタンスを取らざるをえず，需要規模の縮小と平均費用逓減との狭間で生じる市場の失敗現象に対してはその補整策を講じることの必要性が高まる．EU諸国で実施された鉄道の上下分離政策の多くは，このような文脈のなかに位置付けられる．換言すれば，競争的市場の下で，鉄道を維持，再生していくために登場した方式が鉄道の上下分離である．

　各国が進める鉄道の上下分離政策は，そのことに関連して各国が掲げる交通政策目的にバラエティがあるように，必ずしも一様でない．上下分離をめぐる内外の差違からも類推されるように，上下分離政策の当否やその中身を左右するのは各国の鉄道輸送を取り巻く市場条件である．交通政策史的にみた鉄道の

上下分離政策は，前段階である交通調整論の影響を受けるとともに，その実践に関しては1970年代以降の規制緩和論や上記の市場の失敗の補整要因との直接的な因果関係をもつものとして規定できる．

### (4) 上下分離の意義——「公」と「私」の分離

鉄道事業には不採算ながら社会的に必要な輸送サービスの提供といった公共的な事業領域とビジネスとして自立採算の達成が可能な企業的な事業領域とが混在する．この2つの相反する事業はこれまで同一事業体の内部補助に依存して営まれてきた．ただし，独占時代には内部補助を維持しうるが，競争時代には内部補助は事業体の健全経営を崩す危険がある．

上下分離によって「公」と「私」が混在する複合的な鉄道事業を分割し，市場競争力のある事業領域を抽出することによって，公的責任の領域を明確にすることは，この方式のもつメリットである．その結果，性格の相反する事業を整合的に両立させることが可能になる．上下分離は競争時代にふさわしい鉄道運営方式の1つといえる．

このように，上下分離は，一方では市場競争力を発揮できる事業の促進をはかりながら，一方では市場の失敗に対処する方式といえる．とくに，鉄道インフラの維持管理費用の負担に耐えられないほど需要の少ない市場環境下で鉄道事業を維持していくための方策として有効性を認めることができる．つまり，上下分離の目的は，自立可能な分野において健全な経営を保証し，かつ競争政策とも整合しうる鉄道システムの構築なのである．

なお，上下分離政策は，鉄道ばかりでなく，鉄道とともに伝統的な費用逓減産業の一角をなしてきた電力や電気通信などの諸産業でも進展中である．サービス事業(産出や供給)とインフラ事業を分離することにより，前者を伝統的な自然独占規制政策の束縛から解放し，参入や価格の自由化を通じてこれを競争的産業に育てようとする一連の施策は世界の大きな流れであるといってよい．

## 10.2 鉄道の上下分離政策と国鉄民営化

鉄道改革と呼ばれる一連の交通政策のなかで，鉄道事業改革に相当するのが，鉄道の上下分離と国鉄民営化という2つの鉄道政策である．鉄道の上下分離政

策が世界的にみて一般的となった最大の要因は，1991年にEC委員会(当時)が加盟各国に対して発令したEC共通鉄道政策指令(91/440/EEC)である．同指令は加盟各国に対して鉄道(国鉄)の上下分離，鉄道インフラへのアクセスの自由，鉄道財政の改善——とくに過去債務からの解放——を指示したが，国鉄民営化についてはとくに指示しなかった．こうして，EU加盟国の数を背景に，鉄道の上下分離政策は，先進国における現代鉄道政策のもっとも重要なキーワードにのし上がった．

しかしながら，このことはEUの鉄道改革に関する政策ヒエラルキーのなかで，鉄道の上下分離が国鉄民営化よりも上位の手段として位置付けられていることを意味しない．鉄道輸送機能の点で日本との共通点が多いEU諸国が1990年代になって鉄道改革への本格的な取り組みを開始した背景には，わが国の国鉄民営化の成功が影響を及ぼしている．EU共通鉄道政策の特徴として鉄道改革と鉄道の規制緩和がわが国以上に密接な関係に立っている点を考えれば，鉄道の上下分離は鉄道改革のベーシックな政策手段として位置付けられ，さらに国鉄民営化のような高次で政治的な性格を帯びやすい政策手段はむしろ選択的な位置付けを与えられているものと考えていいだろう．

鉄道の上下分離といえば，最近でこそ鉄道事業の組織分離を伴う例が多いものの，1991年・EC指令がインフラ会計と運営(輸送)会計に分けた区分会計制度の導入でも可としたように，組織分離を伴わず，鉄道事業の経理に区分会計制度を導入することで上下分離を実施した事例も少なからず存在する(ベルギー，オーストリアなど)．区分会計方式は鉄道インフラの使用権に関する参入自由化の点では難点を有するものの，その一方で伝統的な上下一体型の鉄道運営が有する安全上の優位性を指摘する声もある[3]．

EU諸国のなかで，英国，ドイツ，オランダ，イタリアなどでは国鉄民営化が実施された．これらの国々の国鉄民営化は，EU共通である鉄道の上下分離をベースに，さらに日本の国鉄民営化の際に実施した水平分割(客貨分離・地

---

[3] 鉄道の上下分離の類型とそれぞれのタイプが抱える問題点については，堀(1996)に詳しい．また，上下分離の多様な類型をEU各国のアンケートに基づき整理した資料がECMT(1998)のpp. 23-36に収録されている．

域分割)の要素も加えて実施された．日本と比較しながら国鉄民営化の中身の違いを概略的に示すと以下のようになる．

　①日　　本　水平分離——客貨分離，地域分割
　②英　　国　上下分離，水平分離——客貨分離，地域分割(旅客輸送のフランチャイズ制)
　③ドイツ　　上下分離，水平分離——長距離旅客，近距離旅客，貨物
　④オランダ　上下分離，水平分離——旅客，貨物，駅

　すなわち，鉄道の上下分離は，鉄道インフラ事業と列車運行事業を分離するという組織分離のやり方で実施され，英国やドイツの場合は鉄道インフラ事業の完全民営化を前提とする．スウェーデンの上下分離は「インフラ事業＝国(鉄道庁)」，「列車運行事業＝国鉄」とする変則型だが，インフラアクセスの点で国鉄の特権が認定されているわけでなく，また輸送分野別(幹線，内陸線，鉱山線など)に水平分離された鉄道輸送事業のうち地方交通線の民間売却もかなり進んでいるため，国鉄民営化の1類型とみなしてよいかもしれない(堀[1999]参照)．

　日本と上述EU3国の最大の違いは上下分離の有無にあるが，これには91年EC指令の要因のほかに，鉄道市場条件の格差というさらに重要な要因が関係しているといえる．先進国の鉄道輸送のなかで，公的補助金なしで上下一体型の鉄道運営が継続されている例に，日本のJR旅客輸送や都市鉄道，北米大陸の大陸横断貨物鉄道，各国の観光鉄道などがあり，いずれも鉄道経営にとって有利な大量輸送市場や独占的市場に恵まれた鉄道企業の事例である．EU諸国の鉄道輸送においても，一部の都市間(国際)高速旅客輸送や内陸貨物輸送のように，上下一体型運営の下で自立採算が達成可能な鉄道輸送分野はまだ残されているものと想像される．後述する鉄道インフラ使用料のなかには，上下一体での採算達成を前提に設定されるような事例が少なからず存在する．

　とはいえ，EU諸国の鉄道改革が鉄道の上下分離を軸に展開し，またEU以外の先進諸国においても鉄道の上下分離例が増えている現象は，交通市場競争の進展とともに鉄道輸送市場が弱体化し，上下一体型の鉄道運営が困難化している状況を物語っている．日本の上下分離例は大都市圏に集中しているが，これまた市場条件と上下一体型鉄道の自立採算原則との不整合がもたらした現象

である点に変わりはない．

　なお，上下分離と国鉄民営化の関係を検討する際に，上下分離による「公」と「私」の責任分担の明確化に注目する必要がある．国鉄民営化政策は，その前提として鉄道事業を公共的領域と企業的領域に区分する必要に当面する可能性が高い．上下分離はこの区分を明確にするひとつの方法を表している．

## 10.3　上下分離政策の類型と交通市場条件

　鉄道の上下分離という点では同じであっても，EU諸国の場合に限らず，上下分離政策にかける各国の交通政策の思惑にはかなりの差違がある．それは各国の政策理念の違いだけでなく，鉄道運営を取り巻く市場条件の差違を反映している．上下分離に対する交通政策の視点を類別すると，以下のような分類が可能である．

①交通調整に重きを置くもの
　1) 交通手段間の競争条件(通路費負担)の公平化——イコールフッティング
　2) 交通システムにおける外部費用の抑制——たとえばモーダルシフト
②企業の自立(＝商業的運営)に重きをおくもの
　1) 鉄道事業の政治的圧力(介入)からの解放
　2) 自立採算経営，効率的経営への復帰
③公的負担の節減や競争主義に重きをおくもの
　1) オープンアクセスによる競争的参入と規制緩和を通した競争活性化
　2) 鉄道に対する公的負担の節減
④その他
　1) 技術的な上下分離——他社線乗り入れ(国際列車の運転，空港連絡鉄道，都市鉄道における相互直通運転，ユーロトンネルなど)
　2) 鉄道整備促進目的——公設民営方式，開発利益の還元に配慮した鉄道インフラ整備事業の導入
　3) 不採算サービスの存続——米国やカナダの都市間旅客列車の存続

　①の交通調整目的は，鉄道の上下分離を示唆する提案がすでに1940年代の

英国における交通調整論議に表れていた点[4]に配慮すれば，交通政策論の視点からはこれを第一義的に扱うべきであろう．事実，鉄道の上下分離は，イコールフッティングの実現方策をめぐって長年にわたって論争の対象とされてきた膨大な議論が行き着いた，まさに最終結論とでもいうべき性格をもっている．

モーダルシフトをテーマとする交通調整論についても同じことがいえる．1970年初頭のわが国の交通政策論を席巻した総合交通体系論は交通手段間の適正輸送分担関係の確立を目標としたが，需要調整を重視したこれらの議論の中身はモーダルシフト論とほとんど重なり合うからである．

ただし，現在進められている鉄道の上下分離政策は，交通調整論というよりも，むしろ鉄道改革政策を直接の契機としている．②の目的は，長年の不採算に悩んだ鉄道事業に対して商業的鉄道輸送や効率的鉄道運営への回帰を期待するものであり，鉄道改革それ自身を表している．そのことはまたわが国の国鉄民営化の成果として諸外国に伝えられたメーセッジに沿う性質のものである．

②の議論をさらに一歩進め，鉄道改革の本質を③の自由競争指向の観点からとらえようとする場合，鉄道の上下分離政策のもっとも核心的な部分は，むしろ鉄道インフラ使用権をめぐるオープンアクセス（競争的参入）ルール，および競争ルールに則したインフラ使用料の設定問題に帰着する．すなわち，インフラ保有から解放された鉄道企業に対して，競争的参入やサービス・価格競争に関わる合理的なルールづくりを行うことがもっとも重要な政策課題となる．交通政策の展開過程としては，③を②の発展段階と位置付けるほうが自然であろうが，英国の現在の鉄道改革は②と③の同時並行的な展開例に該当しよう．

これに関連したもう1つの論点は，鉄道に対する公的負担の適正化（効率化）問題である．上下分離を契機に鉄道に対する公的負担を，市場の失敗の防止局面（ピーク需要対応など），ミニマム局面（不採算サービス），分配的局面（公共割引運賃など）に限定し，公的補助額の決定に競争入札制を活用（英国の例）したり，不採算輸送サービスの存続に関する契約制の厳格化などによって，公的

---

4) 鉄道と道路輸送間の通路費に関するプール制を提案したMance報告は，その後鉄道と道路輸送の競争は通路費以外の費用に基づく競争に委ねられるべきである，とのMance提案に発展し，これを批判したLewis, W. A. らとの論争を生んだ．藤井(1978)の11-12ページおよび斎藤(1991)の198-200ページを参照されたい．

負担の節減を図ろうとする政策目的である．

最後の④は上下分離をもたらしたその他の要因を表す．このなかで交通市場条件に直接絡むのは，2) 都市鉄道整備事業と 3) 不採算鉄道の存続，の 2 つのケースである．大規模投資の必要性と完成後の不採算の見通しから導かれる上下分離は，鉄道の整備責任（公的部門）と運営責任（鉄道企業）を分けたいわゆる「公設民営方式」を導く可能性が高く，上下分離により鉄道整備の資金調達の円滑化と投資リスクの分散を図ろうとする目的をもつ．これは，鉄道インフラ事業の資金調達面においては開発・集積利益の還元（外部性の内部化）を含む受益者負担ルールを，また輸送面に関しては利用者負担ルールを適用するといった負担面での格差を設けることができる点でも便宜性が高い．

④の 3) は前述 Amtrak 社の場合のように，不採算輸送の運営を上下一体型の鉄道事業から分離し，これを存続させようとするようなケースに該当する．結果的にそれは他社線のインフラを利用した輸送サービスの存続となるので，④の 1) と同様の技術的な上下分離を導きやすい．

## 10.4 インフラ使用料の類型化と交通市場条件

EU 諸国がそれぞれの国鉄を対象に実施してきた鉄道の上下分離は上記の①～③の類型のいずれかに類別される．上下分離を区分会計制度の導入にとどめるような場合を別とすれば，いずれの類型に入るかの行方を左右するのは第一義的には鉄道インフラ使用料の設定の仕方および設定理念である．

EU 共通鉄道政策に関する 95 年指令（95/19/EC）は都市間鉄道輸送に関する鉄道インフラ使用料の設定に関する指針として，以下の 3 つを掲げた[5]．

①インフラの容量配分がインフラの最適な効果的利用をもたらすこと
②公平かつ差別せず，品質，時間，市場状況，施設の損耗に対応すること
③インフラ使用料収入と国の公的負担の合計がインフラ支出を賄うべきこと

第 1 に，これらを経済学に基づいて解釈すれば，上の指針の主要な部分が①の「最適化」概念と③の損失補填に関する公的負担ルールを示すことで，限界

---

[5] 95 年指令 "On the Licensing of Railway Undertakings" (95/18/EC) の条文は ECMT (1998) の pp. 139-146 に収録されている．なお同書 pp. 123-130 には，前述の EC91 年指令 "On the Development of the Community's Railways" (91/440/EEC) の条文も収録されている．

費用原理に則したインフラ使用料の設定理念を示唆していることは明らかである．この場合の公的負担は平均費用逓減下における平均費用と限界費用の差額に相当し，さらに他の交通手段の関連外部費用が考慮される場合は，鉄道の私的限界費用を下回る低水準のインフラ使用料が正当化される可能性が高くなる．

経済学の最適化理論との整合もさることながら，これらの議論は交通手段別供給システムの費用関数の違い（逓減か逓増か）にかかわらず，最適価格である短期限界費用に則したインフラ使用料の設定を指示している点で，前段①の交通調整（イコールフッティング）目的にも高い該当性を有している．また関連外部費用に配慮した使用料設定の目的は，いま1つの交通調整（モーダルシフト）目的に合致するであろう．

第2に，インフラ使用料の設定をめぐる議論は，前段②の鉄道改革目的や③の自由競争目的にも強く関わり合う．鉄道改革は，鉄道企業の自立採算の達成や商業的運営への復帰を目標に掲げるけれども，この場合においても，適切なインフラ使用料は，鉄道企業を取り巻く市場条件に依存する．

たとえば，市場条件が良好な場合，インフラ使用料収入によりインフラ運営の直接費用や限界費用を上回る収入を獲得することが期待できよう．市場条件がさらに良好だと，使用料収入で賄うことのできる費用は，増分費用（長期限界費用）や平均（採算）費用の概念へとランクアップし，とくに後者の場合は，鉄道インフラ事業自体の利潤獲得やその民営化の可能性が浮上する．またそうであれば，そもそも上下分離など不要であり，最初から上下一体の鉄道事業が望ましいのではないかという議論も成り立ちうる．

しかし，すでに述べたように，上下一体型の鉄道事業の自立採算が達成可能であるためには日本の新幹線のような大量輸送市場に恵まれなければならず，競争時代の今日においてこのような鉄道市場を見出すことはなかなか容易でない．むしろ鉄道インフラ事業の採算可能性を念頭におくことができる場合においてすら，諸外国の大都市通勤輸送のように大規模な公的負担の投入が避けられないような市場も存在する．この点，日本の都市鉄道は例外であるが，ピーク輸送の激しい混雑現象がこの例外現象を支える要因となっている点を見逃すわけにはいかない．インフラ事業の自立採算の可能性は，常に利用者負担に基づくインフラ使用料収入だけを前提とするわけにはいかない場合が少なくない

日本の鉄道インフラ使用料は鉄道運賃規制(公正報酬率規制)にのっとって算出される[6]ため、フルコスト型として分類できる。英国の鉄道インフラ事業Railtrack社は自立採算経営を前提とするけれども、同社のインフラ使用料収入にはロンドン都市通勤輸送分野やリージョナル輸送分野など、フランチャイズ獲得のための競争入札が公的助成金の提供を前提として運用される場合の使用料が含まれるため、インフラ使用料の設定ルールはフルコスト型でない。

　市場条件が良好でない場合のインフラ使用料の設定ルールとしては、回避可能費用、短期限界費用、社会的限界費用などがあるが、企業会計に則して実務的に費用計算を行った場合に、これらの間にどれほどの差違が発生するのかに関して先決的な議論をすることは難しい。EU諸国のインフラ使用料に関するHolder(1999)の紹介に従ってインフラ使用料の類型化を行うと以下のようになる。なお、英文名称は地元の専門家の間で使われているものである。

①限界費用原理または社会的限界費用ルール(the Scandinavian Approach)

　この場合、国による鉄道支援は、原則としてインフラ総費用とインフラ使用料収入の差額に対する公的補塡を通して実施される。具体例としてスウェーデン、フィンランド、デンマークなど。使用料だけに注目すれば、JR貨物やカナダVIA社等に適用される回避可能費用ルールも大同小異である。

②平均費用原理ルール(the Adjusted Average Cost Approach)

　鉄道改革重視型。この場合、インフラ使用料はインフラ総費用と国の鉄道支援額の格差を補塡できる水準に設定される。国は原則として限界費用ルールの推進意思をもたない。ドイツ、オーストリア、イタリアなど[7]。

③単独採算、商業的鉄道輸送重視型

　英国はフランチャイズ免許の入札額を反映する高水準の固定料金と限界費用

---

6) 1つは神戸高速鉄道に適用され、「鉄道インフラ経費+事業利益」を「線路使用料+駅業務委託料」に等しくする方式であり、同社が法律の整備以前に上下分離を実施した鉄道インフラ事業の先駆的な例で駅業務を伴う唯一のインフラ事業である点を反映している。他はインフラ建設費を建設資金調達の平均金利をもって30年元利均等半年賦方式の下で償還する額に基づき線路使用料を算出する方式である。

7) ドイツ以外は、ECMT(1998), pp.31-36に収録されているEU各国に対するアンケートの回答内容に基づいている。

以下の安い可変料金の組み合わせにより高率の費用回収を目ざしている[8]．ユーロトンネル使用料（二部料金制）も建設費用償還を目的とする．制度上の変化が激しいドイツの新インフラ使用料もこのタイプに近づきつつある[9]．

④フルコスト型

フルコスト運賃規制下もしくはこれと整合的なインフラ使用料の設定．神戸高速鉄道，成田空港高速鉄道，関西国際空港連絡鉄道など．

いうまでもなく，①～④の分類を決めるのは使用料の設定目的の違いであって，交通政策や鉄道政策上の理念の相違を映しだすものの，それは同時に各国の交通（鉄道）市場条件の格差を色濃く反映している．

市場条件とは別に，たとえば，鉄道インフラ改良に関する大規模投資の責務と負担を誰が負うかといった責任分担制度の中身もインフラ使用料の設定に大きな影響を与える．都市間鉄道インフラの設備投資の決定責任と投資費用負担の大半を連邦政府の責務とするドイツ方式と他の国の方式とでは平均費用算出の基本ルールが大きく異なる．

費用が異なるインフラ間の使用料格差をどうするかは基本的には使用料制度づくりの問題である．採算性の達成が必要とされる場合はインフラごとの費用格差や需要グループごとの市場条件に即した合理的な制度づくりが求められる．高品質インフラの効率的利用を促し，かつ差別的扱いを伴わずに投資費用を回収するには，インフラ利用に対して長期限界費用（増分費用）に基づく料金を設定するだけでなく，余剰能力縮小の目的，ピークロード的料金設定の目的，合理的な追加料金または割引料金設定の目的などに高い対応性を有する二部料金

---

[8] 英国の鉄道インフラ使用料制度は，一括額の年間固定料金，車両走行マイルに応じた変動通路使用料，変動電力使用量，その他調整料金（追加費用の発生や Railtrack 社の財務実績を反映して調整）の各要素から構成されるが，他の EU 諸国に比べ固定料金の高水準を指摘する声が多い．

[9] ドイツの鉄道インフラ使用料（DB Netz 社）は 1999 年に二部料金制に改定され，固定料金（Infra Card）は，顧客要件（最小ネットワーク規模，輸送の種類，運行計画など），線路規格および契約期間に関する数量割引などの要素を総合して設定され，可変料金は，輸送密度等級，時刻設定上の柔軟性の程度，割増（振り子電車等）と割引（低騒音列車への環境ボーナス等）などに配慮して設定される．なお，斎藤（2001）51-54 ページを参照されたい．

や multi-part 型料金制度が優れているとされる[10].

## 10.5 鉄道の上下分離に関わる負担問題

鉄道の上下分離政策は，鉄道インフラに対する公的負担政策と密接に関わるため，負担問題もまた重要な論点の1つである．独占時代には上下一体の運営の下で利用者負担ルールが当たり前であった鉄道が，競争の進展とともに需要規模の縮小に伴う市場の失敗現象に当面し，これが鉄道の上下分離政策を生むきっかけとなった．したがって，負担配分問題は上下分離およびインフラ使用料問題のまさしく本体に関わる論点である．

くり返すように，そもそも鉄道の上下分離が必要かどうか，またインフラ使用料をどう設定すべきかの政策問題は，交通市場条件によって大きな影響を受ける．日本の国鉄改革が上下分離を伴わずに実施され，EU 諸国が上下分離を採用したのは，交通市場条件の格差が影響している．北欧諸国のインフラ使用料について限界費用原理の適用例が多いのは，これらの国々が経済学に則した効率的価格の実現に関して真摯であるという見方もできようが，それ以上にインフラ総費用を前提とした自立採算の点で，これらの国々の鉄道事業が非常に厳しい市場条件の下に置かれていることを反映している．

比較的わずかな需要量の喪失により市場の失敗に陥る可能性のある鉄道事業では，上下分離政策を伴うか否かにかかわらず，市場の失敗を防止する手段として公的負担の投入が実施される可能性が高い．この場合，公的負担によって産出される財は，鉄道沿線の住民に対して供給される鉄道サービスの「利用可能性」のようなある種の外部効果(地域公共財)であるとみなされる．

鉄道にとって良好な市場条件の下では，既存の鉄道サービスに関してこの種の利用可能性の喪失現象が発生したり，それに対する消費者の不満が顕在化したりする可能性は小さい．また仮に一部の市場で利用可能性の喪失問題が発生しても，鉄道が独占的市場を有する場合には高収益部門からの内部補助に頼っ

---

10) ドイツの鉄道インフラ使用料の旧制度と新制度の得失比較については，Averle(1998)が詳しいが，その後 2000 年に再び制度改革を行うなどドイツのインフラ使用料制度はなお試行錯誤期にある．

てこの種の利用可能性の喪失現象を未然に防ぐこともできる．ただし，この場合，利用者負担ルールの枠組みは崩されないものの，施設ごとの利用者（グループ）間の分配問題が発生し，効率上の難点が生じる可能性が高い点に注意する必要がある．一方，鉄道インフラに対する公的負担政策は，利用者負担ルールからの逸脱に伴う分配問題の発生を避けて通ることができない．

鉄道インフラ使用料に限界費用原理を適用する場合，インフラ総費用に占める公的負担の割合が高まり，結果として当該インフラには公共財的性質が付与される．これは間接費（共通費）もしくは固定費部分が有する公共財的性質と呼ばれる性質に対応する．産出される公共財の概念にこだわれば，それは当該鉄道インフラの存在自体がもたらす外部効果（当該インフラの利用可能性）として規定できる[11]．

本来，利用可能性は，当該サービスの非利用者——日常的利用という点での——に対して与えられる外部効果（＝市場の失敗）に該当するが[12]，市場条件と技術条件さえ整えば，この種の外部効果は内部化が可能である．上述の内部補助もこうした内部化の一手法にほかならず，また二部料金制のような完全配賦費用の下では，この種の利用可能性サービスはクラブ財化（私的財化）する．さらにラムゼイ価格タイプの差別価格形成の下でインフラ関連の間接費や固定費を回収できる場合は，価格の効率条件を満たしつつ，この部分を私的財的に供給することが可能となる．換言すれば，鉄道インフラに対する公的負担政策を実施しようとする背景には，こうした外部効果の内部化を困難にする市場条件や技術条件——とくに二部料金制の導入が可能か否か——が作用している．

---

11) この種の「利用可能性＝公共財論」を経済理論に則して規定した最初の文献は藤井（1967）であり，後の公共経済学をめぐる議論や論争の論点の1つとなった．海外では Head (1972)が，集合消費財から規定される公共財（Samuelsonian public goods）は，その産出費用全体が固定費＝間接費的な性質をもたざるをえないことから，平均費用逓減の性質から規定される公共財（間接費部分の公共財性）とはまったく異質な財を表しているわけではないと言及しているのが興味深い．

12) 非利用者に与えられる外部効果が先決的に常に存在するわけではない．問題は，均衡輸送（消費）量の下で発生する利用可能性という限界外部効果に対して非利用者が支払意思をもつかどうか，またそれを市場機構のなかに取り込むことができるかどうかという点である．公的負担政策の実施はおそらくこの種の支払意思の認定や市場機構への取り込みの困難性を背景としている．藤井（1971）もあわせて参照されたい．

「利用可能性＝外部効果」のような財は非排除性を有するため，あるテリトリー内に住むすべての住民に対してそれは平等に(等量に)提供されるものと想定できる．さらに鉄道インフラに対する公的負担政策の当否を議論するには，平等の論点だけでなく，公正の論点も重要である．ただし，公的財源の投入やその増額に伴う分配効果が真に公正に貢献するか否かは，鉄道の上下分離によって支えられる鉄道輸送サービスの消費配分の実態，さらには公的財源を調達する税制自体が有する分配効果の中身に依存する．

たとえば，都市通勤鉄道のピーク輸送力が公設民営方式の下で整備される場合，オフピーク輸送力ならば商業的に供給可能だが，ピーク時の快適通勤の実現には公的助成金の投入が不可欠とされるような市場条件が想定されよう．ピーク時間帯における快適な輸送の実現に関して市場の需給調整機能が有効に働きにくいのは，通勤輸送需要が著しく価格非弾力的かつ品質非弾力的な典型的な派生需要であること，さらに消費者と運賃負担者が別の主体である場合が多いため，消費者(乗客)がサービスの快適化に対してみずからの支払意思を価格機構を通してサービス供給者に伝えることができにくい点が影響している．

都市通勤輸送に対し，ほとんどの先進諸外国が高い優先度の公的負担を認定しているのは，公正な所得再分配効果の視点というよりはむしろ，快適な通勤輸送サービスを価値財とすることに対する社会的合意が得られやすいからである．この点は，鉄道の上下分離政策が多額の公的負担の投入を条件に実施される場合の議論にも同様にあてはまる論点である．

### 参考文献

Averle, G. (1998) "Germany", in *User Charges for Railway Infrastructure*, ECMT, OECD, pp. 19-23.

中条潮(1988)「『参入規制＋内部補助』体制の不当性」『交通学研究』第31号, 15-28ページ.

ECMT(1998), *Rail Restructuring in Europe*, OECD.

藤井彌太郎(1967)「輸送サービスの公共財的性格」『交通学研究』第10号, 155-178ページ.

藤井彌太郎(1971)「公共性の一側面——公共財の意味するもの」『運輸と経済』第31巻第2号, 26-32ページ.

藤井彌太郎(1978)「"Road and Rail"以後――英国の自動車発展期にみる貨物輸送についての論調」『運輸と経済』第38巻第1号, 8-14ページ.
藤井彌太郎(1987)「再編期の都市・都市間鉄道」『交通学研究』第30号, 13-21ページ.
Head, J. G. (1972), Public goods and public policy, in *Public Expenditure Analysis*, ed. by Sahni, B. S., Rotterdam University Press, pp. 129-148.
Holder, S. (1999), Recent Developments in Rail Infrastructure Charging in the European Union, *Journal of Transport Economics and Policy*, Vol. 33, Part 1, pp. 111-118.
堀雅通(1996)「『上下分離』とオープンアクセス――競争政策の観点から(前編)・――内部組織論の観点から(後編)」『運輸と経済』第56巻第5号, 79-87ページ, 第56巻第6号, 79-87ページ.
堀雅通(1999)「スウェーデンの鉄道改革」今城光英編著『鉄道改革の国際比較』日本経済評論社, 第6章, 185-213ページ.
堀雅通(2000)『現代欧州の交通政策と鉄道改革――上下分離とオープンアクセス』税務経理協会.
斎藤峻彦(1982)「交通調整論」財団法人運輸経済研究センター交通学説史研究会編『交通学説史の研究』運輸経済研究センター, 第2部第5章, 245-278ページ.
斎藤峻彦(1991)『交通市場政策の構造』中央経済社.
斎藤峻彦(2001)「鉄道の上下分離政策とインフラ使用料問題」『現代経済学の展望と課題』近畿大学大学院経済学研究科, 39-56ページ.
Walker, G. and Litt, D. M. A. (1947) *Road and Rail: an enquiry into the economics of competition and state control (2nd ed.)* George Allen & Unwin.

# 第11章
## 「自由化」後の国内航空市場の課題

**要約**

　日本の国内航空市場は戦後半世紀にわたって厳しい参入・価格規制がなされてきたが，2000年4月の航空法改正によって需給調整条項が撤廃され，ようやく競争の時代に入ることとなった．1998年秋には数十年ぶりに独立の航空会社が新規参入し，日本航空，全日本空輸および日本エアシステムによる長い間の3社寡占市場構造にも若干の変化がおとずれた．

　しかし，需給調整条項の撤廃だけでは問題は解決しない．競争市場と整合的な制度整備がなされなければ，新規航空会社は既存3社と公正な競争をすることができず，新規参入の活力を航空市場の活性化につなげることは不可能となる．そうなれば，既存3社相互間の競争も，需給調整廃止以前と同じ状況に後戻りしてしまう恐れがある．

　このような制度整備のうち，もっとも重要であるのは，空港発着枠の配分方式と不採算路線への補助制度である．これらについては，稀少資源の有効な配分を達成するため，かつ，競争の促進と矛盾することのないよう，そして，これらを通じて需給調整同様の介入がなされることのないようにするために，競争入札制度の導入が求められる．

　また，過度の介入を避けて規制の透明性を確保するためには，過去のしがらみから航空会社が解放されるよう，規制当局の組織・役割を見直す必要がある．さらに，経営資源が寡占3社に偏在している実態を踏まえ，略奪的価格などの不公正競争防止のため，公正取引委員会の監視機能を高めることが必要である．

## 11.1 航空市場の新規参入と競争政策のあり方

### (1) 国内航空政策の変遷と改正航空法の成立

航空自由化が1970年代後半から世界的な潮流となってきたにもかかわらず，わが国ではごく最近まで厳しい参入・価格規制がなされてきた．同一路線への複数社参入は徐々に拡大されてきたとはいえ，航空会社は自由に路線と便数を設定することができず，新規路線への参入については厳しい需給調整規制（供給力が需要に見合ったものであるかどうかを供給者自身ではなく規制当局が判断して供給力に制限を加える規制）が課されてきた．事業者間での価格競争も非価格競争もほとんど認められず，新規企業の参入も離島を除き認められてこなかったため，利用者利益は等閑視され，事業者間の権益配分だけがなされてきたといえよう．

運賃については，1995年に50％以内の営業割引が認可制から事前届出制となり，1996年には一定の範囲内（上限より25％）で運賃を自由化した幅運賃制が導入され，価格競争が部分的に導入されたが，期待されたような運賃低下は生じなかった．その主要な理由は，この制度では参入規制を緩和せずに価格規制だけを弾力化したにすぎなかったことにある．参入規制の撤廃なしに，価格だけの弾力化では競争効果は限定されるのである（中条［1996］4章2節参照）．

このようななか，1996年秋に，40年ぶりに既存3社と独立の航空会社2社による市場参入の意向が表明された．幅運賃制度の効果が思わしくなく，また，世間の新規参入企業への期待が高まるなか，運輸省は参入・価格規制の自由化を認めざるをえなくなり，1996年末の行政改革委員会規制緩和小委員会による需給調整撤廃勧告を受け入れ，航空を含めて運輸分野全体の需給調整条項の撤廃（参入と価格についての基本的な自由化）を宣言した[1]．需給調整条項の撤廃は，1998年の運輸政策審議会答申を経て，米英に遅れること20余年にしてようやく航空法の改正として結実した．

2000年2月に施行された航空法の改正内容は，参入と運賃などの事業規制，

---

1) 需給調整撤廃以前の国内航空政策の変遷については，高橋(1992)，山内(1995)および，中条(1996)などを参照されたい．

混雑空港の規制および技術的規制の大きく3点に分類できる．

第1に，参入規制に関しては，従来の路線ごとの免許制から事業単位での許可制へと変更され，かつ，路線ごとに課されていた需給調整条項が廃止された．路線およびスケジュールの設定とその変更は混雑空港を除き事前届出制となり，航空会社は原則的には路線と便数を自由に設定できることになった．路線からの退出規制も，許可制から6ヵ月前または2ヵ月前までの届出制へと緩和された．国際線についても概ね同様の改正が行われたが，事業計画については許可制，路線退出については認可制が規定された．

第2に，運賃は，国際航空運賃を除き，認可制から自由な運賃設定を認める事前届出制へと移行し，上限・下限規制も撤廃された．一方，特定の利用者に対する差別的取り扱い，独占的行為，新規参入企業を撤退させるための既存企業による略奪的行為等につながるような不当運賃に関して，変更命令を発動することができる制度が新たに設けられた．

第3に，技術上の規制についても，1997年に実施された耐空・型式証明等における相互承認の導入など航空機検査制度の一部簡素化に加えて，今回の改正では，整備士制度の変更，路線ごとの機長資格認定の廃止，路線ごとの施設検査制度などが廃止された．また，運航・整備に関する外注事業の許可制度の新設がなされた．これらにより，技術的規制が市場への参入の必要条件を明示するという本来の趣旨に近づけられた点が評価される．競争の促進と技術的規制の緩和とは，本来別個のものである．それゆえ，経済的規制と技術的規制との議論を分離したうえで，技術条件とその緩和について引き続き検討していくこと，および，安全規制が経済的規制として機能しないよう留意することが肝要である[2]．

改正航空法のもっとも大きな柱は，参入と価格の自由化である．下部構造を自身で所有しない航空輸送事業は自然独占性が小さく，コンテスタビリティも高いうえ，過去においては有意であったかもしれない幼稚産業としての保護も，現在の先進国では根拠とはなりえない．したがって，不採算サービスの維持方

---

[2] 交通市場における安全規制の問題点については，中条(2000b)を参照されたい．

策と競争条件の整備さえなされれば，本来競争市場になじむ産業である[3]．

それゆえ，需給調整条項の廃止に伴う技術面での審査を軸とする許可制への転換は，原理的には新規参入を容易にするはずである．また，運賃と参入の自由化が同時に行われたことにより，価格競争も有効に機能するはずである．企業の自由な経済活動や新規参入による潜在的な競争を含む企業間競争の促進は，運賃の低廉化による経済厚生の増加とサービスの多様化に加え，経営革新を促すはずである[4]．実際，需給調整条項撤廃を先取りして新規航空会社2社が1998年秋から参入した東京－福岡，東京－札幌線では，戦後初めて明示的な価格競争が行われ，運賃水準は著しく低下し，旅客数は増加した．

ところが，長きにわたる政策の失敗を修正するべく実施された需給調整撤廃であったにもかかわらず，実態的には，多くの課題が積み残されたままとなっており，需給調整廃止以前と同じ状況に後戻りしてしまう危惧さえ抱かせる．需給調整撤廃が真に競争の促進をもたらし，航空事業者の競争力の回復と利用者の便益向上につながるようにするためには，競争を有効に機能させるための新たな制度整備が必要である．

以下では，競争下の制度整備として重要な課題を順次議論する．

### (2) 競争下の航空政策の課題[5]

(a) 規制の透明性の確保

許認可権限の中枢をなす需給調整条項の撤廃は，事業者と規制当局の関係を透明化する役割をもつはずである．しかしながら，需給調整の撤廃を先取りしてなされたはずの新規航空会社の免許申請作業中になされた規制当局のいくつかの行動からもわかるように，行政の介入姿勢に大きな変化はみられない（中条[2000a]および[2000b]参照）．

また，需給調整を廃止した後の航空市場において，競争を維持し，促進して

---

3) 航空輸送市場への規制の妥当性については，中条(1996)第2章を参照のこと．
4) 新規航空会社に期待される役割については，中条(1996)第2章5節を参照されたい．
5) 本第(2)項の(a)-(c)は中条(1999)を，(d)は，中条(2000c)を短縮して書き直した中条(2001)を加筆・訂正して，運輸調査局の好意により本書に所収したものである．紙面を借りて謝意を表する次第である．

いくためには，発着枠の配分ルールや補助制度を構築しなければならないが，規制当局は，この点でも，裁量性の高い方式を選択することによって，介入権限を維持しようとしている．発着枠の配分に関していえば，主要空港のほとんどすべてについて発着枠に制約が課されている状況をそのままにして，発着枠を点数評価方式のような規制当局の裁量の働く方式で配分すれば，需給調整条項の撤廃にかかわらず，規制当局は国内航空輸送量の大部分に関して航空会社をコントロールできる．同様に，補助制度についても，補助金額や補助路線，対象企業の選択が規制当局の裁量によって決められる方式では，それらを通じて規制当局は介入権限を維持できる．

したがって，まず，第1に，規制当局が航空会社の自由な行動を発着枠の配分ルールや補助制度を通じて制約することがないよう，これらの制度を規制官庁の裁量の余地の働かない方式に改める必要がある．

第2に，航空関係の経済的規制については既存の事業規制官庁に委ねず，英国の電気通信のように第三者機関を新設してその役割を負わせるか，あるいは，公正取引委員会のように，個別事業と伝統的関係を持たず，需給調整規制に興味を持たない官庁に委ねるべきである．あわせて，航空の安全規制にかかわる部署は，ルーティーン的な業務についてはエージェンシー化し，残りの安全規制部署は道路部局や警察の交通安全担当部署，海運の安全担当部署と統合して交通安全庁(仮称)とし，その政策部局を内閣に移すことで，機能別再編を行うべきである．

もちろん，いかなる官庁にも裁量性の問題は存在する．しかし，長い間の事業者とのしがらみが強い伝統的な規制官庁では，新しいルールを直接および間接の手段として不透明な行政指導が温存されやすい．過去の規制当局との長年のしがらみを一掃するようなシステムに改革しなければ，結局，行政指導の網から逃れることはできなくなる．

(b) 新規参入と基幹施設の配分問題

定期航空企業が多数存在し，また，定期航空以外の分野の航空事業も発展してきた米英と異なり，日本の民間航空では，定期航空優先政策と少数の特定企業保護政策が半世紀にわたって維持されてきた．このため，さまざまな施設から労働資源やノウハウまで，経営に必要なすべての資源が既存3社に偏在して

いる．

　もちろん，経営資源の偏在を他の生産要素で補完して解決することは，ある程度は企業努力に委ねられるべきものである．新規参入者にとって，経営資源の偏在は宿命であり，それを切り開いていくことこそ既成概念への挑戦として新規参入者に求められるものである．

　しかし，制度によって独占を認められてきた既存企業が当該産業の生産において根幹をなす施設を独占しており，新規参入者が施設の使用を制約されるなら，仮に公的規制の緩和によって参入が制度的に認められても，実質的には新規参入は困難である．このような，企業努力では獲得不可能な要素を持つ基幹施設（エッセンシャル・ファシリティ）については，何らかの制度整備が必要とされる．

　航空の場合，基幹施設としてもっとも重要な資源は空港の発着枠である[6]．この点については，まず第1に，混雑空港の容量の拡大が求められる（あわせて，第13章を参照されたい）．第2は，発着枠の配分において優先権を与えることである．この点は次節で述べる．

　次に，発着枠と並んで重要なのは整備能力の偏在である．これを永続的な基幹施設とみなせるかどうかは疑問があるが，日本国内では旅客機の整備能力は既存3社以外では得られないことは事実であり，3社が整備委託を受けない限り，新規参入は不可能である．これも，3社寡占体制という政策の帰結である．新規航空会社も自身あるいは3社以外で整備能力を確保できるよう努力すべきであるが，外国の航空会社や整備会社の進出を待ち，また自社の整備能力の向上を待つ間は，NCC（新電電会社）がNTTの回線を借用できるのと同様のルールがなければ，新規参入は事実上不可能である．したがって，通信のアクセス・チャージのような長期的・固定的なルールの構築までは不要としても，競争当局は明確な短期的ガイダンスを示す必要がある．

---

6） 施設が公的に所有されている場合には，米国で発達してきた伝統的なエッセンシャル・ファシリティ論における定義からは若干外れるが，生産にとっての基幹施設が既得権者によって支配されており，その配分方式が競争上の課題になるという点では同じである．第3章をあわせて参照されたい．

(c) 略奪的価格の問題

基幹施設問題以外にも，競争当局は，競争が有効に機能するように十分目を光らせる必要がある[7]．

この点でもっとも重要な課題は，発着枠に制約がある状況下での略奪的価格の可能性である．新規参入開始半年後に日本航空が新規航空会社の隣接便を半額にする運賃を導入した際にも，この疑惑が取りざたされた．結果的にはこの戦略は失敗し，日本航空の意図も略奪価格の設定を目的としたものかどうかは不明であるが，可能性は常に存在すると考えてよい．

一般的にいって，略奪的価格であるかどうかの判断は，(イ)競争相手に対しての価格とそれ以外の通常の価格との差異が不当に大きい場合，(ロ)他市場で独占的価格を設定可能である場合，の2つが基本的な条件となる．

まず，(イ)の点に関しては，数値的には決定的な判断基準は存在しない．英国等のケースでは，半額までの引下げは認められるというのが大勢である．また，当該路線の回避可能費用を償っているかどうかも，決め手のひとつとなる．回避可能費用とは，値引きした便を運航しなければ節約できる費用をさし，これに対して，運航の有無にかかわらず発生する費用が共通費である．回避可能費用を上回る価格であれば，共通費の回収にいくらかの貢献をすることができるから，経営的にも資源配分上も，そこまでの価格引下げには正当な理由がある．

航空のケースでいえば，機材の減価償却費や金利，本社経費，人件費のほとんどは，特定路線を運航してもしなくても発生するから，空港・航行援助施設使用料，燃料費が回避可能費用の大部分を占めることになる．実勢運賃は回避可能費用を当然上回る水準で設定されることが多いため，既存3社の実勢運賃が正規運賃の60-65％ぐらいであることを考えると，半額運賃は略奪価格として判定されるボーダーであろう．

したがって，条件の(イ)についていえば，新規参入がなされた東京－福岡，東京－札幌の実勢運賃が半額程度までしか下がらず，一方，他路線の運賃があ

---

[7] 航空法改正に際し，運輸省は，略奪的運賃設定などの反競争的行為への対処方策を検討するために，航空輸送サービス懇談会を設置した．同懇談会は1999年10月に「航空輸送サービスに係る情報公開及び運賃・料金制度の具体的な運用の在り方について」と題する報告書を公表し，この報告書に基づく方策が実施に移されている．同懇談会および同報告書については，山内(1999)を参照されたい．

まり引き上げられていない現状では，略奪価格とはいえないことになる．

次に，(ロ)の点については，既存3社が他の多くの路線で価格競争を促進するなら，新規参入路線を安くした赤字を他市場で回収できないから，当該市場で赤字をかかえこむことになり，放置しておいても問題ない．新規会社の参入していない路線についても割引運賃の拡大が最近みられるようになってきたことより，趨勢はこの方向に向かっていると判断される．もちろん，もっとも望ましいのは，運賃競争の結果をコスト競争力の回復で吸収することである．

既存3社の割引の拡大で苦しいのは新規航空会社だけではない．既存3社もかなり苦しい状況にある．結果的には，その後新規企業が運賃を既存3社の正規運賃の60-65％のところまで上げ，それに3社も追随して落ち着いている．この水準であれば，新規航空会社は他の差別化戦略とあわせることによって生き残ることが期待できる一方，全体の運賃水準も新規参入前よりは相当程度低い水準となることから，市場成果としても悪いものではない．

ただし，略奪的価格としての要素が薄くなり，また，3社間の競争の兆しがみえ始めたとはいえ，新規と既存との競争基盤が不公正である点は依然変わりはない．新規航空会社にとって，便数が増やせないなかでの同じ運賃水準での競争は不利である．なぜなら，価格水準が同じ場合，便数の多い企業は便数比以上にシェアを獲得するのが航空輸送の性質であるからである．そのため，整備委託問題とあわせて，競争当局の監視が今後も必要である．

(d) 補助制度のあり方

離島・辺地を除き，不採算路線は企業内の内部補助によって維持されてきた．不採算サービスへの内部補助は，航空サービスを通じての間接的な所得移転であると同時に，補助の原資を特定の路線の利用者に負わせる制度であり，補助の方法として効率的なものではない．また，外部補助の場合であっても，航空サービスを通じての間接的な所得移転は直接的な所得移転に劣る方法である．ただし，ここではその議論は割愛し，不採算路線の維持が必要であるという前提に立って，競争の導入によって不可能となる内部補助に代わる補助制度のあり方を議論する[8]．

---

8) ここで割愛した特定補助制度の問題点および内部補助制度の問題点についての基本的な議論は，中条(1995)第2章および第7章を参照されたい．

不採算サービスの維持は，競争を阻害せず，かつ，規制当局の裁量の余地が小さい補助方式によってなされるべきである．しかし，現実の政策は，需給調整を撤廃した後も，2000年3月に行われた羽田空港の発着枠配分で明らかになったように，地方路線のネットワークをどの程度維持しているかを条件として空港発着枠の配分を行うなど，空港発着枠配分を通じた実質的な需給調整政策のなかに内部補助による地方路線維持政策が包含されたままである．また，不採算路線の補助制度についても，裁量性の小さい方式が選ばれる可能性は小さく，競争の促進と不採算路線の効率的維持を両立させる政策とはなっていない．

競争を阻害せず，かつ，規制当局の裁量性の小さい補助金の配分方式は，競争入札である．補助を受けるべきサービス，すなわちエッセンシャル・サービス（essential services）について，少なくとも路線ないしカバーすべき地域が，何らかの理由で決まっているということが前提であるから，補助交付当局が設定するそれらの指標を満たすことを条件に，もっとも満足度の高いサービスを提供する事業者に，競争入札で路線を運航させる方式がとられるべきである．

もっとも簡単な方式は，補助交付当局が路線と便数と運賃水準を決め，その条件のもとでもっとも少ない補助金を提示する航空会社に運航を任せる方式である．この他にも，競争入札の趣旨を逸脱しない範囲で，さまざまな方式が考えられる．路線だけを固定して，便数と運賃と補助金額について案を出させ，比較考量するという方式もあってよい．あるいは，路線さえ決めず，当該サービスの受益地域のネットワーク全体について効率的なネットワーク・サービスを提供する企業を選ぶという方式もありうる．スウェーデンの補助金競争入札制度は，これに近い方式をとっている（青木[2000]参照）．また，補助金の支払方式も，一括額を支払う方式から，旅客1人当たりにつき一定額を支払う方式まで，さまざまなバリエーションが考えられる．

要点は，補助制度において，競争入札という効率化要素を取り入れるべきことと，補助方式についての上記の多様性を妨げないことである．

以上の観点からすれば，エッセンシャル・サービスについては，全国一律の定義をするべきではないし，その必要もない．補助を交付する各地域が決定すればよい．また，このような所得分配上の理由による補助の財源は，内部補助

に頼るべきではなく，国の一般財源と地元の資金で対応するべきである[9]．したがって，発着枠の競争入札金収入の補助金への充当や空港整備特別会計からの支出があってはならない．

さらに，各地域の自主性を高めるためには，国の一般財源からの補助金は地方交付税に吸収されるべきであり，地方航空補助制度といった国の特定補助制度を設定すべきではない．なぜなら，国の特定補助制度を設置すれば，補助条件について統一的なルールを国が決めなければならず，それは国の裁量制を大きくしてしまい地域の自主性を制約することになるからである．また，合理的な統一的ルールの設定は実際には困難である．

以上の文脈から帰結されることは，補助制度の詳細を決め，補助金を航空会社に交付する当局は，地域の機関であるべきということである．それは，地方自治体でも，その連合体であっても，また，場合によってはNPOや民間企業でもよい．

なお，発着枠に制約のある空港にかかわる路線についても，上記と同様に扱うことができる．次節で述べるように，混雑空港の発着枠の配分は競争入札で行うべきであるが，その際，発着枠の入札終了後，便数が自治体の希望する便数以下にしか設定されなかった路線について，上記で示した補助制度を適用して追加便数を決めることにすればよい．この追加便数のための発着枠は，付け値競争入札で余った留保枠を用いることとする．留保枠が時間帯等の理由で不都合ないし不足する場合には，当該補助サービスの運航権を獲得した航空会社が手持ちの枠から供出する方法が考えられる．なお，手持ちの枠が不足する場合には，通常の手続によって配分された発着枠のうち，入札金額の低い順に発着枠を当局に返還させてこれにあてればよい．

最後に強調しておくべきことは，補助金を受けるにせよ受けないにせよ，路線を設定する自由は航空会社にあるという点である．したがって，補助を理由に運航を強制するべきではないし，補助を受けて運航される路線に競合するサービスの登場を妨げてもならない．

---

9) この理由については，中条(1995)第2章および第7章を参照されたい．

(e) 国内市場への外国航空会社の参入と国際航空市場の自由化

2000年の航空法改正では，国際航空運賃の自由化と外国事業者の国内市場への参入・資本規制の緩和は実現しなかった．諸外国ではすでに何らかの取り組みが行われており，とくに欧州においては，経済・市場統合のプロセスのなかで大きな進展がみられる．競争促進と企業の自由な経済活動という視点にたてば，二国間航空協定における規制緩和と平行して検討が望まれるところである．

付言すれば，国際航空運賃については，1994年4月に新しい運賃制度が導入された．しかし，この新制度は従来から存在するいわゆる「格安航空券」を市場の実勢に追随して制度化しただけにすぎない．国際航空は国内以上に市場原理の機能しやすい市場であり，消費者利益の向上のみならず，航空会社の競争力向上のためにも，保護主義的な二国間協定を見直して競争対応の政策を指向し，拡大均衡で対処するべきである．

## 11.2　空港発着枠の配分方式のあり方

### (1)　混雑空港における発着枠配分問題の経緯と現状

自由化された航空輸送市場において競争政策を運用していくうえで重要な課題の1つは，当該事業において基幹施設たりうる空港発着枠の配分方式のあり方である．混雑空港[10]において，既得権によって先発企業が発着枠を占有していれば，新規参入は困難であるし，既存企業間の発着枠の入替えも難しく，結果として効率的な競争は阻害される．

諸外国においても発着枠配分は重要な政策課題であり，米国では主要4空港について，1980年代中頃から，使用率が低い発着枠を連邦航空局が回収し，それを当該空港における新規参入航空会社，国際線と生活路線，既存企業の順で配分する方法が採用されてきた．発着枠の売買・リースも認められている．国際線が主体の欧州の混雑空港では航空会社間の調整に委ねられているが，競争入札制の導入も検討されている．

---

10)　改正航空法では，「一日又は一定時間当りの離陸又は着陸の回数を制限する必要があるもの」と定義されており，羽田，成田，伊丹および関西が指定されている．

わが国では，需給調整規制の下，発着枠配分は路線免許に付随するものと位置づけられており，運輸省の裁量で配分がなされてきた．しかし，1996年に行政改革委員会規制緩和小委員会より「競争入札制あるいはこれに代わる合理的で透明な発着枠配分方式」を採用するよう勧告を受けたため，運輸省は新たな方式を検討し，1998年の運輸政策審議会答申において，発着枠配分の基本的な考え方が示された[11]．

この答申では，発着枠利用を単位期間(5年間)ごとの許可制とし，期間終了時に既存発着枠の回収・再配分を実施する，および，混雑空港では需給調整規制廃止後も路線・便数などの変更は認可制を維持する，としている．これらは改正航空法に盛り込まれ，発着枠配分は引き続き国土交通省が行うこととなった．また，発着枠配分方式には，均等配分ないし抽選制，点数評価制，運賃による競争入札制，付け値競争入札制などが挙げられるが，同答申では点数評価方式を推奨している．競争入札制については，利用者利便性の向上の観点から必ずしも優位でないこと，諸外国での導入事例がなく十分な対応を取ることができないこと，などを理由として導入を事実上否定した．

この答申に沿って，2000年3月に，改正航空法施行後初となる発着枠配分が点数評価方式によって行われ，15便分が新規企業，2便分が新空港への路線へ配分された後，残りが表11.1で示すような評価項目の合計点数に基づいて既存3社グループに配分された．しかしながら，この点数評価方式による配分は，新規企業に増枠が認められた点を除けば，既存3社については，均等配分と変わらない横並びの配分結果をもたらし，効率性改善への寄与は期待できないことが明白となった．

以下では，上記の点数評価方式の問題点を含め，発着枠配分方式のあり方を根本から検討する．

---

11) これに先立ち，運輸省は，羽田空港新C滑走路供用開始に伴う発着枠の増加に際し，新ルールができるまでの暫定措置として，新規企業2社に6便，新空港および低頻度路線向けに6便，残りを便数シェアに反比例する形で既存3社に配分した．

第 11 章　「自由化」後の国内航空市場の課題

### 表 11.1　2000 年 3 月の羽田発着枠配分評価項目と配分結果

| | JAL | ANA | JAS |
|---|:---:|:---:|:---:|
| 評価項目 1：利用者利便の向上の観点から | | | |
| 1. 運賃水準の低廉化の努力 | | | |
| 　旅客キロ当たり旅客収入が過去 5 年間で低下していること | ◎ | ◎ | ◎ |
| 2. 安全の確保 | | | |
| 　死亡事故が過去 5 年間で発生していないこと | ◎ | ◎ | ◎ |
| 3. 全国的な航空ネットワークの形成・充実への貢献 | | | |
| (1) 全国規模での航空ネットワークの形成・充実への貢献 | | | |
| 　国内全路線便数に占める低需要路線(年間旅客輸送実績 10 万人以下：下位 3 分の 2 に相当)の便数の割合が全体の平均を上回っていること | ◎ | × | ◎ |
| 　低需要路線の便数が過去 5 年間で増加していること | ◎ | ◎ | ◎ |
| 　ナイトステイを実施している空港の数が過去 5 年間で増加していること | ◎ | ◎ | ◎ |
| (2) 羽田空港と地方空港との間の路線の形成・充実への貢献 | | | |
| 　羽田空港の全路線便数に占める幹線以外の路線の便数の割合が 50 % を超えていること | × | ◎ | ◎ |
| 　前回に配分を受けた発着枠数に占める幹線以外の路線に使用している発着枠数の割合が 50 % を超えていること | ◎ | ◎ | × |
| 評価項目 2：航空会社の効率的な経営の促進の観点から | | | |
| 　旅客キロ当たり営業費用が過去 5 年間で低下していること | ○ | ○ | ○ |
| 　従業員 1 人当たり営業収益が過去 5 年間で増加していること | ○ | ○ | ○ |
| 評価項目 3：発着枠の効率的な使用の観点から | | | |
| 　羽田空港の 1 発着枠当たりの輸送人員が過去 5 年間で増加していること | ○ | ○ | ○ |
| その他の評価項目 | | | |
| 　行政処分を過去 5 年間受けていないこと | × | × | ○ |
| 点数合計(クリアした項目の合計数，ただし評価項目 1 は 2 倍としている) | 15 | 15 | 16 |
| 配分枠数(計算方法：配分枠数＝点数／ 46×40) | 13 | 13 | 14 |

(出所) 2000 年 3 月運輸省航空局「羽田空港の新規発着枠(57 便)の配分について」より転載．
　　　JAL, ANA, JAS はそれぞれグループ全体についての評価・配分結果である．

### (2)　共通課題の検討[12]

　空港発着枠の配分方式としては，均等配分，点数方式，競争入札などが考えられるが，いずれの方式をとるにしろ考慮しておかなければならない共通の課題がいくつか存在する．以下では，まず共通の課題を検討し，そのうえで各方式の優劣の議論を行う．

　(a) 絶対的条件

　自由競争下での発着枠配分にあたっては，空港発着枠の配分を通じての実質

---

12)　本節第(2)項および第(3)項は，中条(2000c)を短縮して書き直したものである．

的な需給調整が残ることのないよう，「規制当局の裁量の余地が小さく，航空会社が路線と便数を自由に決定，変更できる」という「絶対的条件」が満たされなければならない．

(b) 配分対象総枠

空港の既存発着枠は，航空会社の経営手腕によって確保されたというより，過去の制度によるところが大きい．したがって，理論的にはすべての枠を既存事業者から回収して再配分することが望ましい．

しかし，既存枠のすべてを回収して再配分したとしても，発着枠に「use-it, loose-it rule」(実際に使用しない限り枠は取り上げられるというルール)が課されている限り，航空会社は現在の運行能力に応じて配分申請を行うであろうから，再配分結果は配分前と大幅に変わることはない．それゆえ，これまでの企業規模・市場シェアの形成過程および現行の企業規模・市場シェアを肯定し，そこを出発点においたうえで，市場競争の促進を図るのが現実的な考え方である．したがって，すべての枠を再配分する必要はなく，競争刺激を与える程度の入替え，すなわち，既存枠については，その一部の再配分が行われればよい．

(c) 配分対象枠の細分化の是非

ここでの選択肢としては以下の4つが考えられる．以下でAC(Airline Committee)とは航空会社間の発着枠配分のための協議組織をさす．

　イ) 時間帯と路線に関係なく各社ごとの配分合計枠だけを決め，時間帯別配分はACに委ねる．得られた枠の使用路線・便数は航空会社の自由とする．

　ロ) 発着枠を時間帯別に配分し，どの路線に使用するかは航空会社の自由とする．

　ハ) 路線ごとに各社への配分枠数を決め，時間帯別配分はACに委ねる．

　ニ) 路線ごと，かつ時間帯別に各社への配分枠数を決める．

このなかで，路線ごとに配分するハ)とニ)の手法は，上述の「絶対的条件」を満たさないゆえに，候補からはずされることになる．なぜなら，路線ごとに配分するためには，あらかじめ路線ごとの総便数を固定しておかなければならず，規制当局が裁量で路線ごとの便数を決めれば絶対的条件をおかすことになるからである．

次に，発着枠の価値は時間帯によって大きく変わること，および，イ)の方式では，AC での交渉が煩雑をきわめるうえ，AC 内部での力関係によって不利な時間帯を割り振られるという可能性があることを考慮すれば，イ)よりもロ)によるべきである．ただし，時間帯を細かく区切りすぎると，配分作業が煩雑になるうえ，航空会社間での融通が困難となるから，時間帯区分は 30 分を下回らない範囲で設定するべきである．

(d) 新規ないし限定的後発事業者への別枠確保の是非

限定的後発企業とは，まったくの新規の事業者ではないが，ごくわずかしか発着枠を持たない事業者をさす．「新規あるいは限定的後発企業」(以下，ここでは新規と呼ぶ)には以下の 2 種類の意味がある．

　イ) 定期航空市場においては新規ではないが，「当該空港においては新規」．
　ロ)「定期航空事業者として新規」．これは同時にイ)の意味でも「新規」である．

日本では，容量に制約のある空港において，「イ)ではあるがロ)ではない」タイプの新規参入が起こる可能性は現状ではほとんどない．しかし，将来的には生じうる状況であり，配分ルールにおいて検討しておくべき課題である．

日本の市場構造を考慮したとき，もっとも重要な課題は，ロ)タイプの新規参入事業者に対する優先枠の確保である．11.1 節で述べたように，日本の航空界に活力を与えるには，既存 3 社とまったくコンセプトの異なる，市場をかきまわすような新しい航空会社の参入を認め，それによって競争刺激を市場に与えることが必要であり，ロ)のタイプの新規参入者については，その市場活性化効果を考慮してプレミアムが用意されてしかるべきである．

(e) 社会的に必要な路線に対する別枠確保の是非

この点での選択肢は以下の 2 つである．

　イ) すべての路線について同等に扱う
　ロ) 特定路線について別枠とする

補助制度について前節(2)項(d)で述べた競争入札制度が採用されれば，発着枠の配分に際しては別枠を用意する必要はない．政策枠を別個に設定している現行の発着枠配分方式のように，別枠を用意する方式は，別枠をどの区間にどれだけ設定するかという点が恣意的となり，望ましくない．もちろん，別枠

を用意しなければ，配分された枠を各社が自由に使用して便を張り付けると，一便も飛ばない区間が発生するかもしれないが，その場合には，前節(2)項(d)で述べた対応策をとればよい．

(f) 使用権の限定

枠の使用権については，枠を付与されて後，一定期間のうちに使用しなければ回収されるものとする(use-it, loose-it rule)．定められた運航期日までは，当該枠の確保者が使用しない枠は，他の事業者に使用させてよい．

また，市場の活性化のために，一定期間後に返却して再配分するものとする．この一定期間は，航空会社の事業計画に支障をきたさないよう，5年程度が適当と考えられる．

入札制で確保した使用権については，売買およびリースを可能とする．枠を用いて飛ぶ会社は定期航空会社の資格を有している必要が当然あるが，使用権を申請する資格については，定期航空会社である必要はない．金融機関等を含め，すべてに開放する．使用権を得て，それをリースする企業も認める．もちろん，use-it, loose-it rule がある限り，投機目的の参加は限定される．ただし，抽選や点数制度の場合には売買やリースは禁止されるべきである．

(g) 国際線の問題

発着枠の配分ルールは，国際線についても国内線と同等に，また，外国航空会社にも本邦企業と同等に適用されるべきである．そうでなければ，論理の整合性を欠くだけでなく，国内線と国際線のシェアの違いによる本邦航空会社間の競争を歪めるうえ，本邦航空会社と外国航空会社との間の競争条件も歪めることになる．

### (3) 各配分方式の優劣比較

上記までの検討を念頭に，以下では，均等配分ないし抽選制，点数評価制，運賃による競争入札制および付け値競争入札制に分けて，これら配分方式の優劣を検討する．

(a) 均等配分と抽選制

均等配分は，参加希望企業に均等に配分する方式である．抽選制は，若干の運の良し悪しを除けば，機会が平等であるという意味で均等配分方式と同義で

ある．いずれも，他の方式にくらべて生産性改善インセンティブは小さく，補助的な手段として用いるべきである．

ただし，均等配分と抽選制はもっとも恣意性の入る余地のない配分方式である．恣意的な点数制を用いて恣意的な航空当局が配分を行えば，均等配分以上に企業インセンティブは損なわれるし，点数制で行われた2000年春の羽田発着枠の配分結果が示すように，最初からバランス感覚だけで指標が選ばれてしまえば，均等配分と何ら結果は変わらなくなる．均等配分や抽選制は，透明性の高い点では点数制に勝る手段である．

(b) 点数制

点数制とは，運賃，稼働率等々，企業の効率性を示す複数あるいは単数の指標で航空会社を評価し，それによって枠を配分する方式である．

この方式の利点は，入札制に比べて，航空会社側に金銭的コストが発生しないこと，入札収入の配分を考慮しないですむこと，である．逆に，この方式のもっとも大きな欠点は，それが大きな恣意性を持つために，航空会社の効率性と結びつけることが容易ではなく，かつ，配分当局に裁量の余地を大きく与えてしまうことである．

第1に，この方式では航空会社の点数評価はできても，その点数と与える枠の関係に合理的な基準は存在しない．たとえば，なんらかの計算方式により，A，B，C 3社の点数がそれぞれ80点，70点，20点となったとして，総枠をこれに応じて配分するには無数の選択肢があり，そのうちのどれが合理的かという決め手はなにもない．たとえば，最高得点を獲得した企業に全枠を与えるのが効率性という点では望ましいようにみえる一方，点数に比例して各企業に配分するという方式も合理的のようにみえる．唯一いえるのは，配分枠数はA＞B＞Cということだけである．

第2に，この点数を作成するために，複数指標間でどのようなウエイトを付けるかについても恣意性が働く．たとえば，運賃とロード・ファクターを同じウエイトで平均することは非合理であるが，他方，ウエイトの付け方について合理的な方法も存在しない．

第3に，どのような指標を採用するかという点でも問題が大きい．

指標を選択する際の条件としては，以下の点が満たされる必要がある．

イ) 配分当局の恣意性が入らない数値として示される生のデータあるいは透明な方法で基準化されたデータであること．
ロ) 路線構造など企業の生産性と無関係な要素に左右される評価項目であってはならないこと．
ハ) 他の評価項目と相関の高い評価項目は避けること．
ニ) 航空会社の経営行動を偏向させるような評価項目の採用を避けること．このためには，評価項目は単一であってはならない．

まず，ロ) の条件を満たすための指標づくりが困難である．指標間の相関性に配慮すれば指標数が少なくなるため多様化が失われ，指標を多くすれば各社の差はなくなってしまう．指標としてもっともわかりやすいのは単位当たりコストであるが，路線別の原価は共通費の部分が多く，路線の性格を基準化したコスト指標は作成困難である．労働生産性を評価項目とするのも，外注，委託等があるため，適切ではない．人件費水準も，労働生産性に依存するから不適切である．比較的中立的な指標は機材稼働率であるが，路線による基準化は困難である．もっとも大きな問題点は，サービス水準を客観的に指標化する方法が存在しないことである．

点数制では，このように恣意的な判断が必要とされるため，冒頭で示した発着枠の配分における絶対的条件に適しているとはいえない．また，この方式では，挽回可能性は次回の見直しまで待たなければならず，事業者へのインセンティブの点でも入札制に劣る．

以上のように，点数制は望ましくない配分方式であるが，どうしても採用するのであれば，以下の条件が最低限は満たされるべきである．

イ) 各評価項目の数値とウエイトの付け方を含め，点数の付け方と点数と枠の配分の関係について公表すること．
ロ) 各社のデータが数値で具体的に示されるものでなくてはならない．かつ，それに基づいて機械的に配分がなされる形式になっていなくてはならない．
ハ) 配分ルールを配分見直しごとに，大幅に変えてはならない．
ニ) 配分当局を現在の配分当局から，後述のように恣意性の低い機関に変更すること．

(c) 運賃による競争入札制

これは，もっとも低い「運賃」でサービスを請け負う事業者から順に枠を与える方式である．運賃による入札の問題点は，その入札値が，企業全体あるいは路線全体に適用される場合，企業の自由度を奪い，サービスの多様性を損ねてしまう点である．したがって，運賃による入札を行う場合には，入札の対象とされる枠は既存枠全部であってはならない．また，一部の枠を配分する場合にも，入札値は入札対象となった枠を使う便にのみ適用するべきである．

ただし，そのような措置をとった場合，既存枠を多数所有している航空会社は入札対象とならない便について多様なサービスを展開できるが，新規参入の企業にとってはそのような多様な便の組み合わせは不可能であり，経営の自由度が制約されるだけでなく，既存航空会社との競争条件が不公正となる．

第2に，入札に用いる「運賃」の選択が困難である．入札に用いる運賃を一種の運賃に絞れば，運賃体系の多様性まで失ってしまうことになる．しかし，複数運賃を採用すれば，入札方式が複雑になる．

この点で，入札値として「旅客キロ当たり運賃収入」を採用し，実際に航空会社が設定する運賃体系は自由にする，という案は一見妥当であるようにみえる．しかしながら，入札時の運賃水準を維持できるか否かは旅客数の変動に左右されるため，「旅客キロ当たり運賃収入」の将来見通しは航空会社にとっても規制当局にとっても困難であるから，航空会社にとっては入札値を設定しずらく，規制当局にとっては，入札水準値を維持しているかどうかの監視およびペナルティを課す基準が複雑になる．なぜなら，旅客数は，航空会社の予測外の要因で変動することがありえるし，航空会社がなんらかの企業努力によって高運賃収入客を予測よりも多く積み取った場合にも，旅客1人当たり運賃収入は落札条件を満たさない結果となるからである．

上記の問題を回避するには，入札運賃として最高運賃を用いることが考えられる．ただし，最高運賃の採用は，監視や航空会社の作業を軽減する一方で，最高価格を決めてしまうゆえに，運賃の多様化を抑制する結果となる．また，最高運賃による入札では，最高運賃だけが下がって平均運賃は下がらないという結果もありえ，運賃による入札制に期待されている価格低下の効果が減殺される．

運賃による入札の方法としてもっともわかりやすいのは，路線ごとにあらかじめ最大便数を当局が決めておき，路線ごとに入札する方法である．しかし，これは需給調整の撤廃と完全に逆行する方式であり，採用されるべきではない．

路線特定の問題点を，全部ではないにしろ，ある程度クリアするには，航空会社自身が路線を決めるという方式が考えられる．すなわち，路線を決めないで，最高運賃から何％引き下げる便を何便，という点だけを入札するという方式である．たとえば，A社は9時台について「7％引き下げる便を3便，5％引き下げる便を5便」という形で入札値を提示し，引下げ幅の大きい順に，当該時間帯に供給される枠数の限度まで配分する方式である．この場合には，枠を得たのちに，航空会社は自由に路線を選ぶことができるし，変更も可能である．ただし，落札時の引下げ幅と便数の関係だけは順守させなければならない．

上記の案であれば，路線を拘束することはなく，かつ企業の運賃体系全体を拘束する程度も小さく，配分手続きも複雑にはならない．問題は，時間帯を拘束するため，人気の高い時間帯の便の最高運賃が抑えられて，そうでない時間帯の便の運賃が相対的に高くなり，資源配分上の観点からは価格付けが逆転するという点である．ただし，運賃を拘束されると，小さな企業は経営の自由度が制約されるという点はすでに述べたとおりであり，その点はこの方式でも変わらない．また，この方式をとる以上，平均運賃収入を使用するのは上述のとおり実行上望ましくないから，最高運賃を使用せざるをえず，最高運賃を用いることの問題点は依然残ることになる．

(d) 付け値競争入札制

付け値競争入札のメリットとしては，以下の点があげられる．

  イ) 新規，既存ともに平等な機会を提供できる．ただし，相対的に既存事業者が有利である．
  ロ) 恣意的・裁量的な発着枠配分を排除できる．
  ハ) 航空会社が点数制のような配分当局の用意した評価項目に拘束されず，自由で多様性のあるサービスを提供できる．
  ニ) 空港の発着枠についての資源の価値がほぼ完全に反映される．

付け値競争入札については，競争入札の収入を誰が得るべきかという課題および，これと関連して，運賃が上昇するのではないか，という懸念に応えてお

く必要がある．

　入札金の収入は一種のレントであり，経済学的には合理的な使途を明示できない．しかし，現実の政策として納得を得やすいのは，当該空港の航空利用者に還元することである．利用者への還元には2つの方法が考えられる．

　1つは，当該空港の整備費用にまわすことによって，間接的に利用者に還元する方法である．もう1つは，空港使用料の引下げ等によって，航空利用者に直接的に還元する方式である．

　前者のメリットは，そもそも混雑空港においては容量の拡大を行うべきであり，発着枠の配分ルールは短期的な改善策であるという趣旨に沿っている点である．この方式では入札価格は運賃に転嫁されることになるが，混雑した空港の混雑した路線の運賃が高くなるのは市場原理として望ましい現象であり，これを批判することは，混雑税やピーク・ロード・プライシングを批判するのと同様に非合理である．規制緩和政策をとったのに運賃が上昇するのは望ましくない，というのは，誤った考え方であり，規制緩和の趣旨は，マーケット・メカニズムの活用によって，資源の配分を適切にすることにある．これを否定するのであれば，高需要の空港施設を拡大して利用者ニーズに資することはできなくなる．

　また，競争が有効に促進される限り，入札金の運賃転嫁はそれほど容易ではなく，航空会社は，生産性改善でこれを吸収しようとするだろう．むしろ，混雑空港に投資がなされ，混雑が緩和されれば，さらに競争は促進され，利用者の便益は高まる．

　ただし，運賃への転嫁をどうしても避けたいならば，入札収入を空港使用料の引下げに使うという方法が考えられる．もし，着陸料の引下げが旅客に還元されることを確実にしたければ，直接，当該空港の旅客に返還するという方法も考えられる．関西国際空港で採用されている旅客施設利用料の徴収と逆のやり方を工夫すればよい．

　付け値競争入札制へのいま1つの懸念は，資金力に余裕のある企業に有利ではないか，また，枠の買占めが生じないか，というものである．

　しかし，第1に，資金は回収できてこそ投じる意味がある．資金力がなくても，資金回収可能な企業には資金を提供する者が現れるし，逆に，資金が潤沢

でも回収できない低い生産性ならば，無理に枠を入札で確保する愚行はおかさない．ただし，資本市場の不完全性の点から，上述のように，新規と限定後発企業には優先権を与えるべきである．

第2に，すべての枠を回収して入札制にかけた場合，すべての枠を買い占め，そのあとで独占価格をつけて回収することは理論的には可能である．しかし，「use-it, loose-it rule」のもとでは，それだけ高額の入札金を支払って枠をすべて買い占めても，それをすべて使用しなくてはならなくなるから，運航能力からかけ離れた応札はなされない．他企業を買収しない限り不可能であり，他企業がそのような買収に応じるとは思えない．

第3に，当該空港からの路線を独占できても，当該空港を使用しない他社の代替路線と，さらには，他の交通機関との競争が存在するため，入札金を回収できるだけの独占価格は設定できない．

第4に，全枠についてでなく部分的な競争入札の場合には，当該空港からの他社便が存在するから，独占価格をつけて入札に要した金額を回収することは不可能である．

ただし，このこととは別に，特定空港の特定航空会社による占有が競争を歪めるのであるならば，その点について競争政策の観点から競争当局が検討するべき余地は十分存在する．なお，発着枠の配分権限は，11.1節で述べたとおり，個別事業と伝統的関係を持たず，需給調整規制に興味を持たない官庁に与えるべきである．

### 参考文献

青木亮(2000)「スウェーデンの規制改革：第3章国内航空事業」中条潮編『公共料金2000』通商産業調査会，278-298ページ．
千葉英樹(1997)「航空機検査制度の改正について」『日本航空宇宙学会誌』第45巻第527号，695-702ページ．
中条潮(1995)『規制破壊』東洋経済新報社．
中条潮(1996)『航空新時代』ちくま新書．
中条潮(1999)「国内航空の新規参入と運賃競争」『公正取引』第583号，11-17ページ．
中条潮(2000a)『景気復活最後の切り札：規制改革なくして日本再生なし』小学館文庫．
中条潮(2000b)「運輸・交通の規制改革」八代尚宏編『社会的規制の経済分析』日本経済

新聞社, 169-203 ページ.
中条潮(2000c)「空港発着枠の配分と不採算航空路線の補助制度に関する考察」『三田商学研究』第43巻第3号, 89-109 ページ.
中条潮(2001)「『自由化』後の航空政策の課題」『運輸と経済』第61巻8号, 12-18 ページ.
遠藤伸明(1999)「低コスト航空会社の参入と空港間競争」『運輸政策研究』第1巻第3号, 65-66 ページ.
藤井彌太郎(1997)「事業に則した対応を」『トランスポート』1997年2月号, 46 ページ.
藤井彌太郎(1998)「安全規制と需給調整規制の廃止」『運輸と経済』第58巻第2号, 2-3 ページ.
金本良嗣(1995)「交通規制政策の経済分析」金本良嗣・山内弘隆編『講座　公的規制と産業──交通』NTT出版, 53-96 ページ.
航空政策研究会(1999)『米国国内航空市場の競争問題に関する会計検査院報告および米国議会の動き』.
村上英樹(1995)「航空規制・規制緩和学説の展開」神戸大学ディスカッションペーパー第9518号.
スロット配分方式検討懇談会(1998)『スロット配分方式検討懇談会報告』.
高橋望(1992)「都市間航空輸送」藤井彌太郎・中条潮編『現代交通政策』東京大学出版会, 167-177 ページ.
高橋望(1996)「国内航空運賃の規制緩和とその評価」『運輸と経済』第56巻第12号, 39-48 ページ.
臼木智昭・中嶋朋義(2000)「スロット配分方式に関する研究」『三田学会雑誌』93巻1号, 17-32 ページ.
山内弘隆(1995)「航空輸送」金本良嗣・山内弘隆編『講座　公的規制と産業──交通』NTT出版, 151-192 ページ.
山内弘隆(1998)『混雑空港におけるスロット配分ルールについて』航政研シリーズ, 第360号, 航空政策研究会.
山内弘隆(1999)『航空法改正に伴う情報公開と運賃問題について──航空輸送サービス懇談会の報告を踏まえて』航政研シリーズ, No. 370, 航空政策研究会.
山内弘隆(2000)『航空運賃の攻防』NTT出版.

# 第12章
# 国際航空の自由化と戦略的提携

## 要約

　1980年代以降，国際航空システムは，大きな変容を遂げている．その主要な変容面には，自由化の拡張，二国間主義と地域的多国間主義の併存，IATA（国際航空運送協会）統制力の低下，企業の経営領域の拡大と戦略的提携の進展などがあげられる．これらの動向には，米国のオープンスカイ政策やEUの共通政策などが背景となっている．

　戦略的提携は，自由化の進展と相まって進められ，とくに1990年代に入って，大きな進展をみせている．こうしたことから，国際航空における戦略的提携の研究は，いまや国際航空研究の重要な一環をなすものになっている．その展開には，多国籍企業の戦略の展開と共通の側面があるとはいえ，国際航空には2国間主義によるレジームの制約があり，情報とネットワークが複雑に絡むことから，コードシェアリングを伴うネットワークの相互補完などいくつかの特質が見出される．

　今後の促進に与える要因としては，国際航空における自由化の進展や競争法によるルールの適用範囲，需要の動向，ネットワーク配置などが指摘される．戦略的提携は，オープンスカイの相互作用によって，長期的にはレジームの変容や変更に影響を与える可能性をもつ．

## 12.1 国際航空システムの変容と戦略的提携

　国内航空の規制緩和が世界的な潮流となってきたなか，その影響は国際市場へと波及し，国際市場も必然的に規制緩和の方向へと牽引される．しかし，国際航空の運航サービスが国家間の協定と航空企業の国際組織を軸とする制度によって運営されていることから，国際航空では規制緩和の全面的展開には制限があり，複雑な自由化の過程をとらざるをえない．国際航空を統制する制度的枠組みは，1950年代までに完成しており，国際航空輸送の分野における路線への参入，運賃などの経済的な権益の交換を基本的に二国間での交渉によってきた．この二国間主義は，国益の観点から自国航空会社の保護を目的とした体制であり，互恵平等主義を基調とすることから非効率をもたらすと批判されてきた．交渉と再交渉に要する時間コスト，既得権の形成とシステムの硬直性，市場ニーズへの対応の遅れなどの点でも問題点が指摘される．

　しかし，最近では，グローバル化の進展に伴い，サービス自由化交渉の協議のなかで，情報通信，知的所有権の問題とともに，国際航空サービスについても多国間での協議の必要性が論議されるようになった．この契機となったのが，米国における国内規制緩和と国際政策レベルでのオープンスカイ政策，およびEUの共通政策である．これらの展開に伴い，国際航空制度は変容をきたしてきた．その変容は，二国間システムの枠内での自由化の拡大，特定地域内での多国間システムの構築と，当該域外地域との二国間主義との併存，IATA統制の弱体化，戦略的な企業提携の進展などに集約される．なかでも，米国が主導するオープンスカイ政策は，EUの自由化政策の具体化に影響を与えており，外資制限とカボタージュの担保的な留保はあるものの，航空権益の自由な取引を促進し，世界的な市場規模における競争促進に大きな影響を与えている．

　欧米を中心とする世界の主要航空企業は，このような競争環境に対応し，1980年代末以降，国際市場での戦略的提携を積極的に展開させ，1990年代以降には，各大陸での拠点を足がかりに，大陸間を結ぶグローバルな市場規模での戦略的提携を構築するに至った．国際航空の戦略的提携は，国際的な制度のもとで企業統合に制約があることから，企業が成長し安定をはかるための次善の策とも考えられる．だが，それ自体，完全自由化を達成させるには限界があ

るとはいえ，国際制度の変容に影響を与え自由化の促進方向に大きな影響を与える．

　以上の認識のもとに，戦略的提携の概念把握に影響を与えてきた多国籍企業学説を概観しつつ戦略的提携についての考え方を整理し，国際航空における戦略的提携の特質と，その促進と制約の条件について検討する．

## 12.2　多国籍企業の理論と戦略的提携の位相

　戦略的提携の概念と意義をめぐる論議は，多国籍企業を中心対象として展開されてきた．しかし，多国籍企業の歴史が浅く，その発展のパターンと行動様式が複雑なために，系統的な理論が確立しているわけではない．多国籍企業をめぐる所説の検討[1]に基づくと，戦略的提携の概念付けにおいて，①長期的な戦略志向と戦略的目的の共有，②利害の共有を含む相互対等関係の構築，③資源の相互補完と相互利益の獲得の3要素が重要である．

　戦略的提携が普及し拡大してきた主な理由には，投資拡大の要請とリスクの回避のほか，技術ニーズや市場アクセスの確保，規模や範囲の経済性の発揮などの要素があげられる．この点に関し，Dunning(1981)は，先端技術産業のR&Dのコスト増大とイノベーション活動を強いるグローバルな競争圧力，追加的な規模の経済や範囲の経済および専門化などの経済から生じる所有優位の利用，競争者の所有優位を吸収しあるいは妨げる相互作用，多国籍企業のヒエラルキーを含む他の組織形態の相対的な魅力低下などの要素を指摘している（Dunning[1981]，pp. 45-56）．

　しかしながら，以上の趨勢をもって，従来から多国籍企業行動について有力な論拠の1つとなってきた内部化理論が，その意義を喪失したと考えるのは，短絡的である．企業組織の内部化の傾向は，極端に低下しているわけではない．現実には，世界の多国籍企業には，主要国，地域での海外子会社を中心とするネットワークと，他の独立企業との戦略を中心とする外部ネットワークとが並

---

1)　多国籍企業の理論と戦略的提携の考え方についての考察については，塩見(2000)あるいは塩見(1988)を参照されたい．また，Buckley(1992, pp. 61-89)，長谷川(1995, 32-35ページ)，青木・伊丹(1985, 85-107ページ)，山倉(1993, 35-46ページ)，現代企業研究会(1994, 79-80ページ)も参照のこと．

とはいえ，多国籍企業は，内部の集権的ピラミッド型組織に替え，企業の独立性と協調を基礎とするネットワーク型組織を採用する傾向を高めている．このネットワークの構築は，協調関係を基調としているとはいえ，恒久的に平和共存の関係にはない．相互に競争の要素をはらんでおり，利害対立により協調体制を解消し競争関係に転化する不安定要素を伴っている．この意味では，戦略的提携は，限定的な性格をもっている．また，相互に提携する参加企業が増え，活動の領域と地域が拡大するにつれ，市場環境の変化に対応し，外部ネットワークとの調整難といった経営上の問題にも直面することになる．

以上のように，多国籍企業においては，国家の市場への直接的介入もなくクロスボーダーでの市場競争が自由であるために，戦略的提携も活発に展開されてきたといえる．次に，これを踏まえ，国際航空における戦略的提携について検討する．

## 12.3 国際航空の戦略的提携の特質

従来，長い間，国際航空市場における企業の経営行動は，厳格な国際的な制度調整のみならず，政府の規制などによって制約されていた．最近では，国益より企業権益の優先度が高まり，経営の裁量権が大幅に拡大するようになった．航空企業の戦略的行動が市場そのものに与える影響が強まり，経営そのものの真価が問われるようになっている．

当初，規制緩和下の米国国内において，メジャー企業とフィーダー路線就航の企業との間で提携の展開がみられたが，1980年代後半以降，規制緩和のグローバルな拡大と欧州における航空自由化の流れのなかで，それは国際市場に波及していった[2]．国際市場での航空企業間の協調や提携そのものは，規制緩

---

2) マーケティング提携そのものは，1967年に米国国内でアルゲニー航空(US エアの前身)によって開始された．その一連の提携関係はアルゲニーコミューター・システムと呼称された．だが，その提携は，1984年に至るまで普及しなかった．急速に普及するのは規制緩和が進展した1980年代後半以降である．主として，メジャーとコミューターとの間での提携が拡大した．1986年半ばにすでに，メジャーの12社全社およびナショナルの4社がコミューターとの提携を行っている．なお，1988年に，ユナイテッド航空は，世界ではじめて国際線におけるコードシェアリングによる提携を開始した．

和の潮流以前にもあった．しかし，統制的な制約のもとで，単純な経営目的に基づく複合ネットワークによる並行路線での技術的な提携や，相互に垂直的関係での提携の形態が支配的であった．それらは，IATAの企業間調整，プール協定，ウエットリースの形態などに例示される．1980年代後半以降のものは，競合企業間，すなわち水平的な関係にある企業間で，ネットワークを中心とする経営資源の相互補完によって関係が取り結ばれている．

規制緩和や自由化が大きな潮流になってはいるが，EUの域内など一部地域を除き，経済的権益を2国間で取り交わすレジームそのものに大きな変化はない．国際航空の領域では，基本的に，実質的支配と所有の原則の制約によって外国による経営権の掌握や投資が阻まれ[3]，航空機の本国での登録義務づけによって国際海運のようなオープンレジスター体制をとることも阻まれている．さらに，カボタージュ（国内輸送権）の禁止の取り決めもある．したがって，国際航空産業の戦略的提携は，ごく一部の例外[4]を除いて，一般的には典型的な多国籍企業の形態によらない企業による戦略的行動といえる．国際航空の戦略的提携について，無定見に多国籍企業の戦略に包含する見方も散見されるが，この点での注意を要する．

とはいえ，多国籍企業より遅れたレベルでの戦略的提携が展開されているわけではない．むしろ，制度的制約があるがゆえに，また，ネットワーク戦略と高度情報システムを駆使できるがゆえに，先進的な形態によって，戦略的提携を展開させているのである．制度的な障壁の存在ゆえに，特殊な形で発生し，企業の経済的合理性が先行するなか，その障壁に反作用を与えるパラドキシカルな効果をもたらしているといえる．

このような制度的制約のなかで展開される国際航空の戦略的提携には，次のような特徴がみられる．第1は，ネットワークを軸に経営資源の相互補完が行われ，対等な提携関係が構築されていること，その主要なもののほとんどすべ

---

3) 諸外国の航空法は，外国人所有の議決権株の全体に占める割合をおよそ，25％から約30％の範囲内に定めている．わが国の規定では，3分の1以下である．なお，米国では議決権付なしの株については，49％の範囲まで認めている．
4) その例外は，SASである．全資本のうち，7分の2をデンマークとノルウェーがそれぞれ所有し，残り7分の3をスウェーデンが所有している．それぞれの国では，親会社が統括し，政府と民間が株式所有を50％ずつ分け持っている．

てが，広域での膨大な数の路線を対象とするコードシェアリングを伴っていることである．コードシェアリングとは，一般に便名を他社便に付与しパートナー相互間で分かち合うことを意味する．これによって，ネットワークの取得に要する大規模な投資を回避し，大規模なネットワークを速やかに構築することが可能となる．ネットワークの端末には空港施設があり，ネットワークの補完は必然的に空港施設の相互補完と相互利用に直結する．水平的統合の必須条件の1つは，生産過程での経済的な相互補完である．航空輸送では，それは，主として，コードシェアリングでのネットワーク統合によって充足される．これによって，個々別々の企業が担うネットワークは，1つの結合されたネットワークとして機能する．

コードシェアリングの対象となるネットワークの範囲は，ゲートウェーからゲートウェーにまたがる単なる特定地点間のネットワークの範囲のものから，特定地点間を含みパートナーのネットワーク相互間の部分集合か全体集合に及ぶ範囲のものまである[5]．戦略的提携は，一般的に，後者のネットワークの取り結びを中心にしたもので，その目的に戦略的要素を含んだものを指すことが多い．そのうちで，戦略的に，もっとも効果的なものは，結合されたハブネットワークの拡張である．その経済的効果には，提供される路線上での需要密度の増加と航空機規模の経済性の発揮，交通量の集中による結合生産的効果と範囲の経済性の発揮といった2つの経済性がみられる．ネットワーク・リンケージによるこれらの効果は，平均飛行区間距離の増加，機材稼働率の向上，集中管理の向上などを通して達成される．

第2は，高度な情報技術の共有や共同の利用を媒体に，情報技術の機能が強化され，大きなマーケティング効果が発揮されることである．この効果を発揮する要素には3つがある．①ネットワークの統合をもたらすコードシェアリング，②顧客需要管理，運賃設定，業務管理の手段として機能するCRS(コンピュータ予約システム)，③それへのペギーバックによって機能発揮される販売

---

[5] ゲートウェー間のそれは，特定路線に限定されることから相対的に提携関係が弱い．後者は，国際線の便に接続する国内線の便と，国際線に接続する国際線の便とに区分されるが，いずれも包括的で緊密な提携関係を伴っている．グローバル規模の戦略的提携は，後者の提携関係を中心とするものであるが，これら全体3つを包括するものも少なくない．

促進手段としての FFP(フリークエント・フライヤー・プログラム)である．これら3要素の相互作用の程度は，パートナー間の結合力と競争力を決定づける．CRS によって，旅客需要の誘導と選別および運賃差別化がなされ，イールドの向上がもたらされる．FFP は，顧客を囲い込み，ロイヤリティを高めることで収益性を高める．コードシェアリングとマーケティングミックス要素は，これら情報活用手段によって一体的に作用する．一般的に，コードシェアリングを軸としてネットワーク規模が大きくなるほど，統合的なマーケティング戦略効果は一層高まる．

　第3は，市場アクセスや空港施設へのアクセスを容易に確保することである．二国間体制下では，運輸権の確保，とくに第5の自由の確保やカボタージュに制約があり，これを克服するバイパス手段の機能として重視される．また，既存のスロット(離発着枠)にも限度があることから，相互の連携利用によるトータル利用枠の活用が期待される．

　以上で考察したように，多国籍企業で典型的にみられる戦略的提携の3つの要素，すなわち，長期的な戦略目的の共有，利害の共有を含む相互対等関係の構築および資源の相互補完や相互利益の獲得は，国際航空の戦略提携にも該当する．グローバルな市場での競争優位の確立などに示される長期戦略目的の共有，メジャーな企業相互での連携と資源の相互補完には，共通のものがみられる．国際航空で特徴的なのは，戦略的目的の達成手段や資源の相互補完の対象として，有利なネットワークの構築と拡大が，とくに重視される点である．また，二国間主義体制のもとでは，戦略的提携が二国間の承認事項となる点も特徴的といえる．

## 12.4　戦略的提携の制約と促進の要因

　今後，いかなる要素が，国際航空の戦略的提携の方向性に影響を与えるのであろうか．その主要なものとして，国際航空における自由化やオープンスカイの進展，競争法によるルールの適用範囲，需要の性格と動向，ネットワーク配置などがあげられる．

　国際航空における戦略的提携は，制度の制約があるために進展しない垂直的統合の次善策ともみなされている．自由化の深化のもとで，多国籍企業化が進

展する見方も根強い(Gialloreto[1988], pp. 152-187). しかし, 提携の内実を
みればその兆候を示してはいない. たとえば, 資本提携の趨勢をみると, 制度
の制約のなかで自由化が進展しているとはいえ, 今日では, それは従来のよう
に重視される傾向はない. 1992年から1995年までの間の国際航空の提携につ
いてサーベイを行ったエアライン・ビジネス誌の調査結果をみても, それの件
数は低下している[6]. 戦略的提携は, 単なる資本提携とは異なり市場環境の変
化に柔軟に対応可能な構造をもつ. 反面, 資本結束が低いだけに, 利害関係の
変化によって比較的身軽に特定の関係を解消し, パートナーを変える可能性を
もつなど, 不安定要素を伴う面があることは否めない.

　それでは, 自由化の更なる進展につれ, 戦略的提携はどのような方向を辿る
のであろうか. 自由化が究極的に深化した段階では, 多国籍企業化の進展によ
って航空企業の再編が進むとともに, それにも増して, 並行的に戦略的提携の
動きが活発化するように思われる. なぜなら, 将来ともに, 需要の波動性と不
確実性が増し, 巨大投資のリスク回避が避けられないからである. 現在のコー
ドシェアリングの取り決めは, 完全な経営統制のもとにあるわけではない. 2
国間主義によって, コードシェアリングの取り決めは, 規制統制のフレームワ
ークに包括されている. コードシェアリングは, 運輸権の擬似として機能しえ
ても, 完全に運輸権に代替するものではない. したがって, 国際航空の自由化
を保証する多国間主義のレジームへの移行は, 完全な経営統制下での戦略的提
携の取り組みにとって不可欠なものといえる.

　戦略的提携の経済的効果についての評価には, 競争制限的なものか, 競争促
進的なものかの2様の解釈がつきまとう. 競争制限的で, 市場支配力をもつク
ロスボーダーの取り決めには, 反トラスト法に関する規制機関が介在する. 戦
略的提携のパートナー間で構築される統合ネットワークの運賃面に与える影響
については, Brueckner(1997)の説明が参考になる. そこには2つの相反する
効果が働くとし, ドミナントなハブ間の市場では寡占化によって価格は上昇し,

---

　6) 1994年の提携件数は280件でそのうち資本提携を含むものは, 全体の20％にあたる58
　　件であり, 1997年には, 提携件数363件, 資本提携を伴うものが全体の15％にあたる54
　　件に推移している. *Airline Business*, June 1977.

スポークのネットワーク市場では，密度の経済性によって価格は低下し，後者の効果ははるかに前者を上回り，全体としてはプラスの効果が生じると説明している．したがって，その全体効果は，戦略的提携によって構築されるネットワークの種類によって異なる．この点では，ネットワークとの関連でいかに市場を確定していくかが課題となる．今後とも，競争法による競争ルールの適用と反トラスト法に基づく裁定が戦略的提携の方向性を左右することになる．

　第2の影響の側面は航空需要の性格と動向である．航空企業が戦略的提携を選好する1つの理由は，運賃低下による需要の増加と全体収益の改善の可能性に求められる．もっとも，需要の増加は運賃低下のみによってもたらされるわけではない．一般的に，消費者は，ネットワーク上にデステネーションの都市数を多く擁し，それらの都市にできるだけ多くの便数で就航サービスを提供でき，しかも，オンライン・サービスでそれを提供できる航空会社を選好する．運航便数とマーケットシェアとの有意な関係はSカーブとして知られている．この点で，供給サイドの選好と消費サイドの選好とが符合する．とはいえ，サービスの質と運賃水準はトレードオフの関係にある．

　Morrison and Winston(1986)および Oum *et al*. (1993, pp. 171-192)などによれば，航空の運賃弾力性はそれなりに幅があり，その水準は一般的に低くはない．運賃低下による需要増の効果はある程度は期待できる．しかし全体的には，運賃低下は，ネットワークの構造，競争関係，自由化の進展いかんによるものである．

　また，提携によるスケジュール調整とハブスポークネットワークの連携は，相乗効果によって需要に影響を与える．ハブスポークネットワークについて経験的に得られた結果は，便数の増加である(Morrison and Winston[1995], pp. 44-49)．この便数増加は，最終的に，需要弾力性を通して需要増に影響を与える．旅客のトリップのコスト評価は，運賃とトリップ時間の総和である．トリップ全体に要する時間は，運航時間，アクセス時間，待機時間の総和からなる．このうち，運航時間とアクセス時間はほぼ一律であり，待機時間の短縮と一定の時間帯での便数確保が差別化の対象となる．便数の増加は出発時間の待機時間を短縮し，より好都合な複数の選択の幅を与える．一般的には，戦略的提携による供給サービスはこの条件にかなう．

（凡例）
● ゲートウェー・ハブ
■ 競争を伴うゲートウェーの後背都市
○ 競争を伴わないゲートウェーの後背都市
──── ゲートウェー・ハブ間の路線(いずれかのパートナーによるコードシェア運航)
──── ゲートウェー・ハブ間の路線(ハブを有する企業のコードシェアによらない運航)
──── ゲートウェー後背のフィーダー路線(ハブ利用による常時運航)
------ ゲートウェー間の短距離路線(一方または双方の提携による運航)

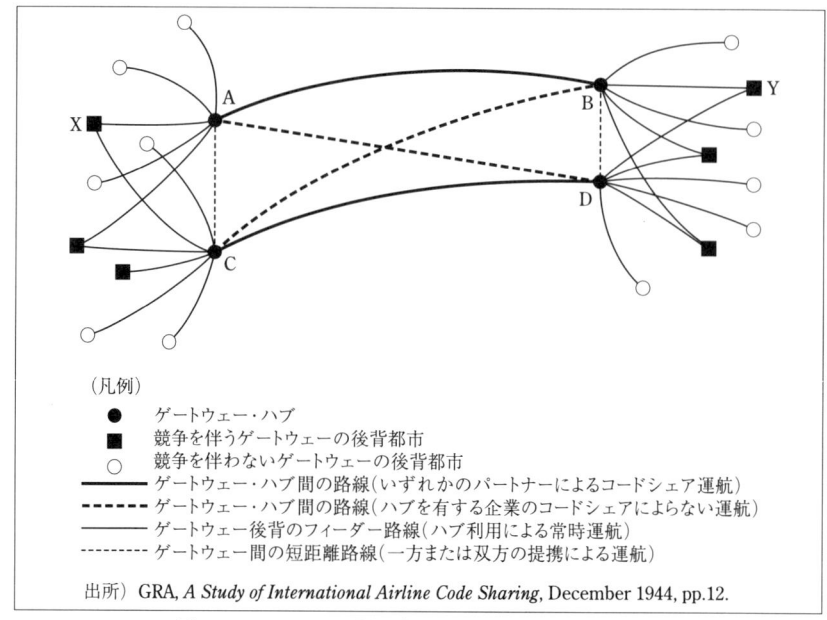

出所）GRA, *A Study of International Airline Code Sharing*, December 1944, pp.12.

図 12.1　2つの企業提携のネットワークパターン

　提携によって得られる旅客の便益は，多くの路線選択の可能性によって得られる．企業提携間の競合はこの便益を一層増加させる．図 12.1 は 2 つの企業提携のネットワークを示したものである．提携を取り結ぶ一方の国の企業は，自国のゲートウェー・ハブ拠点(A, C)から，国内の最終目的地間のみならず相手国のゲートウェー・ハブ拠点(B, D)経由の相手国内の最終目的地との間でオンライン・サービスを提供することが可能になる．それらのハブ拠点と，競争を伴う後背のフィーダー最終地点の旅客にとって，選択ルートは，単一の提携よりかなり増加する．ゲートウェー間の A〜B および C〜D の路線は，X〜A および Y〜B などのフィーダー路線間の需要吸収によって高密度需要を確保し，4 つのハブ拠点への旅客の集中によって，全体的な効率的運航が確保される．これに，競争要因が加わると，運賃低下の可能性も生じる．
　さらに，ネットワークの地理的配置も，運賃と需要動向に大きな影響を与える．スポークの需要高密な全方向の連結性をもたらす地勢的に有利な配置でのハブ選択の可能性や，ターミナル需要が大きな規模を擁するハブの選択の可能

性が，有利な戦略的提携の展開の方向性を決定する．グローバル規模では，飽和点がない需要動向が将来的にも示されるが，地域的には需要が限定されていることから，地域的に新規参入の可能性を与える産業組織と運賃低下をもたらす戦略の行方が，戦略的提携の再編を決定する．一方，このようなネットワーク戦略も，競合するグループ間で均等化すれば，差別化の戦略的な要素となりえないことから，戦略的提携のもつ影響力は低下するであろう．

## 12.5 米国のオープンスカイ政策と反トラスト法

米国では，1970年代後半から1980年代にかけて，表12.1にみるように国内規制緩和政策とタイアップする形で，国際競争政策が展開されるようになった．それは国内の規制緩和政策との融合であり，米国企業の競争力強化と消費者利益の向上などを目標に掲げ，自由化交渉によって具体化された．1990年代には，オープンスカイ政策がさらに進展し，カボタージュは留保しているものの，無制限の運輸権，輸送力と便数の自由，無制限の第5の自由，コードシェアリングの自由などを包括する大幅な自由化促進を織り込んだ協定が相次いで締結されるようになった．その政策では，ネットワークの拡充とコードシェアリングの経済的合理性が確認され，オープンスカイとコードシェアリングを核とした戦略的提携の相乗的効果が見通される．

この状況のもと，二国間主義体制の枠内ではあるが，オープンスカイ協定による自由貿易の枠組みのネットワークが米国を中心に拡大する一方，国際間の戦略的提携もグローバル規模で急速に進展するようになった．1992年にオランダと米国間のオープンスカイ協定締結をうけて成立したKLMとノースウエスト航空間の提携を皮切りに，1990年代には世界のメジャー企業相互の提携が相次いだ．1993年には，ユナイテッド航空とルフトハンザ航空間で提携が成立し，1996年には，ドイツと米国との間でのオープンスカイ協定締結を契機に，その提携は加盟企業を拡大しスターアライアンスと称されるグローバルアライアンスを築きあげた．グローバルアライアンスは，世界の各大陸で主要な航空企業をおさめ，利用できる主要ハブを最大限にグローバル規模でリンケージするもので，2000年6月末現在では，世界には4大グループが形成されている．

表 12.1 米国における航空政策の主要経過

|  | 国内政策 | 国際政策 | オープンスカイ協定締結 |
| --- | --- | --- | --- |
| 1977 年 | ・航空貨物規制緩和法の制定 |  |  |
| 1978 年 | ・航空規制緩和法の制定 | ・米国の国際航空交渉実施のための政策 |  |
| 1980 年 |  | ・国際航空競争法の制定 |  |
| 1982 年 | ・参入規制の完全廃止 |  |  |
| 1983 年 | ・運賃規制の完全廃止 |  |  |
| 1984 年 | ・規制機関 CAB の撤廃 |  |  |
| 1992 年 |  | ・米国運輸省,オープンスカイイニシアティブ概念の取りまとめ | ・対オランダ |
| 1993 年 | ・国家航空競争力委員会報告を議会提出 |  |  |
| 1995 年 |  | ・国際航空政策宣言(最終)発表 | ・対カナダ間 |
| 1996 年 |  |  | ・対ドイツ間 |
| 1997 年 |  |  | ・対シンガポール間 |
| 1998 年 |  |  |  |
| 1999 年 |  |  | ・36 ヵ国と締結完了 |

　米国は,総じて,交渉相手国や企業によって,ネットワーク戦略を選別し,段階的な自由化の拡張をはかってきた[7].オープンスカイに対応しない相手国との交渉では,戦略的提携に慎重な姿勢を示している.これは,米国政府が,戦略的提携について,多国間主義の方向に合致し,消費者の便益にかなう競争促進効果をもたらすものとして支持する一方,寡占化による競争制約の潜在的影響を懸念していることによるものである.反トラスト法には,市場での競争と利用者の便益を損なう競合企業相互の連携を防止する規定があるために,米国交通省は,申請の事例について,競争が減退し便益を損なう可能性についてケースバイケースの検証を行う.しかし,この可能性がある程度あっても,オ

---

[7] 米国は,1992 年のオランダとのオープン協定の締結以後,1999 年までに 36 ヵ国とオープンスカイ協定を締結している.そのほとんどが,カボタージュの意義に乏しい小国か自由化に与する陣営の国である.これ以外では,その経過とともに,政策声明に従って,自由市場へのアクセスの見込みがある国とは経過的協定をかわすなどグループ別の政策対応を行っている.これは,究極的に,自由化のネットワークへと大国を囲い込む目標戦略によるものといえる. The U. S. International Air Transportation Policy Statement, April 1995 を参照のこと.

ープンスカイを条件に，それは認可される傾向にある．これは前者による便益の減少を補償してあまりあるプラスの便益増加の効果を後者がもたらすと期待するからである．このために，米国政府は，オープンスカイ政策と戦略的提携とを原則セットにして交渉するスタンスをとっている．その典型は，オープンスカイを取引条件として提示し，相手国がそれを受け入れる場合には，戦略的提携を反トラスト法の適用免除の承認を与えることに示される[8]．

反トラスト法の適用免除は，戦略的提携のパートナーに強力な結合力を与え，同一企業のような協調行動を許容する．その典型は，輸送力やスケジュール調整の共同決定，価格決定の統合など包括的な収益管理システムや収入の比例配分協定を内包し，同一アイデンティティをもつ企業体としての行動であり，結果として大きな競争優位を確保することになる．

## 12.6 今後の方向性と課題

現行の国際航空のレジームは，規制緩和の進展や市場の構造変化のもとで自由化促進の内容を備える二国間協定が締結されるようになり，変容をきたしてきた．戦略的提携の進展によって，二国間協定において，当事国以外の経済主体の利害が大きく加わり，従来型の二国間協定の意義は希薄になりつつある．経済的合理性が重視され経済統合も進展するにつれて，多国間主義を前提とするレジームに向けた新たなアプローチが必要になっている．

戦略的提携によるボーダレスな事業展開は，資本の論理にそったもので，自由な競争市場のもとで，もっともその真価を発揮する．事業展開のボーダレス化の高次段階は，多国籍企業化とそれによる戦略的提携の展開である．戦略的提携の進展は，二国間主義での限定的な自由化を克服する可能性をもつといえる．オープンスカイの推進，それと相乗して進められる反トラスト法の適用免除の適用は，この傾向を促進している．今後とも，戦略的目的の達成によってカウンターバランスをとる米国の競争政策は自由化推進に大きな影響を与え続

---

[8] その主要事例は，1992年のオランダとの協定締結によるノースウエスト航空とKLMとの提携，1996年のドイツとの協定締結によるルフトハンザ航空，ユナイテッド航空，SASの提携，1995年のカナダとの協定締結によるエアカナダとユナイテッド航空との提携について，それぞれ示される．

けるであろう．

しかしながら，多国間主義を含む自由化の深化への途は平坦ではない．企業利益と国家権益との相克があり，国際航空政策の形成や実施の過程において多数のプレイヤーの利害と駆け引きが絡むからである．このような状況下で，戦略的提携の方向性は，競争ルールや独占禁止法の適用範囲によって影響を受ける．このことから，今後とも，国際市場では，潜在的な新規参入の可能性と脅威を常に確保できる市場の構造と組織を保証する透明で自由なオープンスカイの枠組みと，競争制限的な企業行動をモニターし監視できる国際制度を構築することが望まれる．

(付記)本研究は，1998-2000年度文部省科学研究費補助金による研究の一部である．

### 参考文献
青木昌彦・伊丹敬之（1985）『企業の経済学』岩波書店．
Buckley, P. J. and M. Casson (1991), *The Future of the Multinational Enterprise*, Macmillan, Introduction（清水隆雄訳（1993）『多国籍企業の将来(第2版)』文眞堂）．
Buckley, P. J. (1992), *Studies in International Business*, St. Martin's Press.
Brueckner, J. K. (1997), *The Economics of International Code sharing: An Analysis of Airline Alliances*, August, University of Illinois.
Doz, Y. L. and G. Hamel (1988), *Alliance Advantage: The Art of Creating Value Through Partnering*, Boston: Harvard Business School Press.
Dunning, J. H. (1981), *International Production and the Multinational Enterprise*, George Allen and Unwin.
江夏健一・首藤信彦編(1993)『多国籍企業論』八千代出版．
GAO (1995), *International Aviation: Airline Alliances Produce Benefits, but Effects on Competition is Uncertain*, April
現代企業研究会編(1994)『日本の企業間関係』中央経済社．
Gialloreto L. (1988), *Strategic Airline Management*, Pitman（塩見英治・吉田邦郎・高橋望・寺田一薫訳(1991)『航空輸送のグローバル化と戦略的経営』成山堂書店）．
長谷川信次(1995)「国際企業提携の理論的考察」江夏健一編『国際戦略提携』晃洋書房，31-51ページ．
Hymer, S. H. (1960), *The International Operations of National Firms: A Study of Direct Foreign Investment*, MIT Press（宮崎義一編訳（1979）『多国籍企業論』岩波書店）．
入江猪太郎監修，多国籍企業研究会編(1984)『多国籍企業の系譜と展望』文眞堂．

Jeffrey P. and G. R. Salanick (1978), *The External Control of Organizations: A Resources Dependence Perspective*, Harper & Row.
Kindleberger, C. P. (1969), *American Business Abroad, Six Lectures on Direct Investment*, Yale University Press (小沼敏監訳(1970)『国際化経済の論理』ぺりかん社).
Lorange P. and J. Roos (1992), *Strategic Alliances: Formation, Implementation, and Evolution*, Blackwell.
Morrison, S. A. and C. Winston (1986), *The Economic Effect of Airline Deregulation*, The Brookings Institution.
Morrison, S. A. and C. Winston (1995), *The Evolution of the Airline Industry*, The Brookings Institution.
Oum, T. H., A. Zhang and Y. Zhang (1993), "Inter-Firm rivalry and Firm-Specific Price Elasticities in Deregulated Airline Markets", *Journal of Transport Economics and Policy*, 27(2), pp. 171-192.
Oum, T. H., J. H. Park and A. Zhang (1996), "The Effects of Airline Codesharing Agreements on Firm Conduct and International Air Fares", *Journal of Transport Economics and policy*, 30(2), pp. 187-202.
Porter M. E. (1986), *Competition in Global Industries*, Harvard Business School Press (土岐守・中辻萬治・小野寺武夫訳(1994)『グローバル企業の競争戦略』ダイヤモンド社).
Rugman, A. M. (1981), *Inside the Multinationals: The Economics of Internal Markets*, Columbia University Press (江夏健一・中島潤・有沢孝義・藤沢武史訳(1983)『多国籍企業と内部化理論』ミネルヴァ書房).
塩見英治(1988)「国際航空市場におけるアライアンスと競争」『海運経済研究』第32号, 37-52ページ.
塩見英治(2000)「国際航空の戦略的提携とオープンスカイ」『三田商学研究研究』第43巻3号, 53-67ページ.
竹田志郎・島田克巳(1995)『国際経営論』ミネルヴァ書房.
Vernon R. (1966), "International Investment and International Trade in the Product Cycle", *Quarterly Journal of Economics*, Vol. 80, May, pp. 190-207.
Vernon R. (1971), *Sovereignty at Bay: The Multinational Spread of U. S. Enterprises*, Basic Books (霍見芳浩訳(1973)『多国籍企業の新展開―追いつめられる国家主権』ダイヤモンド社).
山倉健嗣(1993)『組織間関係』有斐閣.
Yoshino, M. Y. and U. S. Rangan (1995), *Strategic Alliances: An Entrepreneurial Approach to Globalization*, Harvard Business School Press.

# 第13章
## 空港整備政策の新展開

**要約**

　『現代交通政策』では空港を扱っていないことから，本節では，まず現行の空港整備制度の枠組みを簡単に紹介し，次いで，受益と負担の一致の観点から，空港整備制度のあるべき方向性を提示する．

　航空サービスの下部構造である空港については，その整備制度が確立された1950年代以降，多少の変更は加えられてきたものの，その基本的枠組みは維持されてきた．現行制度が空港ネットワークの拡張に貢献してきたことは事実であるが，21世紀を迎え，急速な航空需要の拡大と航空輸送産業の自由化を前にして，わが国の空港整備制度には，以下のような抜本的な改革が必要である．

　まず，個別空港の整備運営については，自立的経営を基本とするべきであり，そのためには空港整備特別会計の廃止・縮小が必要である．全国的な空港整備システムは，離島辺地空港整備と大規模プロジェクトにおける資金調達システムとしての役割に限定すべきである．航空管制については，空港航空管制と航空路航空管制を分け，前者は個別空港の選択に任せ，後者については，システム自体の高度化が可能となるような財源確保と運営の効率化のため，独立した組織とすることが求められる．

　空港と管制の民営化については，民営化が，当初意図された単なる管理効率の向上を越え，ビジネス（収益事業）としての可能性まで拡大していることを評価するべきである．ただし，同時に，民営化空港が空港の持つ交通社会資本としての役割を正確に認識し，それを実現するよう，地方自治体の参加を含む包括的な地域空港整備計画の構築が1つの選択肢として検討されるべきである．

　なお，補論として英国の空港規制制度を紹介する．

## 13.1 わが国の空港整備制度の概要

### (1) 空港整備法

民間航空の再開と時期を同じくして1956年に成立した空港整備法は，空港に関する基本法であり，空港の定義，空港の設置や管理などの行政上の役割分担を定めている．同法の規定のうち，空港整備の計画と財源に関して重要であるのは，空港種別の設定と種別ごとの国の負担割合である[1]．

第一種空港は，「国際航空路線に必要な飛行場」と定義されており，羽田，伊丹，成田，関西国際および中部国際の5空港を指す．第二種空港は，「主要な国内航空路線に必要な飛行場」と定義されており，設置者はすべて国（国土交通大臣）であるが，管理者が国である場合は第二種A空港，自治体である場合には第二種B空港と呼ばれている．第三種空港は「地方的な航空運送を確保するため必要な飛行場」と定義されており，設置も管理も地方公共団体である．

空港整備法では，空港種別ごとに国（空港整備特別会計）からの負担率・補助率を規定しており，この率は種別が下がるごとに下がっているが，地域振興等の観点から，離島，北海道および沖縄などでは逆に高率になっている[2]．

### (2) 空港整備五箇年計画

1967年に第1次計画が策定された空港整備五箇年計画は，中期的な整備目標を定め，それに対応する予算規模を設定している．空港整備五箇年計画の詳しい推移については別稿に譲るが[3]，大都市圏の国際空港は各五箇年計画において常に第1優先順位を与えられていたにもかかわらず，長い間，予算の多くは騒音対策に回され，大都市圏の空港整備は遅々として進まなかった．成田空

---

1) 航空法による公共用飛行場には，空港整備法によるもの以外に，①但馬や天草のようなコミュータ空港として整備される小規模空港，②小松や徳島のような自衛隊との共用空港がある．また，米軍との共用空港である三沢は日米安保条約に基づく航空法の特例によって民間航空に供用されている．
2) 空港種別ごとの空港数や空港の名称，および空港種別ごとの補助率・負担率については，『数字でみる航空』を参照されたい．
3) 各空港整備五箇年計画の予算・決算規模，目標および達成項目などについては，太田（1994）および太田（2000）を参照されたい．

港の不幸な経験を別にしても，1980年代の半ばまでは，空港は国民一般の利用に供する重要な交通基盤施設というより，騒音をもたらす迷惑施設と考えられていたといえよう．

しかし，1985年のプラザ合意以降，円高の定着によってレジャーとしての海外旅行が普及し，また日本企業の海外進出によってビジネス旅客が急増したことによって，航空サービスが一般国民へと普及していった．このような航空需要の増大とともに，空港に対する評価も変わり，1986年を初年度とする第5次計画以降，ようやく大都市圏の空港整備が集中的に推進されるようになった．

### (3) 空港整備特別会計

1970年に設立された空港整備特別会計(空整特会)は，道路整備特別会計および港湾整備特別会計と同様に，特定財源制度を基礎にして交通下部構造の整備を促進するための特別会計である．

空整特会では，近年一般財源の導入が図られているが，基本的には利用者負担の原則が貫かれている．同特会の主要な財源は，航空機燃料税，空港使用料(着陸料，停留料，格納庫使用料など)および航行援助施設利用料である．すなわち，同会計からの支出は「国費」と称されるとはいえ，同会計は利用者の負担によって維持されていることを忘れてはならない．空整特会の主な支出は，空港整備の費用と航空路整備事業(航空管制)であるが，近年になって既設の空港の維持管理費用が増大してきている．

空整特会においては，個別空港に関する収支は公開されていない．多くの全国的な交通社会資本同様，典型的な内部補助が行われていると考えられる．

### (4) 空港公団

成田空港は，空港整備特別会計から切り離された独立事業体である新東京国際空港公団によって整備・運営されてきた．空港整備法の規定によれば，第一種空港の場合には，基本施設，附帯施設ともに全額を国が負担することになっている．しかしながら同空港の場合には，国は必要資金の20％を空港整備特別会計から出資するだけであり，残りの資金は債券発行および借入によって調達することになっている．債務の償還は空港運営による収入によってなされる．

空港整備法の規定に反して，空港公団システムを採用した理由として以下の3点が挙げられる．第1に，空港整備特別会計には成田空港の整備資金を負担する余力がなかった．つまり，羽田空港などの少数の採算空港からの収入のみでは，新空港の資金需要を賄えなかったのである．第2に，空港整備特別会計には借入が認められておらず，当時の既存の制度内においては，資金調達が不可能であった．しかしながら，第3に，首都東京を後背地とする新空港は長期的には十分に採算が取れると考えられた．したがって，借入が可能な独立事業体であれば，資金調達および債務償還が可能であると判断されたのである．

なお，成田空港公団(新東京国際空港公団)は，2004年4月に民営化され，成田空港株式会社となった．

また，ターミナル・ビルは，空港基本施設と一体化され，成田空港会社が所有，運営している．この形態は諸外国では一般的であるが，わが国では，ターミナル・ビル会社を別途設立するのが通常の形態になっている．

### (5) 空港会社

関西国際空港は，わが国ではじめての株式会社によって所有・運営される大規模公共用空港である．しかしながら，一般に期待される民営化の効率化効果を目的としてこの形態を採ったのではなく，目的は地方自治体および民間企業に資金負担をさせることにあり，諸外国の民営空港のような独立性はない．

すでに完成している第1期工事については，その必要資金の20％を国が，5％ずつを地元自治体と民間企業が出資した．第2期工事については，通常の空港の土地代にあたる空港島の費用である基盤部分と空港設備の部分を分けた．無利子資金の比率は，空港設備部分は第1期工事と同じ30％に，基盤部分は55％とされている．

2005年2月に愛知県常滑沖に開港した中部国際空港も株式会社システムを採用しており，その成否も注目されるところだが，中部空港の場合には，空港の独立性は関西空港よりはいくらか確保されている．

## 13.2　空港整備制度の現状と課題

航空サービス関連諸税を特定財源とした空港整備特別会計制度と空港整備五

箇年計画が，わが国の空港ネットワーク整備に貢献してきたことは明白である．しかし，他方，空港整備計画における経済合理性の欠如やその費用負担水準の妥当性への疑問なども指摘されてきた．このうちもっとも大きな問題点は，空港整備における受益と負担の乖離にある．

一般の財・サービスにおいては受益と負担を一致させることが基本である．受益と負担の一致は，市場価格が受益者負担と原因者負担の両原則に合致することにより，①供給者に経営効率改善のインセンティブをもたらすとともに需要者にも消費する財の価値を正確に認識させることによって，効率的な結果をもたらす，②受益者負担と原因者負担というもっとも素朴な負担の公平性原則を満たす．しかしながら，空港を含む交通社会資本整備は一般の財・サービスとは異なる側面を持つことを根拠として，受益と負担の乖離の正当性が主張されてきた．

空港整備特別会計制度は受益と負担に関して，その一致と乖離の2つの側面を持つ．空港利用者全体としては，空整特会の財源のほとんどが航空利用者の負担によるものであることから，受益と負担は一致している．一方，個別の空港についてみると，特別会計制度というプール制によって，受益と負担は乖離している．つまり，採算空港から不採算空港への内部補助，先行整備空港から後発整備空港への内部補助が行われてきたのである[4]．

空港を含む交通社会資本整備において，受益と負担を乖離させるべき理由は，①全国ネットワークを迅速に整備すること，②地域間の公平性を達成すること，の2つである．しかし，この2つの根拠が，離島辺地を除けばすでにその正当性を失っていること，そして，今後の社会資本整備において市場の重視が求められる点は，第4章で示したとおりである．

## 13.3 今後の空港整備制度のあり方

以上を踏まえて，21世紀の空港整備システムのあり方を論じよう．

21世紀における空港整備の戦略目標としては，①効率性の発揮(受益と負担

---

[4) 日本道路公団による高速道路ネットワークにおける料金プール制も同じ性質を持っている．詳しくは，藤井(1987)，Fujii(1988)などを参照されたい．また，社会資本全体の内部補助の問題については，本書第4章あるいは中条(1995)第5章を参照のこと．

を一致させ，既存ストックの有効活用を図り，主要なボトルネックを解消すること）と，②ナショナル・ミニマムの確保（辺地・離島空港の整備）の2点があげられる．

### (1) 空港整備システム改革の方向性

上述の空港整備の戦略目標にしたがうと，行われるべき改革の方向性は以下の4点にまとめられる．

第1に，個別の空港ごとに効率性を発揮するために，各空港の経営を自立させるべきである．これに伴い，空港の収益源の多様化が求められる．また，空港の自立化は，後述する民営化につながる措置でもある．

第2に，空港整備特別会計の廃止が求められる．廃止が現実の行政・政治上の理由で不可能ならば，少なくとも，同特会が持つ料金プール機能の縮小，換言すれば，内部補助の禁止あるいは制限がなされなければならない．また，間接税を課すに等しい内部補助を実施する場合には，租税政策の導入同様，その社会的合意が必要であり，そのためには情報公開が不可欠である．

第3に，社会的な目標を達成するための空港整備についても，効率的にそれがなされること，および，その費用負担の公平化が求められる．たとえば，ナショナル・ミニマム維持のための離島・辺地空港の整備・維持についても，負担の明確化（負担者と負担額の明示）と，受益と負担の帰着に関する社会的合意が必要である．

第4に，空港整備計画が合理的に立案されるように，整備・運営から周辺整備までを統合したシステム設計がなされうるような制度整備が必要である．これまでの空港整備計画は，建設すること自体が目的となっており，完成したものをどのように利用するかという視点が欠如している．この目的のためには，空港という交通社会資本を地域のなかで適切に位置づけ，それを有効活用できるよう，国が主導的役割を果たしている現行の整備計画立案システムを，地域主導の空港整備計画および空港活用計画立案システムに変革すべきである．そのためには，すべての地域的意思決定システムが整合的に再構築されなければならない（第16章をあわせて参照されたい）．

## (2) 空港整備制度の具体的改革案

(a) 個別空港の整備運営システム

わが国においては，個々の空港は，公的管理が一般的であり，経営という発想はない．しかし，航空サービスが大衆化し，空港が迷惑施設から地域にとって必要不可欠な経済基盤となっていく21世紀においては，空港は，地域との連携を深めつつ，効率性を発揮する独立経営主体として活動していく必要がある．そのためには，①空港整備法に基づく空港種別の撤廃，②各空港の自立を促す経営形態の採用，③独立経営が可能な財源制度の確立，④大規模プロジェクトや離島辺地空港については合理的な整備計画および経営計画が可能となるよう空港整備全体のシステムの再構築，が求められる．

ここで第1に重要なのは，個別空港の収入を確保し，収支を独立させることである．財源あるいは収入源としては以下のものが考えられる．

まず，着陸料などの空港使用料は，個別空港の収入とされるべきである．現在のところ，国営空港（管理者が国である第一種空港と第二種A空港）では，空港使用料収入は空港整備特別会計に算入されている．それ以外の空港では，各空港が空港使用料を独自収入として受け取っている．しかしながら，空港自体の区分会計がなされていないため，ほとんどの場合には，都道府県の一般会計に算入される．民営化や公社化がなされないとしても，少なくとも区分経理によって空港の収支が明確に把握される必要がある．あわせて，航空機燃料税を後述の航空路管制など共通的費用を賄う程度に減額するなどして，各空港が空港使用料を引き上げる余地を持たせることが必要である．

空港使用料の水準と体系をどのように設定するかも，各空港の裁量に任せるべきである．現行の着陸料だけでなく，多様な料金体系の登場が期待される．たとえば，旅客数に応じて設定される旅客施設利用料（PFC：Passenger Facility Charge）も，選択肢の1つである．旅客施設利用料は，空港の最終利用者である航空旅客に直接負担を求める方法であり，空港利用の受益と負担の一致の原則からみると好ましい料金種別である．フライト当たりの旅客数にかかわりなく機材当たりで課される着陸料と，旅客数に応じて課される旅客施設利用料を含め，各空港がそれぞれ合理的な価格体系を設定することが望ましい．離着陸時間帯や季節に応じた柔軟な料金設定も重要な選択肢となろう．

第2に，コンセッションなどの兼業収入についても改善の余地がある．兼業収入の可能性は空港の所有形態によって規定されるが，制限の多い公営空港であっても，子会社などを通じた形式を採ることによって各種の事業展開を図る工夫の余地はおおいにある．ただ意欲が欠如しているにすぎない．

　兼業に関してわが国における最大の課題は，ターミナルの所有および経営が空港の基本設備のそれと分離されているケースが多い点である．ターミナルが高収益をあげているとするならば，それは基本設備が生み出す外部経済効果がターミナル会社にスピルオーバーしていることを意味する．また，補完的機能を持っているのにもかかわらず，ターミナルと基本設備の経営戦略が互いに対立することがあり，不合理な経営がなされている可能性がある．

　すなわち，制度設計の視点からみると，兼業を法的に可能とするだけでは不十分であり，空港当局が兼業の利潤を追求するインセンティブを持つような制度に改革しなければならず，それは結局，空港本体とターミナル・ビルの一体化およびその民営企業による経営ということにつながる．

　第3に，収支を償わないような空港であっても，地域開発などの観点から地方自治体がその維持や活性化を望むケースでは，自治体による外部補助が考えられる．たとえば，地方自治体が着陸料の引き下げを要求し，その損失を補助するケースなどである．また，離島辺地等の交通利便性の確保などを目的として，国が補助を出すことも考えられる．いずれの場合も，各空港の経営の独立性を侵さず，かつ経営改善意欲が働くよう，補助方式についての工夫が必要である．また，国の補助財源については，後述するように，その目的に照らして適切な負担がなされるよう制度が設計されなければならない．

　第4に，資金調達の方法として，収入債発行等によるキャッシュフローの確保が考えられる．従来の空港整備は公共事業として実施されてきたために，単年度主義の財政制度によって各種の制約が加えられてきたが，空港という交通社会資本の耐用年数は長期にわたるため，単年度主義財政制度のもとでは過小投資になる．この問題点を打破するためには，各空港に債券の発行を認めるべきである．この空港整備債券は，将来の空港の収入によって返還される収入債が望ましい．もちろん，債券の発行は民営化空港では，通常の経済活動として認められる行為であることはいうまでもない．

第 13 章　空港整備政策の新展開

(b) 空港整備の全国的財源調達システム

空港整備に関する全国的財源調達システムについては，それが必要か否かについて，共同執筆者2人の見解が分かれるところである[5]．いずれにせよ，個別空港の自立を促す空港政策を前提とすれば，空港整備特別会計のような全国システムの規模縮小は不可避である．空整特会を縮小して残すとしても，その全国的財源調達システムの目的は，ⅰ) 離島辺地など交通不便地域における空港の支援，ⅱ) 大規模プロジェクトの資金調達の支援，に限られる．

ⅰ) 離島辺地空港整備財源

離島辺地空港の整備は，ナショナル・ミニマムの維持を目的としたものであり，その費用負担はなるべく国民全体によるべきであるから，この目的のための財源としては一般財源が理想である．また，財源措置は，地方自治体への直接的な再分配によってなされるべきである．しかし，何らかの現実的理由でそれが不可能である，あるいは激変緩和措置が必要とされる等の理由で，離島辺地以外の航空利用者に負担を求めざるをえない状況もやむをえないならば，なるべく広く浅く負担をさせることが望ましい．この観点からは，空港使用料などと比較して航空機燃料税は「広く浅く」という負担原則に合致しうるものである．この理論的根拠は通信分野のナショナル・ミニマム・ファンド（ユニバーサル・ファンド）と同じである．

ⅱ) 大規模プロジェクト整備財源調達システム

このためのシステムは，その目的から2つに大別される．1つは大規模プロジェクトの資金を他の利用者にも負担させることを目的とする場合であり，もう1つは，資金の負担を伴わない，単なる調達支援のための役割の提供である．

大規模プロジェクトの財源を，当該空港の利用者以外に求めるべきか否かについても共同執筆者の意見は分かれる．求めるべきとする根拠としては，首都圏第三空港などの大規模プロジェクトがボトルネック解消プロジェクトであり，わが国の航空ネットワーク全体の利便性を高めるとの点が考えられるかもしれない．その場合には，航空利用者全体に広く浅く負担を求めることが望ましく，

---

[5]　政策論に関する見解の相違とそれに対する本書の立場については，はしがきの「本書における政策論上の主張の位置づけ」の項を参照されたい．

この観点からは，航空機燃料税やチケット税が1つの有効な選択肢である．ただし，空港の社会経済全体への寄与を重視するならば，負担は一般財源に求められるべきである．

一方，当該空港の利用者以外には負担を求めないとする考えをとるならば，設置される機構の役割は，資金調達の支援に限定される．大規模プロジェクトの費用の長期回収に耐えうるよう，当面の借り入れ先の工夫や融資保証，資金の流通経路などについて制度設計がなされればよい．ボトルネック解消プロジェクトは長期的にみると採算可能であり，キャッシュフロー確保が重要であるため，短期的に国などが資金を用立てることはあっても，最終負担者は当該空港の利用者となるよう，将来時点における国への還元方策がシステムに組み込まれていればよい．この場合，このような資金調達機構として，全国的なシステムを造る必要があるかどうかも，議論の分かれるところである．各空港に，あるいは，経営を同じくする空港グループごとに設置すればすむともいえる．

いずれにせよ，重要となるのは，大規模プロジェクトの資金調達方式である．その1つは，単年度主義に基づく現行の特別会計制度の制約を克服するために，信託基金化する方法である．これを，仮に空港整備信託基金と呼ぶとすると，その設立目的は，首都圏第三空港など超長期的には採算が取れるものの短期的にはキャッシュフローが不足する大規模プロジェクトの支援である．この基金の短期的な第1の資金融通手段は，債券発行である．政府保証などの措置を受けることによって低利で債券発行が可能である．また，信託基金の柔軟性を高めるためには，借入が可能であるようにするべきである．さらに，信託基金が余剰資金を有する場合にはその資金を運用することによって利息収入を得ることができるように措置するべきである．

ただし，このような信託基金は，必ずしも全国的システムとして設置されるべき必然性はない．プロジェクトごとの設置も可能である．もちろん，民営空港であるならば，単年度主義に陥ることもなく，債券や株式の募集も自由である．必要なのは長期資金調達のための政府保証であり，このことは全国システムを必然的に要求するものではない．

全国的な資金調達システムを設置する場合には，国所有の空港の民営化売却収入を財源にあてるという方法も考えられる．空港整備特別会計が羽田空港の

沖合展開に関連して1兆円を超える資金運用部からの負債を負っていることを考えると，特別会計を信託基金化するという考え方の場合には，国所有空港の民営化と株式売却は不可避である．

ただし，これも，プロジェクトごとに売却収入を財源とすることが可能であり，全国的システムで対応する必然性をもたない．また，負債を負っている空港では，負債を含めて民間売却すれば売却収入は小さくなり，負債を国に残して売却すれば売却収入は大きくなるが，国は負債の処理をしなければならない．売却益の活用を図るとすれば，羽田自身ではなく地方空港からのそれであろう．これまで地方空港の整備費用を羽田の利用者が負担してきたという経緯に照らせば，その方が合理的である．

(c) 航空管制システムの改革

航空管制は空港航空管制と航空路航空管制に分けることができる．個別空港の運営が独立化され，空港整備における内部補助が制限されれば，空港航空管制は，空港運営主体が行うことも可能となる．これに対し，航空路航空管制は一体的な組織によって担当されるのが効率的である[6]．空港航空管制については，各空港が自前で提供するか，航空路航空管制を担当する全国的な機関に委託するかの選択が認められるべきである．これによって，部分的とはいえ，空港管制に競争を持ち込むことが可能となる．いずれにせよ，空港航空管制の費用は，各空港が負担することとなる．

一方，航空路航空管制を担う主体は，航空局から独立させ，民営化すべきである．少なくとも，国の財源から独立した会社組織とすることにより，国の予算措置にかかわらず，臨機応変の近代化投資と管制官の合理的な処遇が可能となるよう措置すべきである．ただし，安全上の監督責任が国に残されるべきことはいうまでもない．

この独立した組織にとっての財源としては，①航空会社から得る航空路航空管制の使用料，②空港航空管制を各空港から委託されている場合にはその委託収入，③事業会社としてのその他の兼業収入，④上空通過料収入，⑤国からの

---

[6] 航空管制は，飛行場管制，着陸誘導管制，進入管制および航空路管制に分けられ，前3者を一括してここでは空港航空管制と呼んでいる．

支援措置，が挙げられる．以下，①④⑤について若干の検討をしておこう．

　まず，航空路航空管制の使用料は，航空利用者により（航空会社を通じて）負担されるものである．これには，現行の航空機燃料税や航行援助施設利用料を活用する方法のほか，チケット税に類似した方法などが考えられる．現行の航空機燃料税は，同一機材を利用する限り，航行距離に応じた負担となる．現行の航行援助施設利用料は，わが国において航空管制に対する対価として航空会社に課されているものである．国際航空の航行援助施設利用料は実質的に一律であるが，国内航空については，航行距離によって3段階に分かれている．現行の航行援助施設使用料の体系は，受益と負担の一致の観点から，航空機燃料税や後述するチケット税に劣るものである．また，航空会社からみると，航行距離が反映されにくく，機材規模に依存するため，空港使用料の一種ととらえられている．

　チケット税は，わが国では実施されていないが，航空券の代金の一定割合を利用者から徴収するものである．つまり，航空輸送に対する付加価値税と考えられる．航空旅客のフライトに対する支払意思額，つまり航空旅客の受益の程度は，旅客によって異なる．それゆえ，チケット税は，航空機燃料税よりも，旅客の受益の程度を的確に反映している．

　いずれにせよ，航空路航空管制を担当する主体が，航空会社の意見を十分に取り入れ，現行制度の欠点を回避した合理的な使用料体系を構築することが望まれる．無論，航空管制が会社化，あるいは民営化された場合には，税という呼び方は適切ではなくなる．

　第2に，わが国の領空を通過する外国籍航空機に関して上空通過料を課すことは受益者負担の原則に合致するものであり，これは航空利用者による負担の一種でもある．わが国では2000年1月に上空通過料制度が導入された．

　第3に，国の一般財源も考慮してしかるべきである．国防などの何らかの理由によって，航空管制運営主体に民間航空にとって必要以上の高質の管制システムを維持させる場合や，国防管制システムの一部を委託させる場合などには，国が一般財源から維持費や補助金などを支出する理由が存在しうる．たとえば，MTSAT（運輸多目的衛星）の打ち上げなどのリスクを伴うプロジェクトなどがこれにあたる．

## 13.4　空港と管制の民営化──その意義と留意点

わが国のみならず，世界をみても，公共用の民営空港という発想はごく一部にしか存在しなかった．空港や管制は，整備および管理の対象ではあっても，経営の対象とは考えられてこなかったのである．

しかし，1986年に実施された英国空港公団(BAA：The British Airports Authority)の民営化は，先進諸国における大規模空港の民営化の可能性を広く知らしめることになった．その後，規模にかかわりなく，オーストラリアやニュージーランドおよび英国などにおいて空港と管制の民営化が推し進められてきた(たとえば，中条[1998]を参照)．

BAAの民営化が実施された時点では，空港民営化の目的は効率的な管理形態を目指したものであった．しかしながら，1990年代に入ると，空港がビジネスとして有望であるという考え方が生まれてきた[7]．さらに，近年では，公有空港よりも民営空港の方が金融市場における信頼性が高く，資金調達が容易であると論じられるようになっている．管制業務についても同様である．

国鉄の分割民営化の例を引くまでもなく，交通および公益事業における民営化の社会的便益は魅力的である(第5章参照)．一方，空港の民営化にはいくつかの留意点があるのも事実である．民営化の一般的効果は第5章に，また空港

---

[7]　1992年に出版されたDoganisの*The Airport Business*は，その内容ばかりではなく，そのタイトルでも注目された．添田(2000)は，わが国の国管理空港(第一種および第二種A)について，公表データに基づき各空港の収入と費用を推計している．公表データが制限されているため，分析は概算の域に留まり，燃料税の帰属を計算に入れていないため，民営化空港の自立可能性を過小に評価しているが，実証計算を最初に行った功績は高く評価されるべきである．空港政策を議論するためには，国には，試算の前提となる基礎的データの公表が求められる．ただし，民営化と自立採算はイコールではない．自立採算できなくても民営化は可能であり，民営化可能かどうかをみるための試算は意味がない．また，自立採算可能かどうかをみるためにも試算は必要ではない．それを知るためのもっともよい方法は民営化してみることである．民営化してみて自立できないなら，閉鎖するか，あるいは，不採算でも維持すべきか否かを議論したうえで，「民営＋補助金」という選択肢をとればよい．計算してみて自立採算できないから民営化しないというのは本末転倒の議論である．民営化せずに放置すれば，無駄が累積されるだけにすぎない．試算がなくても民営化は行うべきである．試算の目的は，そこに大きな無駄が隠されていることを知ることに，また，有望な空港について買収者の興味をひく点に置かれるべきである．

民営化の効果は別稿[8]に譲るとして，ここでは空港民営化を実施する際に検討すべき点を指摘する．

第1に，適切な設備投資が実施されるような仕組みが確立されなければならない．BAAの民営化を方向付けた英国運輸省の『空港政策白書(The Airport Policy)』では，ヒースロー第5ターミナルなどの大規模な設備投資が不必要であるならば，BAAの民営化は可能であるとしている．つまり，大規模な投資案件を抱えている空港は民営化に適さないと判断していたのである．

しかしながら，最近では逆に，民間空港や管制会社の方が高い資金調達力を有し，拡張投資に有利であるとする主張がなされている．また，民営化によるコスト意識の向上が，不可能とされていた大規模投資を可能とする点も見逃せない．事実，民営化後のBAAによってなされたヒースロー第5ターミナルの費用見積もり額は，民営化前の半分になった．

ただし，装置企業である空港が純粋に利潤最大化を目指すとすると，需要が強い空港ほど設備投資を過小にし，混雑させて利潤を拡大しようとするとの心配もある．独占力を有するならば，適切な設備投資を行わせる仕組みが組み込まれていなければならない．

第2に，上記と関連するが，空港や管制会社の独占力を適切にコントロールしなければならない．航空需要が大きい地域では，空港は航空サービスにとってエッセンシャル・ファシリティとなり，空港が利潤を最大化しようとするならば，独占的料金設定や容量拡大投資の抑制がなされる恐れがある．したがって，民営化が進行して空港間競争が有効に機能するまでの間は，あるいは，独占的な地位を有する空港については，独占規制が競争当局によって設定される必要がある．航空管制の使用料についても，独占的な価格とならないよう競争当局の介入がある程度必要であろう．ただし，国によっては，航空会社の交渉力だけで独占価格の設定を阻止できるとの考え方もみられる．

第3に，空港という社会資本を地域のなかで適切に位置づける必要がある．不採算空港への支援の仕組みを検討する際にこの問題は重要である．地域によっては，空港の採算よりも航空サービスの充実が重視されよう．米国のように

---

8) たとえば，Doganis(1992)，中条(1998)および添田(2000)を参照されたい．

自治体営が主流であるところでは，地域開発計画と空港経営が統合的に扱われており，米国の経験からは，民営化は空港経営自立の絶対条件ではなく，経営効率化のインセンティブは自治体営でも付与が可能であるといえる．その一方，英国の地方空港のように，自治体が介入せず，民営空港が周辺開発やアクセスを一手に担当したほうが有効な地域開発に資するケースもある．いわゆる日本の私鉄方式である．

いずれにせよ，空港の機能に対する地域のニーズを反映させながら，経営効率化を実現する仕組みを，民営化を含めて，検討するべき時期が到来しているのである．関西国際空港株式会社のような形式だけの民営化は，ここで論じる民営化の目的を達成するものではないことはいうまでもない．

**補論** 英国における空港の規制改革と経済的規制

### (1) 1986年空港法による空港政策の転換

英国では，1986年空港法(*The Airport Act 1986*)に基づき空港産業は抜本的な規制改革を経験した．これは英国空港公団の民営化と地方自治体直営空港の株式会社化という組織形態上での変化を含むものである．

1985年に出された『空港政策白書(*Airport Policy*)』が規制改革の基礎であり，空港の所有形態と経済的規制について先進的な手法の導入が論じられた．白書で述べられた民営化推進理由は，経営への民間資本へのアクセスを通じての自由度拡大と効率性の増大であるが，当時の公共セクター縮小方針(ポピュラー・キャピタリズム)も反映された．

BAAは1966年設立の国有企業で，1987年の民営化時点では英国の主要7空港(ヒースロー，ガトウィック，スタンステッド，プレストウィック，エディンバラ，グラスゴーおよびアバディーン)を所有・経営していた．BAA以外の大半の地方空港は，地方自治体の直接所有・経営下にあった．

BAAは1986年空港法のもとで民営化され，BAA plcと名称が変わった．空港別分割の議論はあったが，BAAはそのまま巨大空港企業として民営化された．プレストウィックはその後売却され，現在，新たにサザンプトンが加わった7空港を所有する．最大の変化は経営上の目的が利潤目的に変わった点で

ある.経営範囲についても,空港とは直接関係しない分野(非空港関連分野: non-operational activities)への拡大が許されるようになり,1986年空港法のもとで経済的規制の対象となる活動は「空港を利用する者の便益のために行われる活動(空港関連分野:operational activities)」に限られることになった.

地方自治体空港に関しては,政府はやはりこれらについても株式会社化することで,より効率的に運営されると考えた.したがって地方自治体空港では,先行3会計年度間のうち最低2年間で年間売上高が100万ポンド以上である場合に会社化された.これらの空港の新たな経済的規制においては,空港使用料を設定および改定する際に,会計上の一定の条件を満たしたうえで,規制監督者であるCAA(The Civil Aviation Authority)からの認可を受けねばならない.2000年時点において英国では47空港(うち2つは北アイルランド)が規制対象となっている.

### (2) 規制方式と規制プロセス

(a) プライス・キャップ規制

1986年空港法の規定により運輸大臣はヒースロー,ガトウィック,スタンステッド(以上BAAのロンドン3空港)およびマンチェスターの4空港を指定空港(designated airports)とした.指定空港には空港法によって次の2つの規制が義務付けられる.

①会計上,経済的規制の対象である空港関連分野に対して非空港関連分野の内部補助が存在しないことをCAAに示すこと.

②空港使用料として課してよい最大額の条件(5年ごとに定められる)を満たすこと.

最大額の決定に関して,具体的な設定方法はプライス・キャップ方式(RPI－X方式)と決められた.指定空港に適用されるRPI－Xは平均収入方式であり,形式としては「1乗客当たりの空港使用料収入」の上限が規制される[9].空港会社にとって外生的要素が強いためコスト転嫁が認められる要素が

---

[9] BAAなどの指定空港に対するプライス・キャップ規制の具体的な措置に関しては,太田(1996),伊藤(2000)などを参照されたい.

2つあり，実際のキャップは「RPI－X＋S＋D」の形となっている．Sとは，政府の要請による追加的なセキュリティコストの95％を指し，DとはEU内での免税廃止に伴う免税品売上収入の減少分の回復調整分を指す．

(b) 規制プロセス

規制の責任者であるCAAはもともとは航空産業の経済的規制，安全規制および航空管制業務の供給・管理を行ってきた機関である．この点で空港のケースは，他の民営化された交通・公益事業とは異なる．なぜなら，電気通信やガス，水道，電力，さらに鉄道などでは新しい規制当局を設立したからである．

特筆すべき点は，MMC (The Monopolies and Mergers Commission) が特別な役割を与えられていることであり[10]，指定空港規制についてCAAは，規制期間の5年が始まる前にMMCに委託調査を申請する義務がある．調査内容は，イ) どの程度の空港使用料水準が望ましいのか，ロ)「公益 (the public interest)」に反するような行動の是非，の2点である．空港使用料の最高限度の決定は，過去の空港使用料の収入やいわゆるエア・サイドの費用だけをみてなされるべきものではない．空港関連収入全体が経済的規制の対象なので，空港使用料がエア・サイドのサービス対価とはいっても，空港使用料の上限決定にはトータルの空港関連分野の大きさが重要なファクターになる．その意味でMMCは空港の商業部門に関する審査能力を持つ必要がある．

CAAはMMCの報告を「推薦事項」として取り扱い，関係者の意見を得た後，最終的な結論として当該5年間の料金水準を発表する．CAAがMMCの報告と異なった案を作成することもありうる．通常の民営化した公益事業では，被規制企業が規制内容に不服がある場合にはMMCに訴えて調査を委託するという手が残されているが，指定空港の場合には最初にMMCの出番があるため，その手続きはない．万が一不服な場合は法廷に訴え出るしかないが，こ

---

10) MMCは，通常，独占企業における独占弊害の存在や，計画された合併による潜在的な独占弊害がどの程度か，といったことを調査する独立の委員会である．また，新たに民営化されたBT (British Telecom) やBG (British Gas) が，たとえばそのレギュレーターに規制された内容に不服な場合に，訴え出ることのできる仲裁役的な意味合いを持つ機関でもある．したがって，通常，MMCが最初から規制にかかわる制度になっていないが，指定空港では規制プロセスにMMCが組み込まれているのである．

うした事例はこれまでない．英国では法廷の判断事項は単に「規制者がその規制行為を該当する法律に準じて行っているか否か」であって，おそらくは規制される側の勝ち目はほとんどないと考えられる．

### (3) 一括会計方式と国際条約上の義務条項

　国際条約上の義務は空港の経済的規制の仕組みに対して大きな影響を与える．運輸大臣は国際的な義務に関する一般的な権限を与えられており，この権限が空港使用料をも含むいかなる条件にも優先することがありうる．英国空港の経済的規制ととくに関連を持つ4つの国際条約上の義務がある．
　(a)「シカゴ・コンベンション」15条(1944)
　(b)「バミューダ2」10条(1977)
　(c)「空港使用者の料金に関する米国政府と英国政府間協定覚え書き」
　　(1983)
　(d)「争議裁定」(1994)
　(a)は航空会社に対する差別的料金設定の禁止を規定する．(b)は英国と米国との間の合意であるが，これまで公団／BAAにとって悩みの種であった．これは空港使用料金設定の基本原則を規定し，「空港使用料は空港施設の使用についてのフル・コストを，上回ってはいけないが反映するべきで，さらに，減価償却後の資産の適切な報酬率をまかなうべきものである」との旨が記されている．1980年代の初期に空港使用料をめぐってこの二国間で争議が起こった．国際路線を運行する航空会社のグループが英国空港公団と英国政府に対して，(b)に基づいて，公団の空港使用料の水準が高すぎるとして訴えた．同時期の別の訴訟(2航空会社が公団の設定するピーク時の料金体系が(a)に基づき差別的だと主張した)とともに，法廷に持ち出されることなく，この争議は二国間の和解としての(c)の形で1983年にいったん解決をみた．
　この協定の1つの重要な点は，いわゆる一括会計(single till)方式を認めたことである．つまり，「資産に対する報酬率に寄与する収入を計算する際に，英国政府は，免税品の売上などの商業活動部分の収入も含めて，収入源に関してはいかなる区別をもしないこととする」と規定された．この争議を最終的に終わらせたものが(d)である．これは(c)の内容を修正し，もはや一括会計方式は

国際的義務ではないとした．しかし，「現在，この方式からの逸脱は意図されていない」との付記があり，基本的にはこの原則が残っていることになる．すなわち，空港会社はコンセッショネアやテナントに対して課す独占的なレントにフルに依存してよいということの確認である．

通常，RPI－X型の料金規制は，独占的な市場からそうでない市場への内部補助を防ぐ目的を持つ．空港産業に関しての国際条約上の義務条項はむしろ内部補助を必要にさせる．この点は英国の空港に生じる料金設定上の非効率の一因となっている．現在(2000〜2001年)，CAAは①一括会計方式から別会計方式への変更，②査定手続きの簡素化の可能性，について議論を行っており，近い将来，規制プロセスの変更が見込まれている．

(第13章への付記)本章では整備制度のあり方を中心に論じたため，ハブ空港政策や首都圏空港整備の具体策については触れることができなかった．これらについては，中条(1996)および中条(2000)を参照されたい．

**参考文献**

中条潮(1995)『規制破壊』東洋経済新報社．
中条潮(1996)『航空新時代』ちくま新書．
中条潮(1998)「航空下部構造市場化の流れ」『航空分野における規制緩和・民営化の成果』第4章，運輸政策研究所，34-47ページ．
中条潮(2000)「空港運営制度の改革」『ていくおふ』第89号，15-21ページ．
Doganis, R. (1992), *The Airport Business*, Routledge (木谷直俊訳『エアポート・ビジネス』成山堂書店，1994年).
藤井彌太郎(1987)「高速道路の料金政策」高橋秀雄編『公共交通政策の転換』日本評論社，145-159ページ．
Fujii, Y. (1988), "User Charge, Cross-Subsidization and Public Subsidy," *Transportation Research*, Vol. 23A, No. 1, pp. 7-12.
伊藤規子(2000)「英国指定空港の使用料規制と配分効率」『三田商学研究』第43巻第3号，209-229ページ．
航空政策研究会(2001)『航空政策研究会政策提言「わが国の空港整備と運営のあり方」整備からマネジメントへ』航政研シリーズ，第396号，航空政策研究会．
太田和博(1994)「空港整備五箇年計画と整備財源における課題」『季刊MOBILITY』第97号，20-28ページ．

太田和博(1996)「英国における空港整備方策――BAA の民営化と空港整備インセンティブの付与」『道路交通経済』第 77 号, 22-27 ページ.

太田和博(1999)「空港の民営化・商業化と空港間競争の是非」『公益事業研究』第 51 巻第 1 号, 31-39 ページ.

Ohta, K. (1999), "International Airports: Financing Methods in Japan," *Journal of Air Transport Management*, Vol. 5, No. 4, pp. 223-234.

太田和博(2000)「空港整備特別会計における受益と負担」『てぃくおふ』第 90 号, 16-27 ページ.

添田慎二(2000)『空港経営』運輸政策研究機構.

運輸省航空局監修『数字でみる航空』各年版, 航空振興財団.

# 第IV部
地域交通の課題──規制緩和と交通調整

# 第14章
## バス市場における規制・競争・補助

**要約**

　乗合バスの規制緩和については，その方向での審議会答申が1999年に出された．答申をふまえての道路運送法改正案は，2000年5月に国会を通過した．規制緩和の方向自体は望ましいと考えられる．しかし，具体的な政策のレベルでは，多くの未解決の問題がある．本章では乗合バスの規制緩和案を点検し，バス政策の方向性を探ることにする．

　自治体などの多くは，免許独占下での内部補助を神聖なものと捉える傾向がある．こういった考え方を受けて，改正道路運送法には，特定時間帯のみへの参入に対する制限の可能性が規定された．しかし，ダイヤに関して，当局は介入するべきでないことを述べる．

　乗合バス事業のコストは，単に賃金の水準だけで決まるものではない．規制緩和を通じて，事業者自体というよりは労働協定の入れ代わりをある程度認めることによって，サービスの買い手側が供給システムを選べなくてはならない．そのような観点からみると，各社がとっている子会社分社化戦略の方向性は，適切なものである．

　規制緩和前に一気に吹き出した100円バスなどの運賃をめぐる動きは，硬直的な規制の反動という面がある．そういった観点から，運賃をめぐる動向を理解する．規制緩和に対するセーフガード措置としては，地域協議会制度がその要となっている．しかし，もともとあった旧制度の轍を踏むことになる懸念がある．主に広域的な政策調整のあり方が，協議会の有効性を占う鍵となろう．

## 14.1 はじめに——規制緩和に至るまで

1996年に運輸省は，すべての交通機関についての需給調整規制撤廃を発表した．わが国の交通部門の規制緩和では，英国をはじめとした各国と比較して取り組みが遅れたために，交通機関ごとの特性に照らして制度を作る時間的余裕がなくなってしまった．同時に，規制緩和に馴染みやすいセクターから順に規制緩和を行い，市場での混乱を回避する余裕も，限られたものになってしまった．セーフガード措置の要素を移行措置の形で整理することができなくなり，その分，恒久措置のなかに競争促進を妨げる要素を含めざるをえないということも起きた．

結局，乗合バスの規制緩和については，その方向での運輸政策審議会答申が1999年に出された[1]．答申の大枠を踏まえての道路運送法一部改正案(以下，改正道路運送法と呼ぶ)は，2000年5月に国会を通過した．この法律が，2002年2月から施行され，規制緩和が実行されている．しかし，具体的な政策のレベルでは，依然として多くの未解決の問題がある．

## 14.2 規制緩和と内部補助

バスの生活路線は内部補助を通じて支えられているので，規制緩和後のクリームスキミングによってサービスの廃止が進む．それゆえ，完全な規制緩和はよくない，という主張が繰り返しなされた．内部補助パターンに影響するかもしれない参入は先験的に悪者とする論調すら多かった．しかし，供給義務をなくすことを前提に需給調整規制緩和を行うのであるから，バス事業者「性善説」に立たない限り，事業者に内部補助の元手を得させたところで，その収入が公共が考えるような不採算サービスに注ぎ込まれる保証などないのである．

規制の根拠になるという意味で，事業者側の立場は当然として，自治体の多くも，いまあるようにみえる内部補助を神聖なものととらえていた．こういった考え方を受けて，改正道路運送法には，特定時間帯のみへの参入に対する制限の可能性が規定された．いわゆるクリームスキミング防止条項である．手続

---

[1] 規制緩和実行案提示までの過程とその論点については，杉山(1999)にまとめられている．

き上は，事業計画の変更命令を通じて，この権限が行使されることになっている．

もっとも大きな疑問は，そもそも，バス事業に内部補助は本当に存在してきたのかどうかである．恣意的な基準を通じて共通費を配賦した完全配賦費用に基づくことなしに，内部補助が重大であると客観的にいえるのであろうか．

バス事業者は，規制下でも，路線廃止ができなかったわけではない．欠損補助を受けていた「生活路線」であっても，平均乗車密度が5人を下回った第3種生活路線となって3年(1999年までの制度)を経過すれば，利用者の減少と比べて後追いにはなるものの，手続きを踏んだうえで廃止が可能であった．

かつて，北陸地方のバス会社2社の内部補助について試算を行ったところでは，内部補助があるとはいえないという結果を得た．1社は，都市近郊の1営業拠点のみ単独採算費用を上回る収入を得ており，他の拠点の収入はすべて増分費用と単独採算費用との間におさまった．もう1社については，すべての営業拠点の収入が増分費用と単独採算費用との間に収まる(寺田[1993]参照)．

規制緩和でそこそこの経営効率の改善が生じれば，従来は不採算であったサービスでも採算がとれるようになる．その結果，規制緩和によってかえって支線などのサービスが維持しやすくなる面もある[2]．

運輸省は1997年に，全国の乗合バス事業者に対して，公共補助がない場合の存廃の意向を系統(路線を細かくした単位)別にアンケート調査した(対象系統数38,152)[3]．

それによると，運輸省の基準に従った完全配賦費用ベースでは，それらの系統の69％は赤字であった．しかし，事業者が廃止を希望しているものは全系統の20％であった．また，完全配賦費用ベースでの赤字系統数のうち，事業者が廃止の希望をもっているものは26％であった．輸送人員に占めるシェアでみると，全系統のうち事業者が廃止を希望している系統は7％にとどまっていた．全系統に占めるシェアで47％について，事業者は「厳しいものの存続希望」あるいは「やむなく存続」の意向を回答している．このことからも，ネ

---

2) 内部補助に関する広い意味での公正面からの整理については寺田(1993)を参照されたい．
3) 運輸政策審議会自動車交通部会資料として公表．

ットワークの大部分が赤字とも黒字ともいえない収支のグレーゾーンに入ることがわかる．

しかし，仮に内部補助が存在し，生活路線がそれによって支えられていたり，これからも支えられるべきであるとしても，次のことに気をつけなくてはならない．たとえば，黒字路線が3本あり，赤字ではあるが維持すべき生活路線が4本あるとしよう．そして，黒字路線1本の収益で，ぎりぎり赤字路線2本を維持できるとしよう．このときには，独占が正当化される黒字路線は2本だけである．残りの1本の黒字路線では規制緩和ができる．

独占の範囲は，地理的な面だけから決まるものではない．改正道路運送法下での，乗合バスの特定時間帯のみへの参入に対する制限も，このような観点から運用されれば意味がないわけではない．ただし，実際問題として，営業拠点をまたがる地域間内部補助ならばまだしも，サービスを時間帯別に区切った場合の内部補助を定量的に捉えるというのは困難である．

欧米の規制緩和を行った国のバスでも，先発事業者には何らかの排他的権利が与えられていることが多い．フィンランドのバス事業では，先発者は，規制緩和後にも，自社便運行時刻の前後5分以内への参入に反対できる[4]．5分が適切かどうかは別として，ライバルの特定便だけにぶつけるような参入が好ましくないとするなら，こういう明確な基準によるしかないであろう．

交通サービスが備えるさまざまな属性のうちで，ダイヤというのはもっとも多様性が求められるものである．当局が，その適否をケースバイケースで判断して介入するというのは，事実上不可能である．行政側が，モデルダイヤを想定しているとすれば，そのこと自体が必要な多様性を削ぐことにつながりかねない．

## 14.3 労務問題と分社化

1998年度の乗合バス事業における支出中，その73％は人件費が占めている．従来，その比率は70％程度で推移してきたが，90年ごろにいったん75％ま

---

[4] フィンランドのバス政策には，わが国の参考になる点が多い．この5分ルールなどを含め，寺田(2000b)および寺田(2000c)を参照されたい．

で上昇したあと，ここ数年は落ち着いている．

　乗合バス事業のコストは，単に賃金の水準だけで決まるものではない．可能となる乗務員の勤務シフトの形，とりわけ運転時間の中断の扱いは，事業者ごとに結ばれている労働協定によって異なっている．ある協定によってあるネットワークを運行することは不可能か，非常に高コストにつくこともおきる．

　もちろん各社の労働協定の内容に先験的な適否があるわけではない．しかし，免許独占のもとでは，住民や利用者は地元をカバーする労働協定を選択できない．自分に合ったバス・サービスを享受できるかどうかは，たまたま免許を受けた事業者の労働協定次第ということになる．規制緩和を通じた，事業者自体というよりは労働協定の入れ代わりをある程度には認めて，サービスの買い手側が供給システムを選べなくてはならないのである．

　わが国でも，1本の協定で事業区域全体をカバーできないとき，1社内で複数の労働協定を締結しているケースがないわけではない．しかし，普通は，難しい．別な労働協定を結ぶときには，子会社分社化の形態をとることになる．

　分社化の経営上の位置づけでみると，大別して次の3種類がある．第1は，免許(許可)，補助金交付条件，社内的な労務事情などの解決のために設立されるものである．第2は，自治体からの単独補助を受けやすくするなど，自治体に対するマーケティングを狙ったものである．第3は，運転士の顔のみえるサービスなどの形で，利用者に対する地元密着型のマーケティングを狙ったものである．第1のタイプの分社化子会社が多いが，次第に第2や第3の機能も分社化に求められるようになってきた．

　このような分社化子会社は，1983年に，貸切免許での代替バス供給の制度を活用する形態で出現した．これを皮切りに，乗合バス事業者が自衛策としての路線の一部を切り離し，全額出資の運営子会社事業者に運行を移管するケースが急増したのである．子会社によって新規ないし再雇用された従業員の人件費水準は，親会社の2割安から半分くらいが相場になっている．

　1990年代半ばから，分社化子会社の設立には，さまざまなパターンが加わるようになる．当初から多かった，廃止代替バスの受皿としての貸切形態の子会社は，1994年に正式に管理受委託の対象とされた直後にも設立ブームがあった．現在，地方部では，ほぼ普及し尽くした状態になっている．

営業所やそれらをいくつかまとめた単位の分社化では，子会社の事業区域が市町村や広域市町村圏にほぼ一致していることが多い．このような場合には，事業者と自治体との間での路線維持などに関する協議，利用促進策などについての連携，必要な場合の自治体単独補助受給などが行いやすくなっている．また1997年から，バス部門全体を地域分割し，親会社は間接部門に特化するケースも現われた．バス部門を直営していた大手私鉄は，相次いで電鉄本社からバス部門を独立させる分社化を行った[5]．

分社化子会社の間接業務を親会社が行った場合の，運行の責任明確化と間接費の分担のため，管理受委託制度が1991年から開始されている．この正式な管理受委託の範囲は段階的に拡大され，1997年からは夜行の高速バスなども対象に含められるようになっている．全国的には，1999年現在，17社がこの制度を使って32社に委託を行っている．受委託が行われているケースは，路線長でみて全国の乗合バスの1.2％ほどになっている．

改正道路運送法は，管理受委託を想定した規制体系になっていない．受委託を行う場合に，委託側と受託側両方が完結したバス事業としての規制に服してしまう．結果として，このことは二重規制になる．安全規制を受託側のみにかけるなど，委託者と受託者の要件を補完的なものとして再点検する必要がある．

## 14.4 運賃をめぐる工夫

### (1) 運賃規制の段階的自由化

乗合バス運賃は，対キロ区間制によって設定されている場合が多い．従来は，ターミナルチャージと遠距離逓減率，さらに定期割引率が全国的に統一されていた．運賃水準の決定には，標準原価制というヤードスティック競争がとられていた一方で，いったん（運）賃率が決まると，運賃表は決まってしまった．

このような運賃規制方法では，あるサービスへの値下げが増収になろうとも値下げができなかった．まず，地方部でこの矛盾が起こった．バスと競合する自家用車トリップでは，固定的支出の大きさのために，遠距離の方が割安になる．このことが，遠距離逓減率の見直しにつながった．

---

[5] 分社化パターンについては，鈴木(1996〜)に包括的な整理がある．

ターミナルチャージについては，1972年以来，現在に至るまでキロ当たり(運)賃率の2倍(2キロ分)に固定されている．規制緩和前に一気に吹き出した「100円バス」などの動きは，短距離運賃の硬直性の反動である．

本来の意味での遠距離逓減制については，1972年から部分的に導入された．1989年からは割引率の下限規制になっている．週休2日制の普及によって実体がなくなっていた定期割引率についても，段階的に自由化され，1989年からは通勤・通学とも割引率の下限規制になっている．

地方のバス会社のなかにはフリー切符等で成功を収めたケースがあったが，1989年からこのような割引を正式に認めた．これが，事実上の企画乗車券に関する自由化となった．ようやく，1995年に営業的料金設定が認可制から切り離されて届出制となっている．

これがきっかけとなって，とくに急速に普及したのが，「環境定期」制度である．これは，利用者の少ない土休日に，定期券保有者と同行する家族が100円(大人)程度の安い運賃の追加で乗車できるというものである．直接に環境政策に結びつくわけではないが，競合するマイカーもタクシーも多人数乗車ほど割安になることに対抗したものである．1997年に導入されて以来，全国のバス会社の4社に1社(1999年)が導入するに至っている．

一見したところ段階的に運賃体系の規制の柔軟化が進んでいるようにみえるが，このことは当初の規制がいかにきついものであったかの裏返しである．運賃水準決定へのインセンティブ付与の要素に照らしても，運賃体系に対する厳しすぎる統制は相矛盾するものであった．

### (2) 短距離運賃と部分的な運賃競争

都市バスでは，ワンマン化が早かった関係で均一運賃制がとられてきた．しかし，均一運賃制では，だいたい2～3キロくらいまでの利用者にとっては割高になる．そのような近距離客はもともと徒歩や自転車に転換しやすかったが，その傾向が運賃制度によって助長されてしまった．

バスの経営環境の悪化に伴って，バス事業者の側にも，運賃値上げに際して距離帯によって需要の価格弾力性が異なるということが強く認識されるようになった．1985～86年にかけて，2キロくらいをターゲットにした運賃の工夫が

行われ，1.5〜2キロ前後までの近距離区間の運賃据え置きや値下げが試みられた．それほど大きな運賃体系の変更とはいえなかったが，それでもきつい運賃規制下では画期的なこととして，この動きは「均一解体」と呼ばれた．

当時の事業者の多くは，短距離運賃引下げの必要性がわかっていながら，いったん値下げをしてしまうと，増収効果がなかったとしても，運輸省側が再度の値上げを認可しないのではないかと懸念した．運輸省側も，遠距離の値上げだけを繰り返し，短距離については名目運賃を維持し続ける道を開いた．この時点で，都市バスの運賃体系の変更を試みた事業者の半数程度がこの方法をとった．しかし，当時，大手事業者が試算したところでは，この消極的な方法によって短距離の利用促進につながる運賃に移行するには20年以上かかるとされた．運賃体系が市場の条件に合わないということがわかりはじめていたものの，規制下では，そのことは積極的な工夫にはつながらなかったのである．

しばらくして，短距離運賃をめぐる動きが再び活発化する．武蔵野市が1995年に事業者への補助金付き委託運行で開始したコミュニティバスは，運賃を100円とした．100円という運賃は，周辺の路線バスの半額であった．しかし，運行を開始してみると，実際の輸送現場での混乱はなかった．この教訓もあって，1998年の前橋市のケース以来，事業者が1キロくらいの利用者をターゲットにして，営利動機から100円までの割引を行う例が相次ぐことになる[6]．

運輸省は，複数の事業者が重複して運行している区間では，同調運賃と称して，便数の多い事業者の認可運賃に他の事業者の運賃額を合わせるという調整を行ってきた．ところが，1998年に，岡山県の事業者がこの同調値上げに従うことを拒否し，自社に認可された低い賃率に基づいた運賃引下げを求めた．このことが契機となって，運輸省は同調運賃をやめざるをえなくなった．これによって，運賃引下げ競争の余地が生まれ，運賃の工夫が促進されている．

2001年4月には，全国の145ヵ所で事業者が100円の運賃を実施していた

---

[6] 100円バスの動向については，鈴木(1996〜)などを参照されたい．ただし，もともと100円などの低廉な運賃を設定していた事例も愛媛県などにあった．切りのよい運賃のマーケティング上の効果に関しては，過剰な評価も多い．反対に，規制緩和後の英国の地方都市では，初乗り運賃のみ端数を付けているケースもある．

(うち補助金によらないものが3分の2ほどを占める).鉄道駅から1〜1.5キロの範囲で運賃を100円としているケースが多い.しかし,全体的にみると,短期的には持ち出しになっている.むしろ100円バスは,規制緩和後の新規参入に対する抑制効果を狙ったものと考えられる.

とくに西鉄が100円で利用できる範囲を広く設定している福岡市のケースでは,地元大手タクシー会社が割引区域の中心にターミナルを置き,バス事業を営む計画を表明しており,すでに乗合タクシーを運行している.また,京都市でも,大手タクシー事業者が100円バス構想を発表し,バスを運行する京都市交通局に対し,同等のサービスを実施できなければ乗合バス事業に参入すると通告した.京都市では,既存事業者の経営効率改善の余地や対抗能力を測る物差しとして,新規参入者側が「100円バス」を使ったのである.

## 14.5 自治体によるさまざまな「足の確保」策

### (1) 国の地方バス補助

わが国の地方バスへの補助金交付は,「地方バス路線維持費補助制度」によってきた部分が大きい.同制度は,助成対象を,基本的に平均乗車密度(1便当たりの乗客数を運賃箱から逆算したもの)で5人以上15人以下の路線(第2種生活路線)に限定している.平均乗車密度5人未満の路線(第3種生活路線)については,原則として3種に転落してから3年(2000年からは市町村内路線の場合2年)間に限って補助が行われ,その後は市町村の責任で代替バス運行などを選択することになる.2種と3種には,主な責任が,前者で都道府県,後者で市町村におかれているという違いもある.

2000年からは,特別指定生活路線として,2種・3種や廃止代替バス等の区別にとらわれずに,これらを組み合わせて輸送の再編成を行うケースを,モデル事業的に補助対象に追加した.全国で100ヵ所程度が選ばれることになっている.

ともあれ,わが国の地方バスでは,2種路線と3種路線の位置づけが路線図を決めてきた.存続基準と自治体の責任の範囲を明示している点はある程度評価できるものである.さまざまな議論はあったものの,こういったナショナル・ミニマム的なフレームワークについては,すでに国民的合意ができている

とみなされ，規制緩和に際しても，基本的な補助方針は変更されないことになった．2001年度からは，市町村に跨る10km以上の路線と従来の2種に相当する路線のうち，一定規模以上の都市にアクセスする路線を補助対象にする見込みである．

バス路線廃止への対策として，運輸省は，市町村が自家用バスで有償輸送を行うことを許可してきた．地方ごとにさまざまな運行形態が工夫されたものの，実際のバス運行は市町村の事務中心の日常業務には馴染みにくいため，1980年代に入って，貸切事業への乗合許可を活用し，地元タクシー会社や乗合バス会社の子会社が貸切バス免許を取得して代替バスを運行するケースが急増した．このことが前述の分社化のきっかけにもなったのである．

### (2) 市町村の対応

最終的に住民の足を確保する責任を委ねられている市町村は，道路系公共交通に対してどのように対応を行っているのであろうか．運輸省が，1998年に中山間地域と高齢化比率の高い市町村に対して行った調査(回答392市町村)では，以下の結果が現れている[7]．

人口3万人未満の市町村でみると，輸送モード別の1自治体当たりの年間公共支出額は，廃止代替バス759万円(うち都道府県補助152万円)，スクールバス757万円，自主運行バス(新設路線)478万円(同70万円)の順である．これら3つの輸送モードで，バス関係支出の4分の3を占めている．以下，福祉バス234万円，民営バス単独補助219万円(同50万円)，2種・3種補助203万円，乗合タクシー18万円，その他47万円である．

市町村の住民1人当たりのバス関係平均支出は，人口1000人未満の市町村では年間2万円，人口2〜3万人では1300円である．両者の間に15倍もの格差がある．人口の少ない自治体，おそらくは辺地ほど，住民の足の確保が高価になっているのである．このため，人口規模が変化してもバス関係支出額はあまり変化しない傾向がみられる．

この傾向は，輸送モード別の支出それぞれについても当てはまる．人口規模

---

[7] 運輸政策審議会自動車交通部会資料として公表．

に応じて，特定の輸送モードへの支出が大きくなるというはっきりした傾向はみられない．しかし，通常の乗合バスである2種・3種路線への支出は，人口の少ない市町村では小さい．1000人未満の町村ではゼロであった．営利を基本とした公共交通は，人口1000人未満の自治体をカバーしておらず，2000人ないし3000人くらいまでの町村にもこの傾向が当てはまっている．

地域の足を担う道路系の公共交通にはさまざまなものがある．とりわけ，「福祉バス」と称されるバスが多様な役割を担っている．同じく運輸省が，1998年に島根県の中山間地域17市町村に対して行った調査では，以下のような結果がみられた．

調査対象市町村は，すべてが福祉バスを所有していた．この福祉バスについて，市町村の67％が患者輸送車，同じく67％がデイサービス車（介護施設送迎），25％が老人福祉バス（貸切に近い運行），11％が障害者福祉バスの位置づけで運行していた．実際の運行については，患者輸送車の3分の1がタクシー会社等に，デイサービス車のほとんどが社会福祉協議会に委託されていたほかは直営されていた．複数の用途間で車両の一体運用をしているケース，また患者輸送車への一般客混乗のために車両補助を受けないケースもあった．しかし全体的には，同じような車両を使っていても，国の縦割り行政にとらわれ，これらのバスを区別して運行せざるをえない市町村が多かった．このため，老人福祉バスなどの稼動率が低かった[8]．

### (3) コミュニティバス

このように，公立病院・診療所への送迎バスや高齢者福祉施設への足として，市町村は，福祉バスなどの名称の無料バスを運行してきた．この種のサービスの必要性は，都市部であっても基本的に変わりない．しかし，都市部では，地方部以上に，乗車目的を制限した輸送を複数種類維持し，必要に応じて組み合わせることが地方部より難しかった．このため，無料か安い運賃をとる形で，貸切バス借り上げによる市内循環型の乗合バスに改めるケースが相次いだ．このようなサービスを，和製英語で「コミュニティバス」と呼んでいる．地方バ

---

[8] 運輸政策審議会自動車交通部会資料として公表．

ス路線維持費補助制度においても，人口15万人(1995年までは10万人)以上の都市の市街地内は，地方バス路線維持費補助の対象から除外されてきたため，市街地周辺に公共交通空白地域があった．このこともコミュニティバスの増加を助長した．

2000年に，日経地域情報が全国632市に対して行ったアンケート調査では，自称でコミュニティバスと称するサービスを運行中の市が18％，試験運行中か2年以内に開始の計画ありという市が15％あった．運行中の市があげた導入理由として多かったのは，交通弱者の足83％，交通不便地域解消71％，中心市街地活性化37％であった．運行率は，人口10万人以上の市で大きかった(日経地域情報[2000]による)．

コミュニティバスの有無には，地方ごとにかなりバラツキがある．数県に運行が集中している．路線のなかには，開始に際して，訪問者の多くない自治体所有施設への連絡性など，利用者利便以外の事柄にとらわれすぎたケースが多い．交通パターンが複雑な都市部ほど住民ニーズをとらえにくかった面もある．その結果，同一県内の自治体間での横並び意識も強くなりすぎた．サービスの特定の県への集中も，市町村のそのような態度の産物であったと考えられる．

ともあれ，1980年ごろからの廃止代替バスに加えて1990年代後半からはコミュニティバスの運行委託も増加した．委託運行では，受託者は，完全な営利運行ほどのマーケティング能力がなくても参入ができる．このことは，異業種からのバス事業への参入促進につながった．つまり，コミュニティバスの運行形態自体には問題があるが，規制緩和に向けての競争促進効果があった．自治体の公用車などと一体に，全国的に受託を行う受託サービス大手も出現した．

## 14.6 地域協議会と広域対応

改正道路運送法では，路線退出は，6ヵ月前までの事前届出制となる．この路線退出の申し出を，都道府県，市町村，バス事業者，および国土交通省地方運輸局などの代表者から構成される「地域協議会」にかけ，対策を協議することになる．運輸省(現国土交通省)が示した地域協議会の雛型によれば，議事を公開とし，通常の乗合バスと代替バスにとどまらず，乗合タクシー，スクールバス，福祉バスなどの路線，ダイヤ，委託先と補助金負担方法などを決め，さ

らにそれらの地域別対応を「生活交通確保計画」にまとめることになっている．バス関係の複数モードの再編を地域協議会を通じて促進するために，前述の特別指定生活路線の補助申請には，協議会に諮られて策定された生活交通確保計画の提出が要件にされる方向付けが行われている．

地域協議会に関する大きな問題は，協議の地理的範囲をどうするかということであった．基本的に，協議会を都道府県ごとに1つずつつくり，必要があれば，局地的分科会を置く方向が示された．逆に越境問題が生じたときには，必要に応じて広域的な協議会で対応することになっている．

しかしながら，協議会を，路線廃止以外に，既存路線の活性化策を協議する場として活用しにくいという問題がある．実は，従来から「地方バス路線維持対策協議会」という制度がありながら，実効していなかった．今回も旧制度の轍を踏むことになる可能性がある．事業者や行政からみて，廃止問題を一定期間棚晒しにしておく場所になりかねない．その意味では，関係者が，廃止という後向きな話から，将来へ向けての輸送の再編成という課題に，どの程度頭を切り替えられるかが重要である．

協議会については強制的な規定を行わないほうが自由な活動を期待できるという面はある．しかし，いくつかの重要な側面については，強制的な規定を設けてもよかったのではないかと考える．中央の政策に先立って，「地域協議会」を6年ほど前にスタートした青森県津軽地方のケースでは，協議会を実質的なものにするためさまざまな工夫が行われてきた．自治体側が便数や停留所密度などの品質基準を強制できないこと，ならびに潜在的競争を削いでしまうため事業者の効率改善を動機付けられないことが問題になった(寺田[1995]参照)．こういったことからも，後述の交通調整の必要性とも関係して，地域協議会制度が緩やかすぎ，これに関する自治体の権限が弱すぎることがうかがえる．

地域協議会の有効性を占うカギとなると思われる広域的な政策調整の点については，青森県津軽地方のほかにもいくつかの実例が生まれている．もちろん，道路系公共交通に対する広域的な対応の例はあった．しかし，これまでは，事業者側が複数の自治体に提案や働きかけを行って調整を図るタイプが多かった．自治体側が主体的に取り組むケースが出だしたのは最近のことである[9]．

---

9) 多様な事例に関する研究については国土庁(2000)，鈴木(1996～)などを参照されたい．

1997年に，群馬県多野郡藤岡地域6市町村は，私鉄系事業者から幹線の廃止を申し入れられた．これを契機に，バスについて広域的な話し合いをもった．そして，単なる代替輸送にとどまらない運行計画を策定した．また，2000年に島根県東部の3市町村は，事務組合を通じて，ネットワークを大幅に見直した代替バス運行を開始した．他の公共サービスと合わせ，バス運行の計画決定と間接事務だけを事務組合に委ねるという，新しい広域対応になった[10]．これら2事例とも，入札などによって既存地元事業者以外に運行委託を行っている．また，市町村間での補助金負担方法にも工夫がこらされている．

広域的な対応を行っているこれらのケースから，そういった対応に道筋を付けるには2つの必要条件があることがいえる．第1に，サービスを受託する事業者側の効率性が確保されていることである．効率性に疑義をもつ自治体があると自治体間で合意を行うことが難しい．第2に，補助金などの負担に際しては，自治体ごとの負担に思い切ってメリハリを付けたほうがよい．規制緩和は，第1の面で，自治体の交通政策実現を後押しする効果をもつはずである．

## 14.7 規制緩和後に残された課題

乗合バスは，非常に複雑なネットワークをもっている．また，投資サイクルが短いため，若干の規模の経済性があれば，産業構造はそこそこのスピードで集中に向かう．このため，規制緩和が行われたからといって，実際の輸送現場で，ただちに事業者同士が乗客を奪い合うという意味での競争が展開されるとは考えにくい．

バスの場合には，すでにいくつかの国で競争導入の経験がある．英国では，1986年の域内バス規制緩和から10年を経た時点で，2社以上が競合する区間の利用者は15％ほどであった．大手3グループがそれぞれ独占的事業区域をもち，全国に占めるシェアが各グループとも20％程度になっている(寺田[2000a]参照)．

規制緩和前と同じ独占であっても，規制緩和後の独占者は潜在的競争に直面

---

[10] 本ケース(安来能義広域行政組合)については，高橋(2001)参照．同論文は，バス事業の外部委託について理論的整理を行っている．

する．100円バスも，新規参入者にサービス開始が引き合わないことを示すためのもので，潜在的な競争が機能しつつあることの証にはなる．このような展開は，大枠としては利用者の利益になるものといえる．

歴史的な偶然として，わが国のバス規制緩和の政策過程と並行して，英国でもバス政策の修正が行われた[11]．英国では，2000年11月に2000年交通法が成立した．英国では，1980年代後半から，規制緩和と交通計画・交通調整との関係，あるいはそれらの両立の仕方について，議論と試行を繰り返してきた．少なくとも，2000年交通法で政策が提示されたことからみて，規制緩和下でも，交通計画や交通調整は必要であるし，遂行することができる，ということが示されたものと理解できる．

しかし同時に，英国では，今回の政策過程を経て次のこともわかった．

第1に，潜在的な競争の芽を摘まないようにしながら，交通事業者と協力関係をもち，それらの事業者の経営戦略に対応した計画を作ることができる者は，自治体の他にはいない．その意味で，地域交通に関しては，規制緩和を成功させるためには，地方分権が前提となる．この点でわが国は立ち後れている．

第2に，規制緩和下での交通事業者の戦略と交通計画との整合を図るためには，かなりの工夫がいる．英国2000年交通法では，越境対応，計画年次の整合，計画の階層化などの配慮が行われている．このことと比較して，わが国の地域協議会と生活交通確保計画のフレームワークは，相当工夫の余地がある．

**参考文献**

国土庁計画・調整局総合交通課(2000)『異分野が連携した新しい交通サービスによる中山間地域の活性化に関する報告書』．
杉山雅洋(1999)「バス事業の規制緩和」『都市問題研究』第51巻第12号，50-60ページ．
鈴木文彦(1996～)「地域バス交通の現状と課題――市民とバス」『総合交通』1996年9月から連載中．
高橋愛典(2001)「地域バス運行の外部委託――規制緩和後における路線網の維持・展開の方策として」『早稲田商学』第388号，201-227ページ．

---

11) 英国2000年交通法案を，日本の地域協議会と対比させる見方については，寺田(2000a)を参照されたい．

寺田一薫(1993)「地域交通の運賃政策——公正の視点から」『交通学研究』第36号，131-140ページ．

寺田一薫(1995)「地方部の乗合型交通における規制緩和と補助政策」『交通学研究』第38号，17-26ページ．

寺田一薫(2000a)「規制緩和と弱い交通調整は両立するか」『三田商学研究 』第43巻第3号，171-186ページ．

寺田一薫(2000b)「フィンランドのバス規制緩和と地方分権」『運輸と経済』第60巻第8号，39-49ページ．

寺田一薫(2000c)「フィンランドのバス規制緩和政策」中条潮編『公共料金2000』参考資料1補論，335-353ページ．

日経地域情報(2000)「まちづくりと交通(下)」『日経地域情報』No. 337，1-10ページ．

# 第15章
## 地方中核都市における公共交通対策

**要約**

　中核市をはじめとする地方都市における交通状況には，公共交通機関の分担率の低下と自家用車利用率の上昇という2つの傾向が見受けられる．この結果，利用者減少により公共交通機関の維持が困難になるとともに，中心市街地における道路混雑問題の発生など，多くの課題が生じている．

　公共交通対策の必要性は，外部性など市場の失敗と交通弱者の足をいかに確保するかという公平性の議論から導くことができるが，これらは公共交通対策を正当化する一因にすぎない．公共交通対策を正当化するためには，それぞれの選択肢について，導入に要する費用と得られる便益を比較することが重要である．公共交通対策は，代替案と比較して，導入にあたり取引費用が少額ですむ場合が多いと考えられる．

　地方中核都市の交通対策としては，従来は主に道路整備に力点が置かれていたが，近年は自家用車から公共交通機関に需要をシフトさせるさまざまな試みがなされている．鉄道では，各地でフリークエンシーの向上が図られているほか，パーク・アンド・ライドも試みられている．また，コミュニティバスの導入など，乗合バスの活性化を目指した対策も種々実施されており，これら政策を推進するための補助制度も設けられている．

　しかしながら，これら対策が成果を収めるためには，いくつもの前提条件を満たす必要がある．地方中核都市の場合，これら条件が満たされていない場合も多く，十分な成果をあげているとはいえない事例も見受けられる．政策実施にあたっては，入念な事前調査を行うなど，慎重な対応が必要である．

## 15.1 地方中核都市における交通の現状

わが国において地方都市を分類する場合，いくつかの区分が考えられる．区分の1つは，政令指定都市，中核市，その他の都市と3つに分ける方法である．本章では，各県の県庁所在地やそれと同クラスの都市の多くが属する中核市（概ね人口30万人以上80万人以下）を中心に，公共交通政策を考える．

中核市の交通政策の特徴としては，以下の諸点が指摘できる．第1は，中核市における都市圏の範囲である．大都市と比較すると人口，産業等の集積が小さく，都市圏は限定的である．東京，大阪などの大都市圏が半径50 km 以上に及ぶ広がりをもつのに対し，中核市の多くは，市街地は半径数 km の範囲内であり，周辺地域を含めた都市圏としてとらえても，せいぜい半径30 km 程度の範囲内にある．

第2に，道路整備状況と自家用車保有率について特徴がある．近年，日本の道路整備水準は，全体的にかなり高くなっており，中核市も例外ではない．朝，夕の通勤時や駅前，繁華街など，特定の場所での混雑を除けば，多くの都市で道路混雑は存在するものの，大都市ほど深刻な状況下にはない．さらに，近年は公共施設やオフィスが中心部から郊外に移転する傾向がみられ，移動手段として自家用車の利便性がさらに高まっている．世帯当たり自家用車保有台数は，東京（0.50 台：1997 年度）や大阪（0.49 台：1997 年度）などの大都市と比較すると，中核市は 0.98 台（1997 年度平均値）とかなり高く，地方の家庭では，自動車が一家に 2, 3 台あることも珍しいことではない．

1992年に行われたパーソントリップ調査によれば（図 15.1 参照），地方都市では，平日全トリップの 51.5 ％を自動車が占めており，バスと鉄道はそれぞれ 4.5 ％と 3.3 ％にすぎない．さらに，通勤目的に限ると 63.4 ％，業務目的では 84.5 ％のトリップが自動車で占められている．自動車がトリップ中に占める割合は，1987 年の調査と比較しても大幅に増加している．また，都市規模が小さくなるほど，自動車が占める割合は高まり，逆に大都市ほど，鉄道，バスといった公共交通機関の割合が高くなる傾向にある．

多くの都市では，主たる公共交通機関は路線バスであるが，バスの輸送人員は 1969 年度の 101 億人をピークとして減少傾向にあり，1997 年度は 54 億人

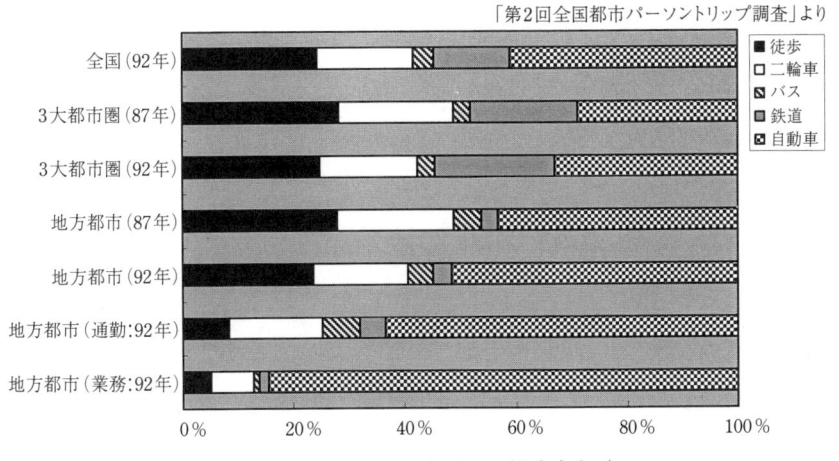

図 15.1 都市規模別交通手段構成(平日)

とほぼ半減している．人口10万人台の地方都市では，利用者が減少した結果，市内から一時バス路線が全廃された都市[1]や，生活路線の指定を受け，補助金を得て運行されたり，市町村代替バスにより路線を維持している場所も存在する．本章が対象としている中核市においても，各都市の特性を反映して，減少の程度に差異はあるものの，最近10年間の輸送分担率は一様に減少している．

東京，大阪等の大都市においては，交通手段として大量輸送機関である鉄道など軌道系の果たす役割が大きいのに対し，多くの地方都市では，鉄道は主に都市間連絡の手段であり，都市内輸送における役割は限定的である．1992年のパーソントリップ調査では，首都圏，中京圏，京阪神圏をあわせた3大都市圏では，平日全トリップの21.4％を鉄道が占めていたのに対し，地方都市ではわずか3.3％であった．

中核市レベルの都市の場合，都市内公共交通機関としては，バスとともに路面電車やその発展形であるLRT(Light Rail Transit)も重要な手段となりうる．

---

[1] 群馬県館林市は，利用者減少により，1986年12月末で東武バス2路線が廃止された結果，全国ではじめてバス路線の存在しない「市」となった．その後，館林市が民間事業者に運行を委託して，1993年9月からマイクロバスの運行を行っている．

しかし，日本の場合，1960年代後半以降のモータリゼーションの進展とともに大部分の都市で路線が廃止されており，路面電車が存続している都市そのものが限定されている．環境意識の高まりや欧米での動向を受け，路面電車を再評価する動きもあるが，路線の新設(豊橋鉄道)や低床車両の導入(熊本市電，広島電鉄)などは，ごく一部の地域にとどまっている．長崎市(長崎電気軌道)をはじめ市内にある程度稠密な路線ネットワークを維持している都市では，路面電車も市内交通の重要な手段となっているが[2]，路面電車の新設が具体化している都市は少ない．日本では補助制度の関係もあり，軌道系の中量輸送機関としては，モノレールなどの新交通システムの採用が中心であるが，これらは政令指定都市をはじめとする大都市か，周辺の衛星都市に限定されている．

パーソントリップ調査の場合，分析可能な対象都市が限定されるという欠点がある．そこで，各政令指定都市と中核市における通勤・通学時の利用交通手段の動向を把握するために，1980年と1990年の国勢調査結果を比較すると，以下のことが読み取れる[3]．まず，対象となる各都市の10年間の交通量変化をみると，北九州市で交通量が微減している以外，増加傾向を示した．とくに自家用車利用率の伸びが大きい．一方，「JR」，「JR以外の鉄道・電車」および「乗合バス」を合わせた数値を公共交通機関分担率とすると，大阪市以外では，減少率に差はあるものの，公共交通機関の分担率は低下している．

また，公共交通機関の特性には，一度に大量の人員を輸送できることがあり，都市規模が大きいほどその特性を発揮しやすいと考えられる．公共交通機関の分担率は，政令指定都市(1990年平均分担率48.4％)の方が，中核市(同20.0％)と比べ高くなっており，これはデータからも裏付けられている．政令指定都市と中核市との分担率の差は，統計的にも有意な値である(95％水準で有意)．また，各都市の人口密度と公共交通機関の分担率の間には，0.801という高い相関(1990年データ)がみられる．表15.1は，公共交通機関の分担率が高

---

2) たとえば1996年に行われた長崎都市圏のパーソントリップ調査では，全トリップの12.7％を市電とバスが占めている．

3) 国勢調査を利用した分析としては，日本交通政策研究会が刊行した「中核都市における(旅客)交通のあり方に関する研究」(1995)がある．対象都市は本章と若干異なるものの，各都市の現状と交通政策の動向について詳細に分析している．

第15章　地方中核都市における公共交通対策

## 表 15.1　都市別の交通機関分担率

単位(%)

公共交通機関分担率の高い都市

| 順位 | (政令指定都市) | 公共交通分担率 (1990) | 内乗合バス分担率 (1980) | 内乗合バス分担率 (1990) | 自家用車分担率 (1990) |
|---|---|---|---|---|---|
| 1 | 大阪市 | 66.0 | 16.4 | 13.0 | 10.9 |
| 2 | 横浜市 | 61.8 | 28.4 | 24.6 | 16.0 |
| 3 | 川崎市 | 61.0 | 26.8 | 22.9 | 12.7 |
| 4 | 神戸市 | 58.5 | 23.5 | 20.0 | 16.7 |
| 5 | 名古屋市 | 47.1 | 21.9 | 16.2 | 26.4 |
|  | (中核市) |  |  |  |  |
| 1 | 長崎市 | 40.9 | 40.7 | 34.8 | 25.6 |
| 2 | 堺市 | 38.2 | 15.9 | 10.5 | 26.4 |
| 3 | 新潟市 | 27.1 | 27.5 | 17.8 | 42.1 |
| 4 | 岐阜市 | 25.1 | 23.4 | 15.6 | 45.5 |
| 5 | 静岡市 | 24.9 | 17.2 | 12.9 | 33.1 |
| 6 | 金沢市 | 24.1 | 24.4 | 18.2 | 46.1 |
| 7 | 鹿児島市 | 23.7 | 20.7 | 17.0 | 40.0 |
| 8 | 姫路市 | 23.1 | 13.6 | 8.9 | 40.8 |

自家用車分担率の高い都市

| 順位 | (政令指定都市) | 公共交通分担率 (1990) | 内乗合バス分担率 (1980) | 内乗合バス分担率 (1990) | 自家用車分担率 (1990) |
|---|---|---|---|---|---|
| 1 | 北九州市 | 35.5 | 23.7 | 20.5 | 36.7 |
| 2 | 仙台市 | 36.7 | 32.9 | 20.6 | 32.8 |
| 3 | 札幌市 | 45.8 | 30.2 | 21.5 | 30.7 |
| 4 | 千葉市 | 41.6 | 21.6 | 15.5 | 30.2 |
| 5 | 広島市 | 35.0 | 26.5 | 22.1 | 26.8 |
|  | (中核市) |  |  |  |  |
| 1 | 豊田市 | 10.5 | 6.2 | 3.1 | 59.3 |
| 2 | 倉敷市 | 9.1 | 8.5 | 3.9 | 53.0 |
| 3 | 富山市 | 21.0 | 16.1 | 8.9 | 52.7 |
| 4 | 郡山市 | 12.6 | 13.4 | 7.5 | 52.0 |
| 5 | 福山市 | 13.0 | 11.4 | 6.3 | 51.0 |
| 6 | 浜松市 | 16.8 | 16.5 | 11.2 | 49.5 |
| 7 | 豊橋市 | 16.2 | 8.5 | 4.6 | 48.8 |
| 8 | 大分市 | 15.3 | 17.1 | 10.7 | 48.4 |

(出所) 1990年国勢調査より作成.

い都市と自家用車の分担率が高い都市を，政令指定都市と中核市それぞれについて抽出したものである．表 15.1 からわかるように，政令指定都市の方が一般的傾向として公共交通機関の分担率が高いことや，逆に中核市では自家用車の分担率が高くなる傾向が読みとれる．さらに，公共交通機関の分担率の高い都市ほど，自家用車の分担率が低くなる傾向も見受けられる．このため，公共交通機関の分担率を高めることと，自家用車の増加を抑制することの間には，ある種の相関関係が存在すると思われる．

公共交通機関については，乗合バスのみが存在する都市と比べ，軌道系の交通機関(路面電車や新交通システム)が存在する都市では，人々の意識が異なるといわれる．分析対象都市のうち半数弱の 18 都市は，軌道系の交通機関を有する．これら 18 都市とそれ以外の諸都市で公共交通機関の分担率を比較すると，18 都市の分担率(32.4%)の方が，それ以外の都市(25.9%)よりも若干高い数値を示したが，この差異は統計的に有意ではなかった．

過疎地域と比べると，地方中核都市は人口の絶対数が多いほか，産業の集積も大きく，一見，恵まれた状況にあるように思われる．しかしながら，道路混雑があまり激しくなく自家用車を利用しやすいうえ，目的地である公共施設などが市内全域に散在しているため，利用者の交通流動パターンが面的な広がりを持ち，路線バスなどの公共交通機関では需要に十分対応できないという問題を抱えている．過疎地域の場合，移動パターンは集落と周辺の都市を単純に結ぶ形態が多く，少数の路線に対し運行補助を行うことで問題に対処していることと比較すると，地方都市の交通対策は難しい問題をはらんでいる．

## 15.2 公共交通対策の必要性

地方中核都市において公共交通維持策を必要とする理論的根拠としては，ミクロ経済学の立場からは，外部性や不確実性の存在など，市場の失敗を指摘することができる．また，公平性からの議論も存在する．

外部性の問題としては，第 1 に道路混雑問題があげられる．地方都市においても，中心市街地とその周辺部の道路では，朝，夕の通勤時に道路混雑が発生しており，この解消が大きな課題となっている．道路混雑は，自動車運転における私的限界費用と社会的限界費用の乖離を発生させる結果，政策当局の介入

を正当化する1つの根拠となる．自家用車に比べて道路混雑への寄与度が低い鉄道やバスの利用促進政策は，混雑問題の解決策を提供する．欧米の事例でも，混雑税収の使途として，公共交通維持策をあげている場合が多い[4]．

第2の外部性の問題は，自動車からの排気ガスに含まれる $CO_2$ や $NO_x$ などを原因とする環境問題の存在である．環境問題についても，通常，各個人は社会的限界費用ではなく，私的限界費用に基づいて行動しているため，市場の失敗が生じることになる．

第3は，交通事故の増加など，安全性の問題である．自家用車の増加は，同時に事故の増加にもつながる．消費者が，安全性について十分な情報を獲得できない状況下では，物理的特性や運転技術の高さから相対的に事故の発生率が低い鉄道，バスといった公共交通機関に需要を誘導することは，正当性を持つ．

しかしながら，市場の失敗は，政策当局の公共交通政策を正当化する根拠の一因は提供するが，十分条件ではない．たとえば，混雑現象に対しては，混雑税を導入することや，中心市街地への車両乗り入れ規制でも対応可能である．介入手法が公共交通維持策である必然性はなく，むしろ混雑税導入の方が道路混雑解消には直接的かつ効率的である．環境問題についても同様のことがいえる．浄化装置の設置など代替案が考えられるほか，そもそも自然の浄化能力その他を考慮した場合，果たして地方都市で公共交通維持費に見合うだけの環境上の外部費用が発生しているのかという疑問も存在する．安全対策についても同様である．

市場の失敗は，公共交通維持策を正当化する1つの根拠にすぎない．公共交通維持策を正当化するためには，それぞれの選択肢について，導入に要する費用と得られる便益を比較したうえで，公共交通維持策が相対的に優位な立場にあることが必要である．この点に関して論じると，混雑税や環境税の導入，車両への直接規制の実施には，コンセンサスの確保などを含め，多額の取引費用が生じる恐れが高い．取引費用を考慮した場合，次善の策ではあるが，公共交

---

4) 欧米で混雑税収の一部を公共交通維持策に支出する理由として，公共交通に需要が移転することを期待する側面とともに，混雑税導入への社会的コンセンサスを確保する目的をもつことがしばしば指摘される．

通機関の改善を図り，需要を自家用車から公共交通機関にシフトさせることで問題を解決する手法にも，一理ある．

一方，公共交通対策の別の側面として，所得再分配機能に注目する公平性からの議論も存在する．もし公共交通機関利用者の所得が相対的に低いのであれば，所得再分配政策の一環として，公共交通維持策に資金を提供することは正当化されるであろう．また，公平性の議論には，高齢者や高校生以下の学生など，交通弱者に対して，移動の自由を確保するという側面もある．しかしながら，公平性の議論についても，市場の失敗と同様，これを正当化する根拠については，慎重な検討が必要である．なぜならば，所得再分配政策が正当化されようとも，公共交通維持策はその費用対効果が小さいからである．公共交通機関の利用者イコール低所得者と定義することができないため，所得再分配の具体的政策としては低所得者に対する直接補助や税制を通じて達成する方が，厚生上の損失が小さい．

それでは，行政当局による公共交通維持策は不必要なのであろうか．現在，公共交通機関の利用者としては，自家用車を利用しにくい交通弱者が，多数を占めている．たとえば，富山県高岡市の万葉線沿線住民を対象に行った調査によると，各年齢層に占める公共交通機関利用者の割合は，20歳未満の階層と60歳以上の高齢者層で高くなっている[5]．一方，20代から50代までの各階層では，自動車を利用する比率が高く，半数以上の人が日常的に利用する交通手段として「自動車」と回答している．全国的にも，ほぼ同様の傾向がうかがえる．

以上の考察を受け，以下では，地方都市特有の公共交通の意義を検討する．

モータリゼーション化が進展した地方都市においては，3大都市圏以上に，移動手段として自家用車の果たす役割が大きい．公共交通機関の利用者は，上述したように，その多くは交通弱者と呼ばれる人々である．地方都市では，交通弱者が全体に占める割合は高くないものの，彼らにとっては，公共交通機関

---

[5] 「加越能鉄道高岡軌道線・新湊港線対策調査報告書」(1998)による(43-50ページ)．調査によると，15歳から19歳までの年齢層では，公共交通の利用者が全体の45.3％を占めている．また同様に60歳代では56.1％，70歳以上では63.7％に達している．

の存在は大きな価値を持っている点に特徴がある．誰もが自由に移動できることが，公平性の観点から社会的に受容されるならば，公共交通の維持政策は，交通弱者の移動手段確保の一方策として正当性をもつ可能性がある．

この場合にも，行政当局による介入でなく，クラブ財のような方法での維持も考えられるが，地方都市とはいえ，関係者の絶対数は多く，取引費用が高額となる可能性が高い．理論的にも，当事者が3人以上の場合には，最適解が存在しない可能性が指摘されている．また，ボランティア輸送やNPO(Non-Profit Organizations)による移動サービスの提供も，山間部の過疎地域などと比較すると，都市部は相対的に人間関係が希薄なうえ，対象者が多数に及ぶことから，十分な対応は期待できない．同様の効果は，交通弱者に対してタクシー券の配布や所得保障などの対策を講じることでも得られるが，これらの方法は，政治的理由から対象者が拡大しやすいという問題を抱えている[6]．さらに，現実の政策として考えた場合，交通弱者への足の確保として公共交通機関に補助金を与えるという手法は，直接補助やクーポン券の現物支給と比べ，一般市民からの支持を得やすい（または反発を招きにくい）という側面もある．

このため，公共交通維持対策という間接的手法を採用する方が，公平性から生じる問題の解決策として，直観的に社会から受け入れられやすい．また，導入に要する取引費用が相対的に低いため，取引費用まで考慮すれば，適切に設計された間接的手法の方が効率的である可能性がある．このことが，行政当局が交通対策として公共交通を重視する一因である．

## 15.3　公共交通の活性化方策

前節では，公共交通対策の理論的根拠を検討した．地方中核都市における公共交通対策として，本節では軌道系交通機関の取り組みと乗合バスの活性化に注目する．

---

[6] たとえば，群馬県館林市の場合，市内から乗合バスが全廃されたのを受けて，1987年4月から自家用車を保有しない高齢者と母子家庭を対象にタクシー券の配布を行った．その後，福祉充実というかけ声のもと，対象者と制度の拡充が行われている．

## (1) 軌道系交通機関の取り組み——鉄道の復権

　地方都市の場合，パーソントリップ調査の結果からも明らかなように，通勤通学輸送に占める鉄道の役割は限定的である．都市圏そのものが小さいことや，JR 以前の国鉄が主に長距離の都市間輸送に力点を置いており，地方都市の都市内輸送にはあまり配慮してこなかったことがその要因である．また，都市内交通機関である路面電車や新交通システムについては，敷設されている都市そのものが限られている．

　しかしながら，地方都市でも，私鉄を中心に鉄道復権が試みられてきた．1960 年代以降のモータリゼーションの進展に伴い，自家用車への対抗上，地方私鉄では列車本数を増発し，サービス水準を向上させる必要に迫られた．たとえば，新浜松・西鹿島間 17.8km を営業する遠州鉄道では，1972 年 11 月から終日 11 分間隔で運転を行い，大幅にフリークエンシーを向上させた．現在も同水準の高いフリークエンシーを維持している．同様の事例は各地でみられる(青木[1991]参照)．国鉄(JR)についても，1980 年代以降，広島都市圏を皮切りに，地方都市において普通列車の本数を大幅に増加させる試みがなされた．また駅間の長い区間には，新駅を設置し，利用者の利便性向上が図られた．

　しかしながら，これら対策がとられた都市においても，都市内交通に占める鉄道の役割が限定的なことは，注目に値する．たとえば，20 年以上前からフリークエンシーの確保に努めている遠州鉄道のある浜松市周辺(西遠都市圏)の場合，1995 年のパーソントリップ調査では，全トリップの 61.0 ％を自家用車が占め，鉄道の割合は 2.9 ％にすぎない．鉄道沿線地域でも，利用率は 6 ％程度である．この理由の 1 つとして，自家用車と鉄道との連携に，必ずしも十分な配慮が払われていないことがあげられる．現在，遠州鉄道沿線では，大部分の駅に駐輪場が整備されているが，パーク・アンド・ライドについては，駅周辺の民間駐車場(遠州鉄道が経営するものを含む)を利用した，利用者による自然発生的なものがみられる程度である．軌道系交通機関に需要を誘導するためには，とくに地方都市では自家用車との連携が不可欠である．

　この取り組みは，鉄道事業者による自主的な対応策であるが，鉄道事業の活性化を目的とした，国の補助制度もいくつか設けられている．たとえば，近代化補助や路面電車走行空間改築事業(豊橋市)，新交通システム等の整備事業が

これに該当する.これらの制度では,補助制度の内容はそれぞれ異なるものの,軌道系交通機関の改善,整備を通じて公共交通機関利用者を増加させることが目的である.しかし中核市の場合,実際に制度を利用した事業は限られており,制度本来の趣旨が活かされているとは言い難い.

### (2) 乗合バスの活性化

地方都市の場合,主たる都市内公共交通機関は乗合バスであり,公共交通維持策としてもここに大きなウエイトが置かれている.

乗合バス利用者が減少した理由は,自家用車保有率の上昇が直接的な原因であるが,バス自体への不満も数多く指摘される.たとえば,1990年に行われた富山市におけるアンケート調査(運輸経済研究センター[1990])では,バスに対する評価として,「運賃」,「終発時刻」および「運行時間の正確さ(積雪時)」の3項目についてとくに低い評価が下されている.また,バスへの要望としては,「運転本数の増発」,「終発時刻の繰り下げ」,「運行時間の正確化」および「バス・ロケーション・システム等のバス情報関連施設の導入」の4点について,多くの要望が出されている.この傾向は全国的にほぼ同様であり,自家用車から公共交通機関へ利用を転換させるためには,バスをより快適に利用できるよう,改善する必要がある.

1つの方策として,混雑の激しい主要道路を中心に,バス専用レーンやバス優先レーンなどの整備が行われてきた.1999年3月末現在,バス専用道は全国に106km,専用レーンは1208km,優先レーンは1132km整備されており,効果も認められる[7].また,レーンのカラー舗装化(水戸市)や,交通量に応じてレーンを変更するリバーシブル・レーンとバス・レーンを組み合わせた事例(新潟市)など,各地でさまざまな工夫が行われている.さらに,バス利用環境の改善を目的に,バス停の改良やバス接近表示システム(バス・ロケーション・システム)の設置,低床バスの導入なども,数多く実施されている.

---

7) たとえば,金沢市(有松―広小路間)では,バス専用レーンが整備された結果,バスの平均速度がラッシュ時で10.9km/hと,自家用車の4.4km/hと比べ2倍以上の速さを維持しており,走行環境は大幅に向上した.

パーク・アンド・バスライドの実証実験や本格実施，コミュニティバスの運行など，新たな試みも行われている．これら対策は，自然発生的に生じた事例もあるが，近年全国各地で導入や実験運行が行われている背景には，運輸省や建設省をはじめとする，国の補助制度の存在が大きいと考えられる．たとえば，運輸省では，オムニバスタウン整備総合対策事業や交通システム対策事業として，これら事業を積極的に推進している．建設省の有料駐車場への融資事業（パーク・アンド・ライド）の利用や，通産省の商店街空き店舗対策モデル事業（コミュニティバス）など，公共交通の活性化を試みる制度は，いくつも存在する．

ここでは1つの対策事例として，近年，各地で試みられている通勤時のパーク・アンド・ライド[8]を取り上げる．これは，地理的条件からボトルネックが生じやすい場合や，住宅地の郊外への拡大に伴い，道路混雑が大きな問題となっている地点の近傍に鉄道が存在する場合，駅に駐車場を整備し，自家用車利用と鉄道利用を連結するものである（たとえば，富山県舟橋村の越中舟橋駅など）．この変形として，郊外に大規模な駐車場を設置し，自家用車からバスに乗り換えるパーク・アンド・バスライドも試みられている．パーク・アンド・ライドは欧米では広く普及しているが，TDM（交通需要マネジメント）の一環として，日本でも導入が検討されている．適切に設計されたパーク・アンド・ライド政策は，自家用車から鉄道またはバスに通勤時の需要を移転させ，道路混雑を緩和することによって，社会的厚生を改善するものである．

パーク・アンド・ライドが成功するためには，以下のような条件が満たされる必要性がある[9]．

a) 自家用車で都心に直行するのと比べ，バス，鉄道に乗り換える手間を相殺できるメリットがあること（市内の道路混雑が激しいこと）．

b) バス優先レーンなど，システムを補完する対策が整備されていること．

---

[8] ここでのパーク・アンド・ライドは，通勤時を対象としたものであるが，休日の都心の混雑緩和を目指したもの（水戸市や佐賀市での試験運行）や，都市間輸送の長距離利用客を対象としたもの（新潟都市圏）なども存在する．

[9] ここにあげる5項目の成功要件は，運輸省自動車交通局企画課（1993）を参考に，一部修正したものである．

c) 駐車料金，バスや鉄道運賃の設定が妥当であること．また自治体と事業者，利用者間での費用負担が適切であること．
d) 居住地や中心市街地の立地，形状からみて，適当な場所に，適切な広さの駐車場を用意できること．
e) 自治体や鉄道会社，バス会社等，関係者の間でシステム導入への協力関係が構築できること．

しかしながら，中核市レベルでは，パーク・アンド・ライドを魅力あるものとするほどには，道路混雑が激しくない場合が多いことや，業務上の必要性からマイカー通勤を選択せざるをえない，地理的制約から適当な場所に駐車場を設置できないなどの理由で，上記条件を満たせないことも多い．各地の実証実験でも，モニターの応募者が予定数に達しないうえ，実際に利用するのは参加者の5割前後という事例もみられ，十分な成果を上げるに至っていないケースもみられる．

パーク・アンド・ライドとともに近年，各地で導入が進められている方策として，コミュニティバスの運行がある．都市内は公共交通機関が十分整備されているように思われるが，バス路線の統廃合が進んだことや狭隘な道路ゆえにバスが運行できないなどの理由から，交通空白地域と呼ばれる場所がまま存在する．マイクロバスなどを利用して，これらの地域に自治体の負担で最小限のアクセスを確保しようというのが，コミュニティバスの発想である．料金は無料または低料金（たとえば100円）の場合が多い．コミュニティバスは，東京のベッドタウンである武蔵野市で1995年11月から運行を開始した「ムーバス」が成功例として知られている．中核市では，金沢市などで本格的に導入されている．全国の地方都市で導入が検討されているコミュニティバスであるが，成功するためには，以下のいくつかの条件が必要と考えられる．

a) 住民や利用者からの要望を反映し，地域の実情に合わせた路線や運行本数，運行時間の設定が行われること．
b) 定時制の確保が図られること．そのために，優先レーンの整備や駐車禁止等の措置がとられること．
c) 高齢者が利用しやすい車両の導入（ノンステップバス等）など，ニーズに柔軟に対応できること．

d) 道路管理者，警察，地域の交通事業者等から十分な協力が得られること．
e) 関係者間の費用負担が適切なこと．また，補助金などの財政措置が担保されていること．

地方中核都市の公共交通活性化策として，近年注目を集めているパーク・アンド・ライドやコミュニティバスであるが，成果を上げるためには，いくつもの前提条件が存在する．そのため，本格実施の前に実証実験を行い，その結果をもとに十分な検討を行う必要がある．

## 15.4　今後の課題

地方中核都市の交通政策は，道路混雑問題と公共交通機関の分担率の低下による経営問題に対応するものであり，上述したように，公共交通の活性化もその一方策である．この目的を達成するために，各種の補助制度が設けられている．補助制度を含む公共交通活性化策が有効に機能する条件が満たされるならば，自家用車から公共交通機関に利用者をある程度，移行させることができよう．しかしながら，中核市レベルの都市では，前提条件を必ずしも満たしていない事例も見受けられる．公共交通活性化策の実施にあたっては，十分な事前調査や実証実験を踏まえた検討など，慎重な対応が求められる．

また補助事業の一般的な問題点として，第1に，補助対象が施設の整備や改修など，ハード面に偏っていることがあげられる．昨今の公共交通機関への要望としては，ハード面の整備とともに，運行頻度や運賃水準といったソフト面の要望が強く出されているが，これらは事業者の自主的対応に任されているのが現状である．

第2に，上記問題とも関連するが，補助制度が存在することで，逆に横並び的に政策が実施される傾向がみられる．これは補助制度そのものの問題とはいえない面もあるが，交通政策を進めるうえで，1つの課題である．

第3に，官庁の縦割り組織を反映して，類似する補助制度が複数の省庁に存在するという問題点がある．たとえば，コミュニティバスの運行については，運輸省(国土交通省)の制度とともに，中心商店街の活性化を目的とする通産省(産業経済省)の制度も利用可能である．このような事例がいくつも存在する．社会的にはこれらを統合することが望ましいが，依然，試行錯誤の段階にある．

路線バスの需給調整規制撤廃など，地域交通を取り巻く環境も大きく変わりつつある．自由化および規制緩和が進むなかでは，地域社会の取り組みがこれまで以上に重要性を増すことになる．それゆえ，地域の実情を反映した，さらなる創意と工夫が組み込まれた公共交通対策が実施されるような意思決定システムの確立が必要である．

**参考文献**

青木栄一(1991)「シティ電車の発達とその思想」『鉄道ジャーナル』第295号，70-73ページ．

青木亮(2000)「地方中核都市における公共交通対策」『三田商学研究』第43巻第3号，231-248ページ．

中条潮(1995)『規制破壊』東洋経済新報社．

中核都市における(旅客)交通のあり方に関する研究プロジェクト(1995)『中核都市における(旅客)交通のあり方に関する研究』日本交通政策研究会．

建設省道路局監修(1997)『道路統計年報　1997』全国道路利用者会議．

建設省都市局監修(1998)『都市計画ハンドブック　1998』都市計画協会．

日本バス協会編(1999)『1999年版　日本のバス事業』日本バス協会．

Pucher, J. and C. Lefevre (1996), *The Urban Transport Crisis*, Macmillan (木谷直俊，内田信行，山本雄吾，西村弘訳『都市交通の危機』白桃書房).

総務庁統計局編(1994)『通勤・通学人口及び昼間人口(平成2年国勢調査摘要データシリーズNo. 1)』総務庁統計局．

富山県万葉線対策協議会(1998)『加越能鉄道高岡軌道線・新湊港線対策調査報告書』富山県万葉線対策協議会．

運輸経済研究センター(1990)『地方中核都市における公共輸送改善に関する調査報告書——富山市における旅客流動実態調査』運輸経済研究センター．

運輸省自動車交通局監修(2000)『数字で見る自動車　2000』日本自動車会議所．

運輸省自動車交通局企画課監修(1993)『道路交通混雑緩和とバス活性化を目指したユニークな事例』運輸経済研究センター．

# 第16章
## 地域交通政策の意思決定システム

**要約**

　理想的な交通政策が実施されないのは，ロード・プライシングの例を引くまでもなく，理論や手法に不備があるためではなく，政治を含む意思決定プロセスにおいて不適切な力が働くことに理由がある．「政治の失敗」あるいは「政府の失敗」という用語で表される意思決定プロセスの問題点は，交通分野においては，国鉄の非効率などの個別具体的な事例を挙げて，議論されてきた．本章では，より一般的に意思決定プロセスのあり方を論じるとともに，その対象を地域交通政策に限定する．

　地域交通政策を実施する際の外部環境は，規制緩和や地方分権の進展および政策ニーズの多様化によって変化しつつある．加えて，人口高齢化による財政余力の喪失により住民間の利害対立が激化する．現行の地域交通政策決定システムはこれらの問題点を適切に取り扱うことができない．本章の目的は，地域交通政策に関する適切な意思決定システムを検討することである．

　本章では，利害対立を調整する機能を有する地域交通政策の意思決定システムを具体的に提案する．提案される意思決定システムがもつ現行システムとの相違点は以下のとおりである．地方自治の理念を反映し，できる限り地域交通政策の権限を地域に移譲する．意思決定主体は複数の地方自治体を包含するが，行政システム上各地方自治体からの独立性を有する．民意を反映するように，住民投票制度が組み込まれ，意思決定プロセスには住民代表が参加する．意思決定主体は交通問題の専門家を専任のスタッフとして有する．

## 16.1 地域交通政策の意思決定システム確立の必要性

現在，わが国では，公共政策の意思決定システムおよび政策実行システムに対して多くの問題点が指摘され，改革の途にある．地域交通政策についても，その意思決定システムを含めて抜本的な改革が必要である．本節では，地域交通政策の意思決定システムを検討しなければならない4つの理由を概観する．

第1の理由は，地方分権の進展である．一般的な行政権限の地方分権化の是非にかかわりなく，地域交通は本来的に地方が担うべき政策課題である．わが国においては，地域交通全般にわたって国が関与してきたが，地域交通(local transportation)は，全国レベルの交通(national transportation)や国際交通(international transportation)とは異なり，日常的な交通活動であり，国が関与する必然的な理由は存在しない．交通政策における地方分権が進めばそれに応じた意思決定システムが整備されなければならない．

第2に，交通分野における規制緩和の進展があげられる．規制緩和の帰結は，地域によって異なる．つまり，規制緩和が進めば，地域交通問題は地域ごとに多様化することになる．国の規制緩和政策に対する地方部の対応も地域ごとの事情を反映するものでなければならない．このようにして規制緩和が進めば，国(国土交通省)による一元的な地域交通政策の統制は不可能になり，あるいは少なくとも効率的な手段ではなくなり，地域交通政策の意思決定は分権化されざるをえない．しかし，分権化後の適切な地域交通政策の意思決定システムはいまだに確立されていない．

第3に，マクロ経済制約による財源不足があげられる．社会が高齢化し，生産余力が低下すると，各交通政策の効率性の向上が求められるとともに，異なる交通政策間の取捨選択が不可避となる．たとえば，財源不足ゆえに，高規格道路の建設と公共交通ネットワークへの運営費補助が二者択一の状態になったとしよう．この選択は，国による指示によってなされるべきものではなく，地域ごとの意思決定，つまり地域の民意を反映した決定に委ねるべきである．しかしながら，わが国では，地域住民の民意を反映する意思決定システムは，少なくとも交通分野に関する限り，整備されているとはいえない．

第4に，交通インフラの全国配置が進展し，国による地域交通インフラの供

給は一段落した．新規インフラの建設から既存インフラの維持管理へと重点が移行する段階に達しており，維持管理，つまり既存インフラの有効利用は地域の手に委ねる方が効率的である．

　以上のような要因によって，地域交通政策に関する国の権限は縮小され，交通政策おける地方分権が進むと考えられる．その理由は，国が直接的に地域交通政策に関与するよりも，地域ごとに交通政策の意思決定を行う方が効率的であると考えられるからである．しかも，効率性の発揮に加えて，地域が自らの交通政策を決定することによって，地域内の公平性上の改善も期待できる．つまり，地域交通政策を通じて経済的厚生を高める1つの方法をして，地域交通政策に関する国の権限の地域への移譲 (devolution) が推進されるべきである．その際に，現行の地方行政システムを変更することなく，交通政策の地方分権を進めれば，当初意図した効果をあげることは期待できない．地域交通政策を分権化する際には，それにふさわしい意思決定システムが確立されなければならないのである．

　以上の問題意識に従って，16.2節では，地域交通政策の意思決定システムが満たさなければならない要件について論じる．16.2節における要件の提示を受けて，16.3節では，具体的な地域交通政策の意思決定システムを提示する．16.3節において提示される意思決定システムは1つの理念型にすぎないが，議論の出発点を与えるものである．

## 16.2　地域交通政策の意思決定システムの要件

　本節では，地域交通政策の意思決定システムが満たすべき要件を提示する．ここで提示する要件は，地域交通政策の意思決定システムを「より良く」設計するための要件である．「より良く」は「より公平で」かつ「より効率的な」を意味するが，その具体的な内容を本節において要件として提示するのである．本節での検討は，次節における具体的な意思決定システムの提案のための準備となる．地域交通政策の意思決定システムが満たすべき要件は，以下の6点に集約される．

### (1) 地域住民の意見の反映

　地域交通政策の決定には地域住民の意見が反映されなければならない．地域交通政策の対象は，その地域における日常交通が中心であるので，その主たる利用者である地域住民の民意が適切に反映されなければならない．

　この要件は，国から地域に対する権限の移譲(devolution)を要求する．交通政策を策定する権限ばかりではなく，財源に対するそれも移譲されなければならない．交通補助金を例とするならば，特定補助から一般補助（一括補助）への変更がなされなければならない[1]．

### (2) 民主的な利害調整

　意思決定システムを通じて，互いに利害が対立する経済主体間の利害調整が民主的に行われなければならない．そもそも公共政策の意思決定システムは，より平たくいえば，政治というものは利害の対立を解決するために設けられるものである．それゆえ，公共政策を実施することは，受益と負担を乖離させることを意味する．個々の政策案件においては，損失者が公共的意思決定システムの帰結として生まれることになる．しかし，ある特定の個人が損失を受け続けるような，あるいはある個人が利得を受け続けるような意思決定システムは排除されるべきである．

　交通政策も公共政策のこの性質をもつ．たとえば，国から得た交通一括補助金の配分においても受益と負担は乖離することになる．あるいは，地方消費税の一部が交通目的の特定税として導入されることになれば，受益者と負担者の利害は対立することになる．交通政策の権限を国から地方へと移譲することは，受益と負担を含めた利害調整をその地域の意思決定システムのなかで処理していかなければならないことを意味する．それゆえ，地域交通政策の意思決定システムには，直接か間接かを問わず，住民の意思を反映する制度（たとえば，住民投票制度など）が組み込まれていなければならない．

---

[1] 特定補助と一般補助についての一般的な説明については，中条(1980)を参照されたい．これらの補助形態が持つ具体的な交通政策に対する含意については，中条(1981)および中条(1983)を参照のこと．

### (3) 専門家の適切な活用

専門家(官僚)による支配は排除されなければならないが,一方で専門家の知識が有効に利用されなければならない.公共政策に関連する情報は官僚などの専門家の下に偏在している.専門家が情報を操作することによって公共政策を歪めることがあってはならない.これは専門家や公務員に対して高い職業倫理観を求めることを意味しないことに留意しなければならない.専門家や公務員の合理的な行動原理を前提とし,彼らの専門的知識がよりよい公共政策の策定に活かされるように,意思決定システムを設計することが肝要である.

地域交通政策を念頭に置くと,交通政策専門家(実務者)は,国による規制などの法令に精通していなければならないし,交通需要予測や交通インフラの容量などの交通サービスにかかわる知識ももっていなければならない.加えて,交通政策の意思決定プロセスが適切に運営されるように,専門的な情報を一般にも理解しやすい形にして提供していかなければならない.しかも,できうるかぎり中立的でなければならない.とくに,日常交通圏の範囲が複数の地方自治体を包含している場合には,交通政策の専門家は各自治体に対して中立的であることが要求される.それゆえ,交通政策の専門家は各地方自治体から独立している必要がある[2].

### (4) 適切なガイドラインの設定

地域交通の意思決定システムに対しては,全国共通のいくつかの制約が設定されなければならない.地域交通政策に関する意思決定権限が地方に移譲されたとしても,たとえば国民共通の権利や義務などを地域が破るべきではない.それゆえ,所有権などの権利や保護されるべき弱者の扱いなどのように地域によって異なるべきではない要件が存在し,それらは意思決定システムに対する制約要件として別途規定される必要がある.

ガイドラインが必要な理由は,地域レベルでの政治の失敗を避けることにあ

---

[2] 米国における地域交通にかかわる交通専門家の役割については,太田和博(1999a)を参照されたい.また,米国における交通専門家の養成方法については,太田和博(1999b)を参照のこと.

る．たとえば，公共交通サービスのバリアフリー化は，地域の選択に委ねられれば，地域によっては義務付けられない可能性がある．つまり，意思決定ルールが何らかの形の議決ルールになっている場合には，少数者の利益や権利が損なわれる可能性がある．それゆえ，地域交通政策に関してガイドラインを設ける必要がある．ここでは，ガイドラインや規制の内容については議論せずに，地域交通政策の意思決定プロセスに対して外生的に国から与えられるものと仮定する．

### (5) 効率性の確保

効率的な手段によって政策目標を達成しなければならない．効率性の達成は社会的な唯一の目標ではないが，ある公平性の目標があるとしても，それは効率的に達成されなければならない．また，公平性の目標設定によっては，効率性と公平性の間にトレードオフが存在することになるが，この場合にはこのトレードオフを明確にしたうえで意思決定がなされなければならない．

交通政策の遂行において効率性を発揮するためには，内部的な意思決定ルール(たとえば，多数決ルールなど)のみではなく，外部から制約条件の形式で与えられることが必要なケースがある．なぜなら，政治プロセスにおいては効率的な政策の達成は担保されておらず，レントシーキング活動などの利己的行動が非効率を生み出すからである．それゆえ，たとえば，内容が似通ったプロジェクト間において優先順位を付与する場合には，費用便益分析あるいは費用対効果分析の実施を国が義務付けることなどが考えられる．国からの効率性基準の強制は一見すると地域に対する過分な干渉ととらえられうるが，政治の失敗を修正する1つの手段として外生的に与えられるべきである．

### (6) 多数の地方自治体の包含

地域交通政策を扱っているのであるから，地域交通政策の意思決定システムは地方自治の基本理念に合致するものでなければならない．地方自治の根本的な理念は「地方自治を望む地域には自治権を与える」ことである．したがって，たとえ人口が1000人程度であっても，その住民が自治を望むのであれば自治権を与えるべきである．もちろん，規模の利益が存在するため，現在進められ

ている市町村合併による行政区域の拡大には効率上の便益がある．しかしながら，最終的には住民の選択である．

それゆえ，同一都市圏内あるいは同一地域内に複数の地方自治体が存在したとしても（それが本来の姿であるが），地域交通政策の意思決定は合理的になされなければならない．つまり，地域交通政策の意思決定システムは，交通政策の受益と負担に関する住民間の利害を調整するだけでなく，地域（自治体）間の利害調整も行うことができるものでなければならない．したがって，地域交通政策の策定主体は各地方自治体からある程度独立した主体でなければならない[3]．

## 16.3 ひとつの地域交通政策意思決定システムの理念型

前節では，地域交通政策の意思決定システムが満たすべき6つの要件を提示した．現在の中央集権的な地域交通政策策定システムは，上記の6つの要件を十分に備えておらず，21世紀における地域交通政策の意思決定システムとしては不十分であることが問題なのである．

本節では，地域交通政策の意思決定システムの理念型を1つ提示する．この意思決定システムは，前節において列挙した6つの要件を満たすことを念頭において提案されている．しかしながら，ここで提案される意思決定システムが最善であるという保証はない．本章は，今後の議論の出発点として，1つの理

---

[3] 16.3節において独立した地域交通政策の策定主体の設立を提案しているが，同様の理由によって地域交通政策ばかりではなく，他の行政項目ごとに政策策定主体を創設するべきであるという主張がなされるかもしれない．たとえば，消防，警察，医療，福祉などであり，そのようなことになれば，地方自治体の存在意義が喪失すると懸念されるかもしれない．ここでは，その可能性を肯定も否定もしない．ただし，以下の点に注意されたい．ここで論じているのは，政策策定主体であって，政策実施主体ではない．それゆえ，地域交通政策委員会が交通計画と交通政策を策定し，地方自治体が交通政策という公共サービスを提供する現業部門となることを排除しない．逆に，地域交通政策委員会が現業部門を包括し，欧州の運輸連合のような機能を発揮することも排除するものではない．また，地域交通政策委員会の機能を交通のみに限定せずに，他の公共サービスまで拡大することも考えられる．米国のMPO（Metropolitan Planning Organization：都市圏計画機構）のいくつかは，COG（Council Of Governments）であり，交通以外の分野における地方自治体間の利害調整も行っている．つまり，本章において展開された枠組みは交通以外の分野にも応用することができるのである．

念型を提示するにすぎないことに留意されたい．

　前節で提示した6要件を念頭に置いてここで提案する地域交通政策の意思決定システムの要点は，1)独立した交通政策策定主体(エージェンシー)を有する，2)このエージェンシーの最高議決機関は各自治体の代表者からなる，3)このエージェンシーは専任の交通専門家を有している，4)国は必要に応じて規制を課す，5)交通関連地方税や交通プロジェクトの採否に関しては住民投票を行うことができる，6)情報公開を徹底する，などである．

　具体的な意思決定システムを提案する前に，以上の各要点について簡単に解説を加えておこう．

　まず，交通政策の策定主体(エージェンシー)は地方自治体などの一般の行政主体から独立していなければならない．このことは，エージェンシーが地域の民意と無関係であることを意味するのではない．地域交通政策の範囲は一般の行政区画とは異なるため，複数の行政単位を対象に含めなければならないが，エージェンシーが単なる自治体間の連絡会議となってはならない．なぜなら，連絡会議は主体的な意思決定を下すことができないからである．それゆえ，エージェンシーは各地方自治体から独立して，主体的に意思決定を行える必要がある．

　第2に，エージェンシーの意思決定は，各自治体の代表者に委ねられる必要がある．エージェンシーが独立して意思決定を行うとしても，その決定は民意を反映するものでなければならない．民意の反映方法が間接民主制になる場合には，代表者は各地域の利害を代表していなければならない．一般に，その代表者は各地方自治体から派遣されることになろう．

　第3に，エージェンシーは専任の交通専門家を有していなければならない．エージェンシーは単なる合議の場ではなく，エージェンシー自体が政策案を提示できなければならない．加えて，政策案は，国から課される各種の規制や手順を満たさなければならないから，高度な専門知識が必要である．もしこの専門知識を，大都市圏に本拠を置くコンサルタントや国あるいは国の地方出先機関に頼るのであれば，地域交通政策における地方分権は達成されないことになる．

　第4に，エージェンシーが政治プロセスを経て意思決定を行う以上，政治プ

第 16 章　地域交通政策の意思決定システム　　275

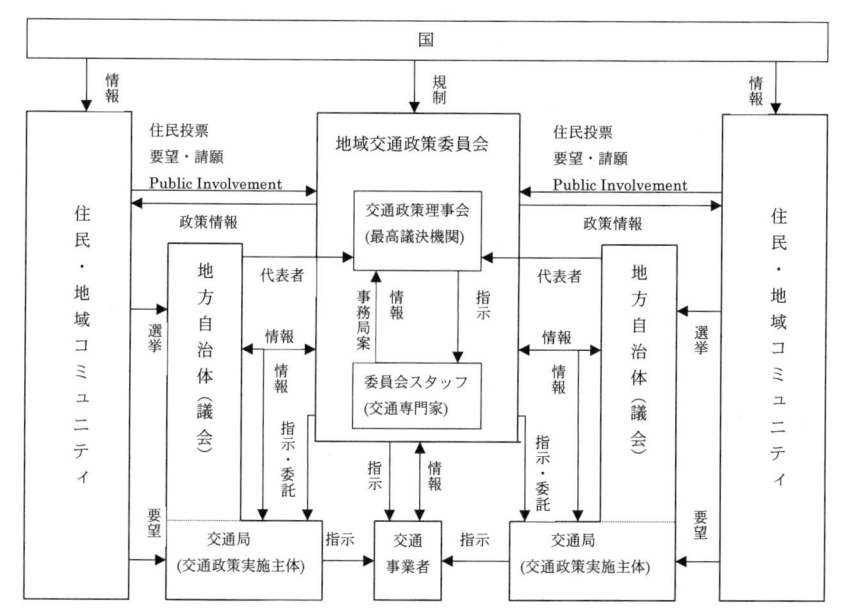

**図 16.1**　地域交通政策の意思決定システム（理念型）

ロセスの失敗が生じうる．とくに，問題であるのは，少数者の利益がないがしろにされる恐れがあることである．このため，より上位の行政体である国から各種の規制がなされる必要がある．

　第 5 に，地域交通政策の意思決定は民主的になされなければならないため，重要な案件については住民投票に付されるべきである．間接民主制は意思決定の手続き費用を圧縮するのでそれをおおいに利用するべきであるが，交通プロジェクト拡大のための財源調達方法としての地方税の増税などについては，住民の直接投票による意思決定がなされなければならない．

　第 6 に，地域交通政策のような公共政策においては，関連する情報が公開されなければならない．最近，行政の説明責任(accountability)向上が主張されているが，受益と負担を曖昧にするために複雑化した行政システムの本質を糊塗するための説明に労力を割くべきではない．情報公開の徹底は，行政システムの簡素化に通じるものである．利害対立を糊塗するのではなく，それを明らかにして民意を反映した意思決定を行うべきなのである．

図 16.1 は，16.2 節で列挙した要件と上述の要点を満たした地域交通政策の意思決定システムの 1 つの理念型を表している[4]．図中の矢印は意思決定にかかわる作用の方向のみを示している．図 16.1 では，資金の流れや金銭的負担の状況については示されていない．財源に対する支配力と交通政策における決定権の強さとの間には強い相関関係があるため，資金の流れは重要である．しかしながら，図 16.1 では単純化のために，意思決定の働きかけの方向のみを示しており，交通サービスの流れも記されていないことに留意されたい．同様に，単純化のために，関連地方自治体の数も 2 つに限定している．

### (1) 国の役割

地域交通政策に対する国の役割は，地方自治の理念に従う以上，最小化される必要がある．しかしながら，上述したように，政治プロセスは各種の失敗を犯すことがある．それゆえ，そのような失敗を犯させないように，地域の意思決定手順に対して国がガイドラインを設定する必要がある．

地域交通政策における具体例としては，1) 障害者や高齢者に配慮した措置の義務化，2) 大気汚染などの環境基準，3) 効率的な交通政策の実施の義務化，などである．1) は，障害者や高齢者などが社会的に少数者である場合には，その利益が阻害され，公平性に適わない政策が実施される恐れがあることに対応したものである．2) は，外部効果の内部化を強制するものであり，経済理論にも合致する．3) は，交通投資に関しては将来世代の選好を反映させようとするものであり，現代世代に関しては政治の失敗による非効率を排除しようとするものである．

米国における例としては，1) として障害を持つアメリカ人法（ADA：Americans with Disabilities Act）によるバリアフリー化の義務付け，2) として修正大気浄化法（CAAA：Clean Air Act Amendment of 1990）による環境基準，3) と

---

[4] 図 16.1 は，太田勝敏(1999) の図-2(17 ページ) および太田和博(1999c) の図 4(37 ページ) からヒントを得ている．太田勝敏(1999) の図-2 は都市圏における公共交通政策の決定システムを提案したものである．太田和博(1999c) の図 4 は，米国の地域交通政策策定主体である MPO の意思決定メカニズムを説明したものである．米国の MPO の機能や役割については，西村(1997)，加藤一誠(1997)，榊原ら(1999)，屋井(1998) などを併せて参照されたい．

して連邦補助金を受ける交通プロジェクトに対する費用便益分析の義務付けがあげられる．また，米国では，人種間の貧富の格差が大きく，居住地が分離されている事情を反映して，交通投資プロジェクトが低所得者やマイノリティーの居住地に対して与える負のインパクトについて慎重な分析と対応を求めている．この政策は Environmental Justice と呼ばれるものであるが，地域に対しては1つの制約条件となっている[5]．

### (2) 地域交通政策委員会の役割および地方自治体・地域住民との関係

地方自治体自体も交通政策の担当者であることは事実である．しかし，その一方で，地方行政の区画と日常交通圏は一般に異なる．また，上述のように，地方自治の理念が厳密に尊重されるのであれば，中小都市圏においてさえ，多数の地方自治体が同一日常交通圏のなかに含まれることになる．そして，その日常交通圏全体で合理的で整合が取れた地域交通政策が実施されなければならない．わが国では従来この問題に対して首都圏サミットなどの自治体間の連絡会議によって対応しようとしてきた．しかしながら，このような連絡会議は，権限が不明確であり，かつ議決ルールが確立されておらず，全員一致（全自治体一致）による合意のみが意思決定手段であるため，十分に機能しない．

この問題に対応するために，図 16.1 では，独立した地域交通政策の政策策定主体を提案している．この地域交通政策の政策策定主体は，一見すると英国の独立行政法人（エージェンシー：agency）に類似するものになる．ただし，英国のエージェンシーは，国によって定められた規定（プロトコル：protocol）に沿って行政実務を遂行するだけであり，利害調整や意思決定の役割は果たしていない．これに対して，図 16.1 の地域交通政策の策定主体は，自治体間および住民間の利害を調整し，交通政策を策定することが主任務であって，交通政策の執行は副次的任務である．交通政策の実施，つまりは交通サービスの供給や交通インフラの整備などは，交通事業者や各地方自治体が担当してもよいのである．

図 16.1 の交通政策策定主体は，米国の MPO (Metropolitan Planning Organi-

---

[5] Environmental Justice については，US President (1994) および US Department of Transportation (1997) などの米国連邦政府および米国交通省の公式見解を参照されたい．

zation：都市圏計画機構)をモデルにしたものである(MPOについては，本章脚注3および4を参照)．ここでは，この組織を仮に「地域交通政策委員会」と呼ぶことにする．図16.1における地域交通政策委員会の要点はその最高議決機関(ここでは，仮に「交通政策理事会」と名付ける)のメンバーが各自治体の代表者からなっていることである．各自治体の代表者は，首長である必要はない．むしろ，交通政策にある程度の知識を有する地方議会議員の方がより適切であろう．米国のように，特定の政策項目に関して各自治体の代表者を住民の直接選挙で選んでもよい．重要であることは，間接的であるか直接的であるかどうかにかかわりなく，交通政策理事会のメンバーが各地方自治体の民意を代表していることである．したがって，地域交通政策委員会あるいは交通政策理事会の決定に対して，これらの代表者は責任を負うことになる．

　交通政策理事会の意思決定ルールが重要である．地域交通政策委員会は，地域間(自治体間)あるいは住民間の利害調整を行って交通政策を策定する主体である．したがって，各主体間の利害対立を残したまま政策決定がなされなければならない．とくに，財源制約が厳しくなる高齢化社会においては，交通政策財源の配分をめぐって利害は対立することになる．多数の代替案のなかから単一の政策を全員一致によって採択することは不可能である．したがって，最終的な意思決定は何らかの形の議決ルールに従わざるをえない．

　単純多数決を含む議決による意思決定ルールを採用せざるをえない場合には，その議決ルールが公平である必要がある．また，交通政策理事会のメンバー選出方法も議決結果に影響を与える．それゆえ，議決機関のメンバー選出方法および議決ルールがともに公平であると合意される必要がある．米国では，MPOの理事会のメンバー選出方法と議決ルールはMPOを設立する際に，関連自治体間の協定あるいは契約によって決定される．

　地域交通政策委員会の権限と各地方自治体の権限が明確に規定されていなければならない．各地方自治体がすべての交通政策に関する権限を地域交通政策委員会に委ねるのか，各自治体は独自の交通政策を行う権限をもつのか，についても，地域交通政策委員会を設立する際の自治体間の協定あるいは契約によって設定される．なお，地域交通政策委員会の権限の強さについて地域間格差があっても，それは地方分権推進による多様化の1つの表れとして是認されな

ければならない．

　交通政策に対する国の規定や交通プロジェクトの需要予測や評価には，高度な専門的知識が必要である．それゆえ，地域交通政策委員会は，専任の交通専門家を有するべきである．ここでは，この交通専門家を委員会スタッフと仮に呼ぼう．委員会スタッフはよい意味においてテクノクラートでなければならない．そのためにも，委員会スタッフは各自治体の利害から独立でなければならない．委員会スタッフは，交通政策理事会に対して中立的な情報を提供し，理事会が合理的な決定を行えるように，実際には合理的で公平な議決を行えるように，支援する役割をもつ．

　地域交通政策は，地方自治体から表明された要望のみによって形成されればよいというものではないことは明らかである．つまり，地域住民，地元企業，環境団体などの NPO（Non-Profit Organizations），さらには地域外の利害関係者などの要望が地域交通政策に反映されなければならない．また，地域交通政策の実施に関連している交通事業者の意見も反映されなければならない．地域交通政策委員会は，意見徴集，請願や陳情の受け付けなどを行うとともに，合意形成を助けるための情報発信を実施するべきである．政策策定の多様な段階において，多様な方法によって民意を吸収し，それを収斂させていく努力が払われなければならない．ただし，交通目的に限定された地方消費税の増税などについては住民による直接投票が実施される必要がある．しかしながら，このような住民投票も図 16.1 の地域交通政策の意思決定システムと矛盾するものではない．

## 16.4　適切な地域交通政策の意思決定システムの確立に向けて

　ここでは，本章の交通政策研究上の意義を明らかにすることによって本章のまとめに代える[6]．本章の交通政策論上の目的は，地域交通政策の意思決定シ

---

[6] 本章のアプローチを正当化する理論展開については，太田和博（2000）を参照されたい．太田和博（2000）では，個々の地域交通政策に注目することなく，その意思決定プロセスを論じることを正当化する理論的枠組みについて論じている．この理論的枠組みは，効率性とともに公平性を同時に扱うものである．太田和博（2000）の基本的アイディアは Suzumura（2000）に基づくものである．

ステムについて1つの理念型を提示することにある．より本質的には，個々の地域交通政策の是非を論じるよりも，意思決定システム自体を重視するべきであるという主張をすることにある．

　本章において提案した地域交通政策の意思決定システムは，1つの例にすぎない．より適切なシステムも考えうるであろうし，好ましいシステムは地域によって異なるかもしれない．しかしながら，議論の出発点として，意思決定システムの重要性を指摘し，その一例を提示したことに本章の意義がある．

　最後に，16.3節において提案したシステムを評価するための視点を提示することによって本章の問題意識の重要性を再論しておく．

　まず第1に，なるべく民意を反映するように設計されなければならない．民意の反映は多数決による議決を含むものであり，議決の敗者が，つまりは採択される交通政策の損失者が，議決結果には満足しないものの，政策策定プロセスに対しては公平な意思決定ルールであると受け入れられることができるようなものでなければならない．それには，民主的であることが必要不可欠である．

　第2に，公平な意思決定システムには，各構成員による参加もしくはアクセスが可能であることが重要であるが，適切な関与ができるように情報が公開されていなければならない．交通政策に関する情報は複雑で専門的であるとともにその専門分野も多岐にわたる．それゆえ，交通専門家が中立的な立場で意思決定システムを支えることができるように配慮されていなければならない．交通専門家の役割には，複雑な情報を平易に加工して一般住民に伝達することも含まれるのである．

　第3に，権限と役割分担のあり方は多様であり，その地域に適したシステムを構築するためには試行錯誤が必要である．たとえば，地域交通政策委員会は各自治体から独立しているべきであるが，各自治体およびその住民たちの利害を適切に反映しなければならない．独立しながら相互関係を維持することは容易ではない．また，独立の程度，つまりは相互依存の程度も多様である．同様のことは，国の関与についても当てはまる．わが国において，真の地方分権が進むのであれば，地域交通政策の意思決定システムについても多様な形態が生まれてくるであろう．それゆえ，多様なシステムをもつことによる経験からよりよいシステムを構築していく仕組みが確立されるべきである．

**参考文献**

中条潮(1980)「特定補助 vs. 一般補助」『三田商学研究』第23巻第5号，18-32ページ．
中条潮(1981)「地方部における自家用車の共同利用について」『交通学研究』第24号，93-105ページ．
中条潮(1983)「離島航路補助政策再考」『三田商学研究』第25巻第6号，835-854ページ．
加藤一誠(1997)「インターモーダリズムと消費者指向型の交通計画」『交通学研究』第40号，11-20ページ．
西村弘(1997)「ISTEA以後のアメリカ地域交通政策の展開」『交通学研究』第40号，99-110ページ．
太田勝敏(1999)「都市公共交通の整備・運営と自治体の役割」『都市問題研究』第51巻第12号，3-18ページ．
太田和博(1999a)「地域交通計画の策定主体としての首都圏計画機構――米国アイオワ州デモイン都市圏を例として」『交通学研究』第42号，11-20ページ．
太田和博(1999b)「米国における地域交通政策担当者の養成方法――独立大学院都市・地域計画科の役割」『運輸政策研究』第1巻第3号，72-76ページ．
太田和博(1999c)「地域交通政策の意思決定プロセスとアカデミズムの役割」『運輸と経済』第59巻第11号，34-44ページ．
太田和博(1999d)『米国における地域交通政策の決定主体について――誰が交通計画を決めているのか』日本交通政策研究会，日交研シリーズB-70．
太田和博(2000)「公平性に適う地域交通政策の策定システム」『三田商学研究』第43巻第3号，187-208ページ．
太田和博(2004)「地方分権下の地域交通政策の意志決定システム：再構築の視点」『交通学研究』第47号，21-30ページ．
榊原胖夫・Nelson C. Ho・石田信博・太田和博・加藤一誠(1999)『インターモーダリズム』勁草書房．
Suzumura, K. (2000), "Welfare Economics Beyond Welfarist-Consequentialism", *Japanese Economic Review*, Vol. 51, No. 1, pp. 1-32.
寺田一薫(1993)「地域交通の運賃政策――公正の視点から」『交通学研究』第36号，131-140ページ．
US Department of Transportation (1997), "Department of Transportation Order to Address Environmental Justice in Minority Populations and Low-Income Populations," OST Docket No. OST-95-141 (50125), *Federal Register*, Vol. 62, No. 72, April 15, 1997, pp. 18377-18381.
US President (1994), Proclamation, "Federal Actions to Address Environmental Justice in Minority Populations and Low-Income Populations," Executive Order 12898, *Federal Register*, Vol. 59, No. 32, February 16, 1994, pp. 7629-7633.

屋井鉄雄(1998)「米国の都市圏交通計画の仕組みと実際」『交通工学』第33巻第3号, 13-21ページ.

# 第17章
# 公共交通におけるバリアフリー政策

## 要約

　高齢化社会の到来ともにわが国でもバリアフリー政策の重要性が主張されるようになり，公共交通についてもバリアフリー対策が導入されるようになった．公共交通のバリアフリー対策は，アメリカ型(北欧を含む：ノーマライゼーション重視)と英国型(移動手段の提供を重視)の2類型が認められる．

　効率の観点からするとSTS(specialized transport service)を重視する英国型の政策が好ましい．しかしながら，たとえば，英国ではバス輸送の自由化がバリアフリー化にどのような影響を与えたかの評価において意見が分かれるなど，英国型が必ずしも好ましいとはいえない．なぜなら，バリアフリーは，効率性のみではなく公平性の観点からの評価が必要であるからである．

　また，バリアフリー交通サービスの供給形態は多様であり，他の交通手段と比べてボランティアによるサービス提供の余地が大きい．ボランティアが支えるコミュニティバスは，身体障害者に対して不可欠な移動サービスを提供しているが，営業用バスの自由化によってその供給活動が影響をうけているともいわれている．

　わが国においても，2000年5月に交通バリアフリー法が成立したが，これは公共交通のバリアフリー化の第一歩にすぎない．たとえば，公共交通の施設もバリアフリーからはほど遠いし，STSなどの供給体制も十分ではない．そのようななかでバス自由化がわが国でも導入されることになるが，自由化によって多様な交通手段が出現し，バリアフリーに貢献するためには，効率と公平についての十分なアセスメントが必要である．また，効率の観点からすると，STSの供給体制が早急に検討される必要がある．

## 17.1 バリアフリーと公共交通

バリアフリーとは「高齢者,障害者を含むすべての人々が安全で快適な暮らしを営むことができる」生活空間をつくることである.すべての人が対象となるということから,「バリアフリーデザイン」から「ユニバーサルデザイン」,「福祉のまちづくり」から「人に優しい街づくり」というように最近では表現が変更されるようになってきた.わが国においてバリアフリーが注目されるようになったのは,65歳以上の高齢者が急増してきたこと,および,身障者に占める高齢者の割合が大きいことがあげられる.しかし,わが国のバリア対策はアメリカ,スウェーデン,英国などに比べて大幅に遅れている.

こうしたことを背景として,わが国では2000年5月に公共交通における「バリアフリー法(高齢者,身体障害者等の公共交通機関を利用した移動の円滑化の促進に関する法律)」が成立した.これは,いわゆるアメリカの制度に類似したもので,ノーマライゼーション(ハンディキャップをかかえている人にもできるだけ「普通の生活(normal life)」を営むことができるような条件を用意しなければならないという考え方)実現のための1つの手段であると考えられる.アメリカでは,公共交通機関の物理的障害を取り除くかわりに「パラトランジット」[1]で対応すること,すなわち,健常者と障害者を分離することが,ただちに障害者差別とみなされること(松尾他[1996],173ページ),そして,分離は差別であるという原則が1990年の「障害を持つアメリカ人に関する法律(Americans with Disabilities Act:ADA)」によって法的に確立されたことが背景となっている.

最近の動きとしてはクリントン大統領が1998年6月9日「21世紀に向けての交通公平法(The Transportation Equity Act for the 21st Century:TEA-21)」に署名した.これは1991年インターモダル陸上交通効率化法(ISTEA)をさらに拡充したものである.TEA-21は道路,道路安全,交通機関,他の陸上交通

---

[1] 英国などではSTS(Specialized Transport Service)という.身体的理由により既存の公共交通機関の利用が不可能または困難な高齢者・身障者のためのドア・ツー・ドア・サービスのことで,スウェーデンを除く欧米ではリフト付き専用車両の使用が一般的である.

プログラムに対して1998年から2003年までにかけて1980億ドルを投資するというものである．それには，ISTEAの主要プログラムだけでなく，安全，経済，環境，コミュニティ問題について新しいプログラムが追加され，身障者のための歩道の改善なども含まれている (Weiner[1999], p. 209)．

しかしながら，アメリカの公共交通は，多額の連邦補助金を受け取りながら，自動車輸送のわずか4％の乗客を運んでいるにすぎないという実態がある．さらに公共交通への補助金の根拠の1つは貧困層の存在とされているが，貧困層は実際には公共交通をほとんど利用せず，たまに利用することのあるバスへの補助金はきわめて少ない (Pucher and Lefèvre[1996], 訳236ページ)．このようにノーマライゼーションの動きや，効率性重視から公平性重視への動きがあるが，もともと著しいモータリゼーションによって不公平の問題が深刻化した結果であることを認識しておく必要がある．

## 17.2 モビリティ・ハンディキャップ者に対する欧米の交通政策

移動制約者に対する政策は当然ながら国によって異なり，アメリカやスウェーデンと英国では大きく異なっている．ここでは便宜上の理由によって幅広い移動制約者(今日では健常者でも道路事情などによっては移動制約者になる)ではなく，範囲の狭いモビリティ・ハンディキャップ者を前提に，各国の政策差異を説明する．モビリティ・ハンディキャップ者とは，「主として身体的理由により，移動を制約されている人々」であり，高齢者や身体障害者などのことをいう．高齢化社会の到来によってこうしたモビリティ・ハンディキャップ者の数が増大しつつある．とくに後期高齢者(75歳以上の高齢者)の増加によってモビリティ・ハンディキャップ者の全人口に占める比率が上昇している．

こうしたモビリティ・ハンディキャップ者の増大に対する欧米諸国の対策を概観すると，(a)目標は，車イス使用者を含むすべてのモビリティ・ハンディキャップ者のモビリティを確保すること(各国共通)，(b)目標の実現方法としては，アメリカ，スウェーデンでは，原則的に公共交通機関の改善で対応し，STSの利用は例外とするものとなっている．アメリカの場合には，「障害を持つアメリカ人に関する法律」(1990年)において，公的交通事業者(バス，地下鉄など)はすべての新製車両について車イス使用者を含むすべての障害者にア

クセス可能にする，重度の身障者についてはパラトランジット（＝STS）を提供するものとする，となっている．これに対して，英国では，歩行可能なモビリティ・ハンディキャップ者には公共交通機関の改善で対応し，車イス使用者にはSTSまたはタクシーを提供するものとなっている．

このような相違の背景には，アメリカ，スウェーデンではモビリティ・ハンディキャップ者問題は人権問題（公民権，ノーマライゼーション）として扱われるのに対して，英国ではモビリティ・ハンディキャップ者問題は交通問題としてとらえられているからであり，費用対効果が重視されていることがあげられる（たとえば，中村[1991]，松尾他[1996]，和平[1997]，秋山・沢田[2000]などを参照のこと）．

## 17.3 英国のバス自由化とバリアフリーサービスの供給

### (1) 自由化とバリアフリー対策

本節では，英国のバス自由化とバリアフリーサービスの供給水準の関係について考察する[2]．この考察は，わが国において，アメリカ型あるいは英国型のどちらの政策が好ましいかを検討するための材料を提供する．経済理論に従えば，英国型のバリアフリー政策の方がより効率的である[3]．しかし，バス・サービスの効率化を目標とした自由化は英国型のバリアフリー政策に寄与するように思われるが，この直観的な観察は必ずしも正しくない．

Banister(1995)は，ローカル・バス・サービスの自由化・民営化を一定程度評価しながら，自由化・民営化と移動制約者との関連では大きなメリットはなかったと結論している．しかし，その要因はバス利用についての公平の観点から

---

2) 以下の議論はおもに Banister(1995)に基づいている．英国のローカル・バス自由化については，Mackie(1999a, b)および木谷(2000)を参照されたい．
3) バリアフリー施策の代替案の効率性分析については，木谷(2000)を参照されたい．交通補助金（身障者に対して交通支出に対する補助を与える），所得補助金（使途を特定せずに，身障者に対して補助金を与える）および施設補助金（公共交通事業者に対してバリアフリー施設整備に関する補助金を与える）の3つの代替案を効率性の観点から比較すると，所得補助金がもっとも効率的であり，施設補助金がもっとも非効率である．このことから，身障者に対しては，所得補助金を支給する一方で，STSを提供するのがもっとも好ましい．

第17章　公共交通におけるバリアフリー政策

**表17.1　公平性の諸概念と交通サービス**

| 公平性の概念 | 結果の平等化 | 機会の平等化 |
|---|---|---|
| 水平的公平 | 需要によるサービスの分配<br>商業的な基準に基づくサービスの供給（補助金のない市場）<br><br>バス，鉄道，車，タクシー | サービスの分配における平等<br>すべてのコミュニティへの同一レベルのサービス供給（標準レベルあるいはミニマムレベルのサービス）<br>バス，鉄道 |
| 垂直的公平 | ニーズによるサービスの分配<br><br>高齢者，若年者，身障者に対する割引<br>バス，鉄道 | 移動制約者グループに対するポジティヴな差別化<br>特別サービス<br>ダイアル・ア・ライド，ソーシャルサービス専用車両，コミュニティ・トランスポート，救急車 |

(出所) Banister(1995).

のアセスメントが十分なされなかったことにあり，そのことによってバスの活動範囲がミニバス，ダイアル・ア・ライド・サービス，タクシー，ソーシャル・カー・スキームなどまで広がったにもかかわらず，バス事業者は既存の収益のある部分のみを輸送し，結果として移動制約者の輸送はボランティア・セクターに依存せざるをえない面があると論じている．言い換えると，アセスメントを十分行うことで移動制約者のためのサービスを提供することも不可能ではないということである．

　まず，Banister(1995)は，アセスメントにおいて，交通と公平(equity)の問題を扱い，平等化(equalization)概念としての公平が考えられるとする．平等化概念としての公平には，機会の平等化(equalization of opportunity)と結果の平等化(equalization of outcome)がある．前者は所得については無関係であるが，後者は所得分配を含む．さらに公平には水平的(horizontal)公平と垂直的(vertical)公平があり，前者は，資金調達，便益または報酬の配分決定において類似の人間を政府が同じように扱うことを要求する．また，後者は多様な所得グループ間における富の分配についての公正(fairness)に関連する．表17.1は，公平性の各概念に基づいた交通政策の評価についてのマトリックスである．

　このマトリックスは，英国の現在の政策が商業的な基準を中心としているのに対して，ニーズに基づいた交通計画を考えるときに有益である．

　ニーズに基づくアプローチでは3つのタイプの需要(有効需要，実現されな

い需要および表示されない需要)がある．

　まず，有効需要(effective demand)は，旅客が支払う意思のある，あるいは支払うことのできる運賃で提供される一定の交通サービスを利用する従来の需要である．次に，実現されない需要(unmet demand)は，サービスが受容できない(たとえば，待ち時間が長い，ハイステップ)，運賃が高すぎる，あるいは，サービスがまったく提供されていないために有効需要とならない需要のことをいう．最後に，表示されない需要(unexpressed demand)とは，サービスがよりユーザーフレンドリーな場合に「有効需要」または「実現されない需要」になるものである．

　Banister(1995)は，このような公平の概念やニーズに基づく需要を前提に，評価のための包括的な枠組みを作成している．それはすべての交通利用者を含むもので，表17.2のように完全に自立している人からまったく自立できない人からなる．7つのカテゴリーは相互に排除的で，表17.2中の各要素は利用可能な交通機関と制約を示している．資金的な制約がある場合には利用者に対する補助金(割引運賃)またはサービスに対する補助金(救急車のサービス)で対応する．空間的制約がある場合にはアクセスを可能にしなければならない．身体的社会的制約がある場合には，特殊なサービスを必要とする．

　表17.2の7つのカテゴリーのうち免許を保有し車両などにアクセスできる人だけが完全に自立しており，他の人々は公共交通に依存する．それゆえ，完全に自立している人以外は移動制約者である．依存の程度によって適切な移動サービスは異なる．4までのカテゴリーは身体的または社会的なモビリティに関して制約のない人々である．最後の3つのカテゴリーは特別な補助を必要とする．

　「有効需要」は，最初の2つのカテゴリーおよび補助金または割引運賃が利用可能ならカテゴリー3の需要を含む．「実現されない需要」は，カテゴリー3と，サービスや運賃を受容できない，またはサービスがまったく存在しない場合の需要である．「表示されない需要」は，他の3つのカテゴリーに関連し，ライフ・スタイルが制約されている人々の需要である．いずれのケースもサービスがユーザーフレンドリーとなり，制約が緩和されると，需要が顕在化する．

　交通政策としては，以下のようにまとめられる．カテゴリー1，2の人々の

### 表17.2 移動制約による交通利用者の分類

| 利用者カテゴリー | | 移動制約 | | | 交通機関 | 公共交通政策 | 備考 |
|---|---|---|---|---|---|---|---|
| | | 資金的制約 | 空間的制約 | 身体的社会的制約 | | | |
| 完全自立 | 1 免許証を所有し、車にアクセスできる人 | なし | なし | なし | 車、バン、自転車、モーターサイクル、バス、鉄道 | 特別な供給や補助金は必要ない | 完全に自立している |
| 移動制約者 | 2 免許証はないが、身体的かつ資金的に自立している人 | なし | なし | なし | バス、鉄道、車 | ・在来のバス、鉄道サービスが中心<br>・サービス利用に対して予約は必要ない<br>・利用者に対して一定程度の補助金を必要とする | 公共交通(コマーシャルおよび法定サービス)に依存 |
| | 3 免許証なし、身体的には自立できる人 | サービスに対する補助金、割引運賃 | なし | なし | バス、鉄道 | | サービスの供給および補助金に依存 |
| | 4 免許証なし、身体的に自立しているが、サービスなし | 利用者に対する補助金 | 非商業的または法定によるサービス | なし | 非在来型公共交通 | | インフォーマルおよびボランタリーセクターに依存 |
| 移動制約者で、公共交通に完全に依存 | 5 ドア・ツー・ドア・サービスだけを利用可能な人 | 利用者に対する補助金 | ドア・ツー・ドア | ある程度の障害がある | ダイアル・ア・ライド・タクシー | ・ドア・ツー・ドア・サービスが中心<br>・サービス利用に対して予約が必要<br>・多額の補助金が必要 | 歩行能力に問題がある(援助を必要とする) |
| | 6 専用車両を必要とする人 | 利用者に対する補助金 | ドア・ツー・ドア | かなりの障害がある | ダイアル・ア・ライド・タクシー | | 専用車両と援助を必要とする |
| | 7 救急車を必要とする人 | 利用者に対する多額の補助金 | ドア・ツー・ドア | 治療を必要とする | 救急車 | | 完全に依存している |

(出所) Banister(1995).

要求は市場で満たされるため，特別な施策は必要ない．カテゴリー3はニーズと社会的な基準にしたがって最低限のサービスを提供しなければならない．カテゴリー4の人々は，財政的に自立していないために利用者補助金を必要とする．最後の3つのカテゴリーの人々は身体的，財政的，空間的な理由でポジティヴな差別を必要とする．

すでに述べたように，Banister(1995)は，民営化と自由化は交通サービスの

運営におけるより大きな柔軟性を与え、公共交通市場を拡大させる機会をもたらしたと考えている。すなわち、公共交通はもはやこれまでの大型バスだけではなく、多様な交通サービスを提供しうるようになったと考える。しかし、そうした展開が、特定の状況においていかなるサービスがもっとも適切かという方法論的な展開(費用対効果分析と公平概念が合致するような評価のための枠組みを形成すること)と平行して進められなかったことによって、競争的な公共交通事業者は従来のコマーシャルなサービスのみに注目し、結局、ボランタリーまたはコミュニティ部門が、表17.2のカテゴリー5, 6, 7における潜在的需要に対応しなければならない、さらに、カテゴリー3, 4における活動まで対応することになった、と述べている(Banister[1995], pp. 99-115).

しかし、コミュニティ・トランスポート(Community Transport：CT)と呼ばれるSTSなどのサービスを提供するボランティア団体からすると競争政策の導入によってモビリティ・ハンディキャップ者のための交通サービスはパッチワーク・ミックスのようなサービスとなり、ボランティア活動の将来を不透明にしているといわれている。

### (2) コミュニティ・トランスポート

本小節では、英国における代表的なSTSであるコミュニティ・トランスポート(以下、CTと表記)を取り上げ、その現状と問題点を明らかにする。

CTは、コマーシャルな会社や公的な交通当局ではなく、主として利潤動機がなく、ボランタリーでコミュニティに活動の基礎をおく組織によって提供されるものである。

CTには、(a)ソーシャル・カー・スキーム、(b)グループ・ハイヤー/ミニバス・プロジェクト、(c)ダイアル・ア・ライド・サービスなどが存在する。以下では、それぞれのCTについて概説する。

(a) ソーシャル・カー・スキーム(Social Car Scheme：SCS)

ボランタリーなSCSは1939年から存在し、WRVS(Women's Royal Voluntary Service)やWI(Women's Institute)といった組織によって運営されてきた。最近では、ボランタリーな活動が制度化されたり、SCSは地方当局のソーシャル・サービス部門によって組織化されたりして、公共部門に組み込まれてい

る.

　SCSのほとんどは健康に関連したサービスであり，社会サービスまたは保健当局からの資金に依存している．ノッティンガムのホスピタル・サービス，カー・サービスのように救急サービスに組み込まれたものは，保健当局の予算の一部を利用しているが，こうした計画のほとんどはボランティアや無給スタッフによって組織されている.

　しかし，フルタイム・オーガナイザーを有する都市地域(プリモス，バーミンガム)では，多くの人を運んでおり，ランニング・コストをカバーする資金があれば成長する可能性があるとされている．

　(b) グループ・ハイヤー/ミニバス・プロジェクト (Group Hire/Minibus Project)

　これはボランタリー組織によるミニバス(8から17座席)を利用したものである．しかし，1960年までは公共サービス車両(Public Service Vehicle：PSV)としての事業者およびドライバーの免許がなければミニバスを運行できなかったために，ミニバスの出現は比較的最近のことである．問題点としては，CTに必要な車両を特別注文すると車両コストが高くつくということであった．しかし，1981年の国際障害者年以降，英国政府もこの問題に関心をもつようになり，最近では「オムニ」と呼ばれる廉価なバスが1989年から製造され，多くの自治体などで利用されるようになっている．

　個々のグループは独立を保ちながら自治体などと一定の関係をもっている．そして，ほとんどのプロジェクトが車両を費用ベースで賃貸する．収入は運行費用をカバーする程度で，新車，取り換え費用は自治体に依存している．

　(c) ダイアル・ア・ライド・サービス (Dial a Ride Service：DaR)

　英国では，1972年にアバディーンで導入された．当初はいろいろ問題があってあまり成功しなかったが，コンピュータが利用されるようになって運営が容易となった．たとえば，1982年におけるレディングのReadibusの実績は，4台の車で月平均乗客は1200人，輸送距離5600マイルとなっており，成功例としてあげられている．問題点としては，運行費用の問題がある．また，ドア・ツー・ドアであるが，予約が必要(通常24時間前)であるため，在来タクシーよりサービスが悪化したり，オーバーブッキングが発生したりしている．

つまり，利便性はタクシーより低いが，健常者に近い移動サービスを提供している．

(d) CT の危機

過去 20 年間，とくに 1974 年の NHS (National Health Service)の改革および地方自治制度改革以来，ボランタリー・セクターは，高齢者や身障者のための地方公共交通サービスの供給主体として拡大してきたが，いまや CT は成熟期に入り，CT 内部の発展や制度の変化によって問題も発生している．その 1 つは，CT は地方当局の社会サービス的な交通なのか，あるいは公共交通サービスなのかが明白でなくなっており，行政(地方当局の社会サービス部門，計画および交通部門，厚生部局)の狭間で，そうしたサービスに対する公共当局からの支援が，つぎはぎ的なものになってきたことである．これに関して，Sutton and Gillingwater (1995)は，エージェンシー間のつながりや連携のなさ，競争入札(1988 年地方行政法による強制的な競争入札：compulsory competitive tendering)制度の導入などによって，ボランタリー・セクターと公共セクターは相互依存や共同することの相互便益を認識することなく，別々の道を歩むことになる危険性がある，とする．その結果，サービスの階層的な多様性がなくなり，パッチワーク・ミックスのようなサービスになるであろうとしている (Sutton and Gillingwater [1995], p. 15)．

以上，英国における公共交通(バス)の自由化によって学ぶことができることは，バス事業者は，自由競争のなかにあっても，平等化概念に基づく公平を考慮したアセスメントを行い，多様なサービスを提供すること，他方，ボランタリー・セクターも本来重要な役割を担っており，彼らの仕事を市場メカニズムにまかせることはボランタリズムの衰退につながる危険性があるということである．むしろ，ボランタリー・セクターと公共セクター(ここでは行政，事業者)の相互依存，協力が重要である．

## 17.4　わが国のバリアフリー政策

ここでは，前節までの分析を受けて，わが国におけるモビリティ・ハンディキャップ者のため諸政策を検討してみよう．

## (1) バリアフリー法以前

わが国におけるバリアフリーに対するこれまでの取り組みは各種ガイドラインを通じて行われてきた．具体的には，運輸省は1983年に施設整備の指針として「公共交通ターミナルにおける高齢者，障害者等のための施設整備ガイドライン」を作成し(1994年改定)，これに基づいて交通事業者に対し交通ターミナルのバリアフリー化を指導してきた．その後，「鉄道駅におけるエスカレーターの整備指針(1991年)」，「鉄道駅におけるエレベータの整備指針(1993年)」，「鉄道駅におけるエレベータおよびエスカレーターの整備指針(1999年)」を策定している．車両については，1990年に「心身障害者・高齢者のための公共交通機関の車両構造モデルデザイン」を策定し，車両のバリアフリー化を進めてきた．

施設整備の現状をみてみると，1998年度末における1日の乗降客5000人以上，かつ高低差5メートル以上の駅(JR，民鉄，大手営団・公営地下鉄)におけるエレベータおよびエスカレーターの設置率はそれぞれ31.0％および56.5％であった．しかし，これは1基でも整備されていればカウントされているもので，各ホームと公共通路との間の段差の解消状況を正確に表示するものではない．また，全駅ベースでみると，1998年度末現在でエレベータおよびエスカレーターの設置率はそれぞれ10％および17.3％にすぎない．バスについては，乗合車6万両あるなかでリフト付きバス，歩道から段差なくバス床面に乗降可能なノンステップバスはそれぞれ1000両程度にとどまる．わが国の公共交通機関のバリアフリー化が遅れているのは否めない．

そのため補助金も近年になって増加傾向にある．鉄道駅のエレベータ・エスカレーターの整備については1994年より整備費の20％を助成していたが，1998年度から新しい補助制度のもとで，国・自治体から補助がなされている．当初は1億円程度の助成であったが，1998年度では80億円に増大している．バリアフリー仕様のバス車両についても，ノンステップバス等の導入に対して，購入費の20％(赤字事業者が導入する場合には25％)を補助していたが，新たな補助制度が創設されている．また，低床型(LRT)路面電車の整備にも補助がなされるようになった．

### (2) 交通バリアフリー法

2000年5月には，公共交通に関するバリアフリーを理念とする交通バリアフリー法(高齢者，身体障害者等の公共交通機関を利用した移動の円滑化の促進に関する法律)が成立した．

この交通バリアフリー法の概要は以下のようなものである．

第1に，バリアフリー化の役割分担を規定している．まず，国は必要な資金の確保，国民への公報を行い，地方公共団体は国に準じた施策を講ずることとなっている．そして，交通事業者は，新規に建設または改良する旅客施設，新規購入する車両などについてバリアフリー基準への適合が義務づけられている．既存の施設車両については，バリアフリー基準への適合が努力義務として課されている．

第2に，駅，周辺道路，信号機等の一体的なバリアフリー化を目標としている．バリアフリー化を効果的に実現するためには旅客施設，車両，道路等の交通施設が単体で整備されるのではなく，相互に連続的な整備が確保されることが重要である．このため，本法では地域の実情に詳しい市町村が一定の旅客施設を中心とした地区においてバリアフリー化のための事業の重点的かつ一体的な推進のための基本構想を作成することができるとしている．

第3に，情報提供を重視している．高齢者，身障者が公共交通機関を安心して利用できるようにするために，移動経路をあらかじめ確認できるよう，利用者に情報提供を行う．

第4に，国民の責務として，心のバリアフリーの重要性を認識することを述べている．

要点は以上のとおりであるが，タクシーについては，その占有性等からバリアフリー化を義務づけていないが，国会審議の際にタクシー等を利用したSTSの導入に努める旨の付帯決議がなされ，今後の課題となっている(小瀬 [2000]，16-20ページ)．

交通バリアフリー法について，秋山・沢田(2000)は，「わが国のバリアフリー法も…改革先進国と肩を並べるようになった」と評価するが，これまでの身障者のモビリティ対策について「道路，鉄道，駅などがバラバラに整備される部品型整備である」とし，「高齢者，障害者が抵抗なく外出できる環境をハー

ドの整備,設備やソフトといわれる接遇などを総合的に行うことが大切である」としている(秋山・沢田[2000],32ページ).こうしたことが実現できるかは今後の課題である.

### (3) バリアフリー法の意義と課題

ここでは前節までの議論との関連で若干のコメントを行っておこう.

第1に,バリアフリー法がノーマライゼーションの一環なのか交通政策なのかといえば,ノーマライゼーションの一環と考えられる.しかしながら,現実との距離は大きくかけ離れており,バリアフリーを実現していくためには公共交通はこれまで以上に効率的な運営を要求される.そのためには,当面,英国的な政策をめざし,バス自由化のように利用者が減少したといった問題点もあったが,アセスメント制度の導入等のための行政の介入を前提にした自由化が重要である.

第2に,補助についても効率的で合理的な補助制度を導入する必要がある.たとえば,これまでの補助制度のもとでリフト付きバスの購入を見送っていたバス会社がある.その理由は(1)補助金があっても全額ではない,(2)1,2両導入したのでは身障者の便益にはならない,(3)将来的にリフト付きバスが増大していくと,補助金拠出額も増え,補助金制度が続く保障がない,(4)バス離れが続く昨今の厳しいバスの経営状態からすれば,補助制度なしの自己負担で高額なリフト付きバスを導入することは大変負担である,というものであった.しかし,比較的安いスロープ板付きワンステップバスが開発され,導入することにしたそのバス会社は,バス事業者に車両単位で補助金を交付する現在の方式を改め,各バスメーカーのノンステップ化などの開発費に対して補助し,車両価格を下げることで,継続的にノンステップ等低床車を購入することが可能となり,普及が促進されるのではないかと指摘している(矢萩[2000],48ページ).

また,鉄道に関する新しい補助制度では,国と自治体と鉄道事業者がそれぞれエレベータなどの設置費用の3分の1ずつを負担することになっているが,自治体の補助額が上限となっている.しかし,自治体の補助額は各自治体で異なり,それによって国の補助額も異なってくるといった問題を含んでいる.ま

た，補助制度はエレベータなどの新設にかかわるもので，今後かなりの額になると予想される維持・更新費用が含まれていない，などの問題がある(村山[2000]，45ページ).

第3に，効率は重要であるが，効率のみを考え，公平が無視されることがありうる点である．重要なことは多様なニーズに対して多様な交通手段が提供されることであり，行政は十分なアセスメントを行うように事業者を指導すべきである．

最後に，STSについては，わが国では，ボランティア団体，社会福祉協議会，自治体がバス・タクシー事業者に委託するドア・ツー・ドア型サービス，自治体による単独運行，自治体からバス・タクシー事業者に委託する公共施設等の巡回型，自治体からバス・タクシー事業者に委託する定時定路線型などが多少存在しているのみである．これに対してバリアフリー法の成立に際して，その付帯決議において，タクシーを利用したSTSの導入について検討する旨が決議されたにとどまっている．しかし，効率の観点からはより積極的に導入すべきであろう．1999年8月に福岡で介護タクシーが全国ではじめてスタートしているように，新しいサービスが導入されている．ただし，多様な供給手段をマーケット・メカニズムだけに任すことは限界がある場合もあり，ボランティア，自治体等による提供も必要となろう[4]．

### 参考文献

秋山哲男・沢田大輔(2000)「諸外国の高齢者・障害者の交通政策の比較」『道路』7月号，25-31ページ.

Banister, D. (1995) "Equity and Efficiency in the Evaluation of Transport Services for Disadvantaged People", In. Gillingwater, D. and Sutton, J. (eds), *Community Transport Policy, Planning, Practice*, Gordon and Breach Publishers, pp. 99-115.

衛藤卓也(2000)「高齢化社会のモビリティ政策」『福岡大学総合研究所』第238号，27-44ページ.

小瀬達之(2000)「交通バリアフリー法の成立と今後の課題」『道路』7月号，16-20ペー

---

4) 非在来型輸送サービスに関する最近の研究としては，早川伸二「ルーラルエリアにおける非在来型輸送サービスの現状と課題」(日本交通学会2004年研究報告会)がある.

ジ．

木谷直俊(2000)「バリアフリーと交通」『三田商学研究』第43巻第3号, 69-88ページ．

Mackie, P. (1999a), *Regulation or Competition?*, ECMT, pp. 137-159.

Mackie, P. (1999b), "Quality Bus Partnership-Implication for Market Performance", Thredbo World Conference.

正村公宏(1999)『日本をどう変えるのか』NHKブックス．

松尾光芳・小池郁雄・中村実男・青木真美(1996)『交通と福祉』文眞堂．

村山隆史(2000)「大手民鉄事業者の取り組み」『道路』7月号, 42-45ページ．

中村実男(1991)「英国における高齢者と身障者のための交通政策」『運輸と経済』第51巻第11号, 69-77ページ. 12号, 72-79ページ．

Pucher, J. and C. Lefèvre (1996), *The Urban Transport Crisis in Europe and North America*, Macmillan (J. プーカー/C. ルフェーブル(1999)『都市交通の危機――ヨーロッパと北アメリカ』木谷直俊・内田信行・山本雄吾・西村弘訳, 白桃書房).

Sutton, J. and Gillingwater, D. (1995),"The History and Evolution of Community Transport", In. Gillingwater, D. and Sutton, J. (eds), *Community Transport Policy, Planning, Practice*, Gordon and Breach Publishers, pp. 1-34.

和平好弘(1997)「ヨーロッパにおける交通のバリアフリー」『IATSS Review』Vol. 23, No. 1, 34-43ページ．

Weiner, E. (1999), *Urban Transportation Planning in the United States*, Praeger.

矢萩清(2000)「バス事業者のバリアフリーへの取り組み」『道路』7月号, 46-48ページ．

# 索　引

## ア　行

アダム・スミス　13, 15
アローの一般可能性定理　18
安全性の向上　144

イコールフッティング　155, 159, 163, 164, 166
維持管理費用　156
意思決定システム　267-273, 279
意思決定プロセス　267
異種交通機関　54
一括会計(single till)方式　230
イノベーション　32
インフラ使用料　165-167

運送引受義務　→　公共用サービス義務
運輸政策審議会　31, 174, 236

英国空港公団(BAA)　225-228, 230
エージェンシー(独立行政法人)　72, 73, 177, 274, 277
エッセンシャル・サービス　181
エッセンシャル・ファシリティ(Essential Facility)　4, 5, 45-58, 178, 226
遠距離逓減制　241

オーストリア学派　32
オープンアクセス　163, 164
オープン化　1, 2
　──社会　6, 7
オープンスカイ　197, 198, 207, 208, 210

## カ　行

カーナビゲーション　137-139, 147, 149
会社化　72, 73
改正航空法　173-175, 183, 184
改正道路運送法　35, 235, 236, 238, 240, 246
外部
　──経済効果　16, 155
　──効果　169-171
　──性　143
　──費用　121
　──不経済　16, 121, 122, 128, 134
格差原理　20
格安航空券　183
価値財　17
金本＝目良命題　108, 109
カボタージュ(国内輸送権)　201, 207
貨物運送取扱事業法　35
貨物自動車運送事業法　35
官官規制　86
環境
　──税　121-125, 133, 134, 257
　──制約　121, 133
　──等改善便益　96
　──問題　257
　──ロード・プライシング　121, 127-135
「環境定期」制度　241
関係依存型政府　43
関西国際空港　216
間接効用関数　65-67
完全競争市場　14
　──モデル　16

索引

完全配賦費用　237
感度分析　93, 94
管理受委託制度　240

機会費用　57
企業的効率　14
技術的効率　14
規制改革　1, 2
規制緩和　29-31, 34-36, 54, 75, 150, 156-159, 161, 174, 183, 198 - 201, 207 - 209, 248, 249, 265, 267, 268
既存事業者　4, 45, 46, 49, 50, 52, 53, 56, 57
供給義務　→　公共用サービス業務
行政の説明責任　275
競争入札　4-6, 79, 80, 181, 182, 184, 185, 188, 191, 292
　総合評価一般——　80
　付け値——　182, 188, 192, 193
競争抑制的な規制の撤廃　3
共同空間　26
均一運賃制度　241
均等配分　185, 188

空港使用料　193
空港整備
　——五箇年計画　214, 216
　——特別会計　63, 68, 182, 213 - 218, 221, 222
　——法　214
空港発着枠　173, 177, 178, 181-183
　——の配分方式　183-194
国の地方バス補助　243
区分会計制度　161
クラブ理論　23, 170
グローバルアライアンス　207

経済的効率　14, 15
限界費用原理　167, 169, 170

公害　16, 123

公開性　25
公共　16
　——圏　12
　——交通政策　252, 257
　——交通対策　251, 256, 258
　——財　16, 47, 170
　——性　12
　——選択　18
　——用交通　11, 25
　——用サービス義務　26
航空管制
　空港——　223
　航空路——　223, 224
航空規制緩和法　34
航空機燃料税　224
航行援助施設利用料　224
厚生　13-15
　——経済学　14, 15
公正報酬率規制　167
公設民営　155, 163, 165, 171
高速交通体系　62
交通社会資本整備　5
交通調整論　155, 158, 159, 164
高度道路交通システム(ITS)　138
後方連鎖効果　107
公有　25
効率性基準　272
港湾整備特別会計　215
コードシェアリング　197, 202-204, 207
コミュニティ・トランスポート　290-292
国際航空
　——協会(IATA)　197, 198, 201
　——運賃　183
　——システム　197, 198
国鉄分割民営化　30, 155
国鉄民営化　160, 162-164
国内航空
　——市場　173
　——の競争導入　30
コスト・オーバーラン(建設費の超過)　77
コミュニティバス　245, 251, 262-264, 283

索　引　　301

混雑空港　183, 184
混雑税　257

### サ　行

財政投融資　69
3社寡占　173, 178
残存価値　92, 93
参入規制の撤廃　174

時間価値原単位　92, 95-98
時間短縮便益　95
事業許可制　37
事業免許制　37
資源配分　15
市場
　——における競争（competition in market）79
　——に対する競争（competition for market）79
　——の限界　17
　——の失敗　2, 12, 15, 17, 33, 37, 122, 257
　——メカニズム　1, 2, 5, 32, 62
自然独占型規制体系　156
事前届出制　174, 175
持続可能な発展　133
実現されない需要　288
自動料金収受システム　138
社会資本整備　5, 6
社会的
　——限界費用規制　167
　——限界費用原則　55
　——厚生関数　18, 19, 99
　——効率　14
　——便益　98
　——割引率　40, 97, 98
社会保障制度　17
修正費用便益分析　99, 100
需給調整規制　3, 174, 184, 194
　——撤廃　2, 3, 29-31, 36, 37, 42, 236, 265

需給調整条項　3, 173-177
需要即応型システム　5
純現在価値法　93
上空通過料　224
上下分離　155-165, 169, 171
消費者余剰　15
所得分配　15
新規参入者　45, 46, 49, 50, 53, 56, 57
新規事業者　49, 52
新交通システム　256, 260
新古典派　32
新東京国際空港　215
新道路整備五箇年計画　105, 111, 115

水平分離　161, 162
ストック効果　105, 107, 111, 112
スロット（離発着枠）　39, 203

政策評価　86, 87
生産者余剰　15
政治の失敗　267, 271
セーフティ・ネット　20
政府の失敗　267
セーフガード　3, 235, 236
接続拒否　45, 46, 49
接続料金　45, 55-58
全国プール制度　61, 62, 68
前方連鎖効果　107
線路事業　158

総合交通体系　155
ソーシャル・カー・スキーム　287, 290
総余剰　15
ソフト・ファシリティ　47

### タ　行

ダイアル・ア・ライド・サービス　287, 290, 291
第三セクター　39, 76
第二次臨時行政調査会　35
タイム・オーバーラン（建設期間の超過）

302　索　引

78
大量交通　26
多国籍企業　199, 200
他社線乗り入れ　163
多数の利益　26
炭素税　121, 125, 133, 134
単独採算費用　237

地域化　158
地域開発効果　16
地域交通　7
地域交通政策　267-280
地域間人口移動　63
地球温暖化　125, 133
　——防止京都会議(COP3)　126
地球環境問題　17
地方バス路線維持費補助制度　243
地方分権　1, 2, 6, 7, 61, 62, 268
地方路線維持政策　181
中間投入財　47
抽選制　188, 189

定期航空優先政策　177
鉄道
　——運賃規制　167
　——改革　156, 157, 160
　——復権　260
点数制・点数評価制・点数方式　185-190

同一路線への複数社参入　174
道路混雑　256
道路整備特別会計　68, 215
特定企業保護政策　177
特別指定生活路線　243
独立行政法人(エージェンシー)　72, 73, 177, 274, 277
都市間交通　7
取引費用　78, 79

ナ　行

内部収益率法　93

内部補助　5, 6, 54, 61, 157, 160, 169, 180, 235, 236, 267
ナショナル・ミニマム　21, 64, 68

二国間航空協定　183
二部料金制　170
認可制　174, 175

ネットワーク効果　16, 63

ノーマライゼーション　283-286, 295
乗合バス　235-243

ハ　行

パーク・アンド・ライド　141, 251, 260, 262-264
ハード・ファシリティ　47, 48, 51, 52, 56
廃止代替バス　239
バス・ロケーション・システム　261
バス路線廃止　239
ハブアンドスポークネットワーク　205
ハブ空港　63, 67
ハブ港湾　63
パブリック・セクター・コンパレータ　77
バリアフリー　283, 284, 294, 295
　——サービス　286
　——対策　283
　——法　294, 296
パレート最適　14, 32
反トラスト法　204, 205

ピーク・ロード・プライシング　130, 131, 193
ピグウ的課税　122, 123
必需性　26
必要不可欠な施設の支配　47
表示されない需要　288
費用対効果分析　87-89, 94, 272
費用便益比率　93, 99
　——法　93
費用便益分析　40, 69, 83, 86-89, 94-96,

99-100, 272
——マニュアル　85, 89-100

プール制　63, 68
ブキャナン　23, 24
福澤諭吉　12
複製不可能性　48, 49
不採算路線・不採算サービス　42, 156, 173
負担可能性(affordability)　21
プライス・キャップ方式(RPI－X方式)
　　228, 231
フリークエンシー　251, 260
フリーライダー　16, 24
フルコスト　168, 230
フロー効果　105, 111, 112
プロトコル(protocol)　277

平均費用原理ルール　167
平均費用逓減　155
便益帰着構成表　94
ベンサム　13

ボーモル・オーツ税　123
補償原理　15
補償的変差　107
補助金　4, 6, 54, 61, 68, 94, 125, 162, 181,
　　224, 240, 248, 259, 270, 285, 288, 293
補助制度　4, 6, 55, 173, 177, 180-182, 187

## マ 行

マキシミン原理　20

ミクロ経済学　31, 76
ミニバス　287, 291
民営化　5, 35, 72, 74, 155
民営企業化　72, 73
民民規制　4

無知のヴェール　20

メニュー・オークション　80

モーダルシフト　159, 163, 164, 166
モビリティ・ハンディキャップ者　285,
　　286, 290, 292

## ヤ 行

優先枠　187
輸送事業　158

ユニバーサル・サービス　20, 42

## ラ 行

ライフ・サイクル・コスト　77
ラムゼイ価格　155, 170

リスク　81, 82
リフト付きバス　295
利用可能性　20, 170
利用者負担原則　55
旅客施設利用料(PFC)　219

累進課税率　13

劣加法性　155, 158

ロード・プライシング　121, 127-135, 142,
　　193, 267
路面電車　254, 256, 260

## ワ 行

ワンステップバス　295

## 欧 文

AHS(自動車両走行システム)　137, 144,
　　147
BAA(英国空港公団)　225-228, 230
Bell South 事件　47
BOT(Build, Operate, Transfer)　39, 76,
　　106
CAA(The Civil Aviation Authority)　228
COP3(地球温暖化防止京都会議)　126
CRS(コンピュータ予約システム)　52,
　　202, 203

DSRC(狭域通信)　145, 148
EF(エッセンシャル・ファシリティ)　4, 45-58, 178, 226
Enviromental Justice　277
ETC(自動料金収受システム)　137-140, 142, 144, 145, 147-151
FFP(フリークエント・フライヤー・プログラム)　203
FORMATION(Forecasting Model for Nationwide Effects of Road Improvement Investiment)　105, 111, 112, 114, 117
GPSシステム　147
Habermas, J　12
IATA(国際航空運送協会)　197, 198, 201
ITS(高度道路交通システム)　6, 137-139, 144-147, 150, 151
Laurel事件　49
METS(Macro Economic Transport Simulator)モデル　109, 110

MMC(The Monopolies and Mergers Commission)　229
MPO(Metropolitan Planning Organization)　276-278
NPO(Non-Profit Organization)　8, 259, 279
NGO　23
PFC(旅客施設利用料)　219
PFI(Private Finance Initiative)　5, 39, 71 -73, 75-83, 106, 151
Pigou, A. C.　118
Stiglitz, J. E.　32
STS(specialized transport service)　283, 286, 296
TDM(交通需要マネジメント)　129, 141, 142,
use-it, loose-it rule　186, 188, 194
VFM(Value for Money)　71, 75-77, 83
VICS(道路交通情報通信システム)　137

藤井彌太郎（ふじい・やたろう）
1934年　東京に生れる
1957年　慶應義塾大学経済学部卒業
2000年　慶應義塾大学名誉教授
現　在　帝京大学経済学部教授

中条　潮（ちゅうじょう・うしお）
1950年　京都に生れる
1973年　慶應義塾大学商学部卒業
現　在　慶應義塾大学商学部教授

太田和博（おおた・かずひろ）
1960年　三重県四日市に生れる
1983年　慶應義塾大学商学部卒業
1991年　商学博士号取得（慶應義塾大学）
現　在　専修大学商学部教授

自由化時代の交通政策　現代交通政策Ⅱ

2001年11月10日　初　版
2005年６月23日　第２刷

［検印廃止］

監修者　藤井彌太郎
編　者　中条　潮・太田和博
発行所　財団法人　東京大学出版会
代表者　岡本和夫
　　　　113 東京都文京区本郷7-3-1 東大構内
　　　　電話 03-3811-8814・振替00160-6-59964
印刷所　株式会社平文社
製本所　株式会社島崎製本

Ⓒ2001 Yataro Fujii *et al.*
ISBN4-13-072008-2　Printed in Japan

Ⓡ〈日本複写権センター委託出版物〉
本書の全部または一部を無断で複写複製（コピー）することは，著作権法上の例外を除き，禁じられています．本書からの複写を希望される場合は，日本複写権センター（03-3401-2382）にご連絡ください．

| | | | |
|---|---|---|---|
| 藤井彌太郎編<br>中条 潮編 | 現代交通政策 | A5 | 2400円 |
| 館 龍一郎著 | 日本の経済 | A5 | 2400円 |
| 三輪芳朗編<br>西村清彦編 | 日本の流通 | A5 | 3800円 |
| 金本良嗣編<br>宮島 洋編 | 公共セクターの効率化 | A5 | 3800円 |
| 西村清彦編<br>三輪芳朗編 | 日本の株価・地価 | A5 | 3700円 |
| 小宮隆太郎<br>奥野正寛編<br>鈴村興太郎 | 日本の産業政策 | A5 | 4500円 |
| 伊藤・奥野<br>清野・鈴村著 | 産業政策の経済分析 | A5 | 4000円 |
| 清野一治著 | 規制と競争の経済学 | A5 | 4800円 |
| 三輪芳朗著 | 日本の企業と産業組織 | A5 | 4400円 |
| 今井賢一編<br>小宮隆太郎編 | 日本の企業 | A5 | 4500円 |

ここに表示された価格はすべて本体価格です。御購入の際には消費税が加算されますので御了承下さい。